Christiane Nill-Theobald

Endlich wieder Montag!

Christiane Nill-Theobald

Endlich wieder Montag!

Die neue Lust auf Leistung

WILEY-VCH Verlag GmbH & Co. KGaA

1. Auflage 2014
Alle Bücher von Wiley-VCH werden sorgfältig erarbeitet. Dennoch übernehmen Autoren, Herausgeber und Verlag in keinem Fall, einschließlich des vorliegenden Werkes, für die Richtigkeit von Angaben, Hinweisen und Ratschlägen sowie für eventuelle Druckfehler irgendeine Haftung.

© 2014 Wiley-VCH Verlag & Co. KGaA, Boschstr. 12, 69469 Weinheim, Germany

Alle Rechte, insbesondere die der Übersetzung in andere Sprachen, vorbehalten. Kein Teil dieses Buches darf ohne schriftliche Genehmigung des Verlages in irgendeiner Form – durch Photokopie, Mikroverfilmung oder irgendein anderes Verfahren – reproduziert oder in eine von Maschinen, insbesondere von Datenverarbeitungsmaschinen, verwendbare Sprache übertragen oder übersetzt werden. Die Wiedergabe von Warenbezeichnungen, Handelsnamen oder sonstigen Kennzeichen in diesem Buch berechtigt nicht zu der Annahme, dass diese von jedermann frei benutzt werden dürfen. Vielmehr kann es sich auch dann um eingetragene Warenzeichen oder sonstige gesetzlich geschützte Kennzeichen handeln, wenn sie nicht eigens als solche markiert sind.

Bibliografische Information der Deutschen Nationalbibliothek
Die Deutsche Nationalbibliothek verzeichnet diese Publikation in der Deutschen Nationalbibliografie; detaillierte bibliografische Daten sind im Internet über <http://dnb.d-nb.de> abrufbar.

Printed in the Federal Republic of Germany
Umschlaggestaltung: init GmbH, Bielefeld
Coverbild: calendar © TwilightEye/istock
Gestaltung: pp030 – Produktionsbüro Heike Praetor, Berlin
Satz: inmedialo Digital- und Printmedien UG, Plankstadt
Druck und Bindung: CPI, Ebner & Spiegel, Ulm
Gedruckt auf säurefreiem Papier.
ISBN: 978-3-527-50786-3

Inhaltsverzeichnis

Geleitwort	7
Vorwort der Autorin	9
1. Kapitel: Warum Leistung einen schlechten Ruf hat	11
2. Kapitel: Wenn das Wesentliche fehlt	27
3. Kapitel: Wer arbeitet noch für Geld? Wir alle!	43
4. Kapitel: Turning Point – Wenn die Zeit gekommen ist	59
5. Kapitel: Brennfaktor Anerkennung	73
6. Kapitel: Brennfaktor Selbstentfaltung	87
7. Kapitel: Das Streichholz entzünden	99
8. Kapitel: Mehr leisten, mehr leben	115
9. Kapitel: Lustressourcen für mehr Leistung	129
10. Kapitel: Woher kommt die Luft zum Brennen?	143
11. Kapitel: Erfolg oder Zufriedenheit? Beides!	157
12. Kapitel: BurnOn – stetig und freudig weiterbrennen	171
Quellen	185
Die Autorin	189
Danksagung	191
Stichwortverzeichnis	193

Geleitwort

Liebe Leserinnen und Leser,

mal Hand aufs Herz, gehören Sie zu den Menschen, die sich auf den Montag freuen? Sehen Sie dem Beginn einer neuen Woche mit Freude, Leidenschaft und Leistungsbereitschaft entgegen? Sind Sie, trotz der alltäglichen Herausforderungen, die das Leben mit sich bringt, zuversichtlich und voll freudiger Erwartung auf das, was jeder Tag in Ihrem Berufsleben für Sie bereit hält?

Wenn Sie hier aus voller Überzeugung »ja« sagen können, dann freut es mich für Sie, denn Sie gehören zu denjenigen Menschen, die dieses Buch bestimmt gerne als weitere Bestätigung für ihre Lebenseinstellung lesen werden. Auch werden Sie bestimmt die eine oder andere Anregung finden, die für Sie hilfreich sein wird, den bisher eingeschlagenen Weg fortzusetzen.

Wenn Sie zu denjenigen zählen, bei denen Montage Abneigung auslösen, dann wird Ihnen dieses Buch die Augen öffnen, wie Sie im Leben Ihr »inneres Feuer« mit Lust auf Leistung wieder mit Freude entfachen und im nächsten Schritt pflegen können.

Als ehemaliger Spitzensportler und Olympiateilnehmer weiß ich nur zu gut, was es heißt, das »innere Feuer« mit Lust auf Leistung nachhaltig am Brennen zu halten. Grundsätzlich gilt es, sich nicht vor dem »Ausbrennen« zu fürchten, sondern sich lieber auf das zu konzentrieren, was Ihnen Freude bereitet. Der Erfolg ist nur die logische Konsequenz dieser Geisteshaltung. Glauben Sie mir, es gibt keine SportlerInnen, die sich auf Angst oder negative Gefühle konzentrieren. Nachhaltige Lust auf Leistung ist geprägt durch den Fokus auf das Ziel und dem Wissen wofür wir brennen.

Dr. Christiane Nill-Theobald lernte ich als geschätzte Kollegin 2013 an der Asgodom Coach Akademie kennen – wir sind dort beide als Lehrcoaches tätig. Sie hat mit Ihrer Art sofort meine Sympathie gewonnen. Auch wenn unsere Lebensläufe komplett unterschiedlich sind, haben wir schnell festgestellt, dass unser allgemeines Verständnis von Coaching und unser ganzheitlicher Coaching-Ansatz eine hohe

Übereinstimmung aufweisen. Ein wichtiger Aspekt in der Arbeit von Christiane Nill-Theobald ist es, das »Entweder-Oder«-Denken gegen ein »Leben im Sowohl-Als-Auch« einzutauschen. Uns beiden geht es in unserer Beratung nicht um »entweder« Effizienz »oder« Menschlichkeit, sondern schlichtweg um beides. Der von ihr beschriebene Appell, sich von der Selbstverwirklichung, dem Ichbezogen sein auf Kosten anderer, hin zur Selbstentfaltung, also zu dem wie wir uns gemäß unseren Talenten und Interessen mit Freude im Arbeitsleben einbringen, zu entwickeln – genau das ist für mich eine der elementarsten Aussagen des Buches. Lust auf Leistung entsteht nicht im permanenten Vergleich mit anderen. Sie entsteht auch nicht im Erzeugen einer künstlichen Zufriedenheit, in der wir vergessen uns auf das Wesentliche im Leben zu konzentrieren und stattdessen Erfolgen und deren kurzfristigen positiven Glücksgefühlen nachjagen. Lust auf Leistung entsteht durch individuelle, persönlich sinnvolle Ziele, die in einem Team bzw. einer Gemeinschaft eingebracht werden, welche ebenfalls sinnhafte Ziele dauerhaft und eben miteinander verfolgt. Genau diese Kombination hält das »innere Feuer«, die Lust an der Arbeit, am Brennen und beschert uns ein erfülltes Berufsleben.

Wie dies im Detail zu bewerkstelligen ist, genau das verrät uns Christiane Nill-Theobald in diesem Buch, das Businessratgeber und Sachbuch in sich vereint. Durch Übungen und Reflexionsfragen am Ende eines jeden Kapitels bietet es zudem wertvolle praktische Tipps, Hilfestellungen und Methoden an. In Übereinstimmung zu Nill-Theobalds Lehrmethodik basiert das Buch auf »positiver Psychologie« und einem ganzheitlichen Konzept, das ganz einfach Lust auf persönliche Spitzenleistung macht.

In diesem Sinne wünsche ich Ihnen viel Freude beim Lesen und viele gute Einsichten.

Ihr Edgar Itt

Olympiamedaillengewinner und Mentalcoach
für die deutsche Leichtathletik-Nationalmannschaft
www.edgar-itt.de

Vorwort der Autorin

In den Unternehmen und an den Schreibtischen der Selbstständigen geht die Angst um: Macht Arbeit krank? Wird der Leistungsdruck immer schlimmer? Droht uns allen der Burn-out? Oder die kollektive Neurose? Es ist wie mit dem Essen: Wenn man sich zu lange mit den Inhaltsstoffen von Lebensmitteln beschäftigt, hat man irgendwann keinen Appetit mehr. Und das, obwohl unsere Lebensmittel noch nie so sauber waren wie heute! Wenn wir uns noch länger in die Risiken des Arbeitslebens hineinsteigern, dürfte uns die Lust auf Leistung restlos vergehen. Das aber wäre verheerend. Denn wie, wenn nicht mit überragenden Leistungen, wollen wir die enormen ökonomischen, ökologischen und sozialen Herausforderungen der nächsten Jahre bewältigen?

Mittlerweile hat Leistung einen schlechten Ruf. Bei Leistung denken manche sofort an Leistungsdruck und chronische Überlastung. Ich habe selbst einen Burn-out hinter mir. Und gerade deshalb sage ich: Das negative Gerede über Leistung kann ich nicht mehr hören! Burn-out wird undifferenziert diskutiert und die grassierende Angst davor ist deshalb völlig übertrieben. Ich strotze heute vor Arbeitsfreude und purer Lust auf Leistung. Und ich behaupte: Jeder und jede kann diese Lust für sich entdecken und entwickeln. Deshalb war es mir ein Herzensanliegen, dieses Buch zu schreiben.

Mit meiner positiven Einstellung zur Leistung bin ich zum Glück nicht allein. Ja, das Blatt scheint sich gerade zu wenden. Der bekannte Zukunftsforscher Prof. Horst W. Opaschowski bezeichnet die »Lust zu schaffen« und eine »Leistungsexplosion der jungen Generation« bereits als einen der zehn wichtigsten Zukunftstrends. Für Opaschowski hat die Leistungsgesellschaft eine große Zukunft. Ich freue mich über solche Einschätzungen von Experten. Wir müssen jedoch aufpassen, dass wir wirklich Leistung honorieren und nicht bloßen Erfolg. Auch dazu werden Sie in meinem Buch etwas lesen.

Mit diesem Buch möchte ich Ihnen Auswege aus einem Dilemma zeigen. Weder die übertriebene Problematisierung von Arbeitsleistung bringt uns weiter noch ein blindes »Weiter-So« in den Unternehmen und bei den Selbstständigen. Dieses Buch will Augenöffner sein und gleichzeitig konkrete Anregungen geben. Deshalb habe ich immer wieder Reflexionsfragen und Übungen eingebaut. Diese sollen Ihnen helfen, Ihre ganz persönliche Lust an Leistung neu zu entdecken und schrittweise zu steigern. Als Juristin habe ich gelernt, differenziert zu denken und Argumente gegeneinander abzuwägen. Deshalb bietet Ihnen dieses Buch auch keine einfachen Antworten und keine platten Rezepte. Ich gehe den Dingen auf den Grund und stelle größere Zusammenhänge her. Weil ich davon überzeugt bin, dass sich diese intellektuelle Anstrengung lohnt.

Egal, ob Berufseinsteiger, Führungskraft oder Unternehmenslenker – jeder soll sich von diesem Buch angesprochen fühlen. Weil jeder in der Verantwortung steht und die Möglichkeit hat, etwas zu ändern. Wir müssen endlich unsere Entweder-oder-Denke über Bord werfen und uns dem Sowohl-als-auch zuwenden. Es geht nicht um Effizienz oder Menschlichkeit, sondern um beides. Es geht nicht darum, viel zu leisten, um schneller fertig zu sein. Die Arbeitswelt soll andererseits kein Spielplatz für Erwachsene werden – aber trotzdem Spaß machen! Es geht mir nicht darum, alles anders zu machen, sondern vieles besser zu machen. Das gilt für jeden Einzelnen von uns, für die Unternehmen, ja für die gesamte Gesellschaft. Es gibt nicht die Arbeit hier und das Leben dort. Solche Polarisierungen sind künstlich und schädlich.

Machen wir die Arbeit lebens- und liebenswert! Für uns selbst und andere. Hören wir auf, uns über Frust zu beklagen, und steigern wir unsere Lust. Das betrifft uns selbst, unseren Umgang miteinander und unsere Organisationen – diese drei Ebenen. Und es ist gar nicht so schwer. Ein chinesisches Sprichwort sagt: »Auch die längste Reise beginnt mit dem ersten Schritt.« Tun Sie ihn jetzt!

Herzlich Ihre
Dr. Christiane Nill-Theobald
www.nill-theobald.de

1 Warum Leistung einen schlechten Ruf hat

»Wenn Leistung negativ besetzt ist, und das ist es bei uns, dann haben wir auf lange Sicht auch eine miese Gesamtfitness ... Wer Freude will, der muss etwas leisten. Wer die Anstrengung zurückschraubt, kriegt weniger Lust.«

Klaus Dehner, Verhaltensforscher

In diesem Kapitel geht es um die Gründe, warum wir überhaupt neue Lust auf Leistung brauchen. Was hat uns die ursprüngliche Lust verdorben? Unter welchen Bedingungen kann Leistung zur Last werden? Sie sind eingeladen, über Ihre eigene Einstellung zu Leistung nachzudenken und den Level Ihrer persönlichen Leistungslust zu bestimmen.

Am Potsdamer Platz in Berlin steht ein futuristisches Bürogebäude. Entworfen hat es der britische Stararchitekt Richard Rogers, von dem auch das Centre Pompidou in Paris und das Lloyd's Building in der Londoner City stammen. An einem der mehrgeschossigen verglasten Zylinder, die dem Neubau seine charakteristische Form verleihen, steht in großen Leuchtbuchstaben »Caroshi«. Ja, tatsächlich: An diesem Bürohaus in bester Lage prangt ein japanisches Wort, das auf Deutsch »Tod durch Überarbeiten« bedeutet. Der Begriff kam in Japan in den 1980er-Jahren auf, nachdem mehrere Manager nach fast ununterbrochener Arbeit buchstäblich tot umgefallen waren. Seit 1987 wird im Arbeitsministerium in Tokio die Zahl der plötzlichen Todesfälle infolge von Stress statistisch erfasst.

Karoshi am Potsdamer Platz – zum Glück nur ein Gag

Doch was hat die Leuchtschrift »Caroshi« am Potsdamer Platz verloren? Des Rätsels Lösung ist einfach: So heißt eine Bar im Erdgeschoss des Bürohauses. Hier wird nicht gearbeitet, sondern höchstens getrunken bis zum Umfallen. Der Barbesitzer, dem dieser Name eingefallen ist, scheint einen zynischen Humor zu haben. Karoshi ist in Japan allerdings ein ernstes Problem. Und ein erschreckendes. Warum erschreckend? Ganz einfach: Plötzlich hat Arbeit wieder mit Leben und Tod zu tun. Das hatte unsere Wohlstandsgesellschaft eigentlich längst überwunden. Wer nichts leisten kann oder nichts leisten will, dem geht es nicht gerade prickelnd. Aber er muss nicht verhungern. Das war die meiste Zeit in der Menschheitsgeschichte anders. Wir haben gerackert fürs Überleben. Da kommen wir her, das ist Teil unserer Evolution. Und das wirft seine Schatten bis heute.

Vom Überlebenskampf zum Müßiggang und wieder zurück

Vor langer Zeit haben unsere Vorfahren begonnen, sich im täglichen Überlebenskampf erste kleine Freiräume zu schaffen. Alles, was die Beschaffung der lebensnotwendigen Nahrung und den Schutz vor den Launen der Natur ein wenig einfacher machte, bedeutete einen Zugewinn an Lebensqualität. So kamen erst Werkzeuge und Nutztiere, später Geräte und Maschinen, zwischenzeitlich – leider – auch Sklaven ins Spiel. Arbeit war dann am schönsten, wenn sie andere machten. In den frühen Hochkulturen, die dank Arbeitsteilung und Vorratshaltung erstmals so etwas wie einen stabilen Wohlstand hervorbrachten, war körperliche Arbeit schließlich regelrecht verpönt. Der griechische Dichter Homer erklärte den Müßiggang des Adels zum Ideal. Und der Philosoph Aristoteles meinte, ein Mensch, der zur Arbeit gezwungen sei, könne kein freier Mensch sein. Die alten Griechen bewunderten militärische Leistungen. Und natürlich sportliche – siehe Olympia. Für die Arbeitsleistung, den Broterwerb, hatten sie nichts übrig.

Mal war Müßiggang das Ideal, mal harte Arbeit

Durch das Christentum änderte sich das. Jesus und seine Jünger, aber auch der Apostel Paulus, kamen aus dem Milieu der Handwerker und Fischer, also der arbeitenden Mittelschicht. Das blieb nicht ohne Folge für die Religion, die unsere westliche Kultur entscheidend geprägt hat. »Ora et labora« hieß die lateinische Devise in den mittelalterlichen Klöstern – bete und arbeite! Spiritualität und Arbeitsleistung gingen Hand in Hand. Das schien zu funktionieren, denn die reichen und mächtigen Klöster mit ihren Niederlassungen überall in Europa waren so etwas wie die Konzerne des Mittelalters. Der Reformator Martin Luther setzte im 16. Jahrhundert schließlich noch einen drauf, indem er schrieb: »Müßiggang ist Sünde wider Gottes Gebot.« Das protestantische Bürgertum der Neuzeit orientierte sich daran und machte die Arbeitsleistung zum Dreh- und Angelpunkt von Wohlstand und Rechtschaffenheit. Der Müßiggang des Adels, den Homer einst so gepriesen hatte, wurde nun als unmoralisch angeprangert.

Doch dann schlug das Pendel auch schon wieder zurück: Die rasant um sich greifende Industrialisierung zerstörte die christliche und bürgerliche Arbeitsidylle innerhalb weniger Jahrzehnte. Jetzt wurden massenhaft Arbeiter gebraucht, die in den Fabriken wie menschliche

Maschinen zum Einsatz kamen und kaum mehr als ihre reine Muskelkraft zur Verfügung stellten. Das Ganze sechs Tage die Woche und bis zu 16 Stunden am Tag. Eine Alternative bot sich dem Proletariat, das als entwurzelte Landbevölkerung in die Industriegebiete strömte, kaum. Anders als mit der kräftezehrenden »Maloche« waren die Familien nicht zu ernähren. Und manchmal nicht einmal damit. So war plötzlich alles wieder wie vor Tausenden von Jahren: Es ging ums Überleben, und jede kleine Erleichterung angesichts des Arbeitsdrucks war willkommen. Für Linderung sorgte schließlich die Arbeiterbewegung, deren Einfluss auf die Politik den modernen Sozialstaat hervorbrachte. Sein Anspruch ist es, Leistung zu honorieren und gleichzeitig niemanden fallen zu lassen, der es aus eigener Kraft nicht schafft, seinen Lebensunterhalt zu sichern.

Mit Vollgas durch die Überflussgesellschaft

Wo stehen wir heute? Paradoxerweise hat der gefühlte Leistungsdruck gerade in dem Moment dramatisch zugenommen, wo unser Überleben nicht mehr von der Dauererleistung jedes Einzelnen abhängt und uns alle möglichen Sicherungssysteme zur Not auffangen können. Es geht längst nicht mehr um unsere Existenz – und trotzdem schuften einige bis zum Umfallen. Der Karoshi in den japanischen Büroetagen ist lediglich das extremste Beispiel. In Deutschland hat sich die Zahl der Krankheitstage wegen Burn-outs binnen acht Jahren um das 18-Fache gesteigert, berichtete das Magazin *Stern* im Januar 2013 unter Berufung auf Statistiken der Krankenkassen. Die Techniker Krankenkasse verzeichnet laut *Stern* eine Steigerung der von Ärzten verordneten Antidepressiva zwischen 2007 und 2012 um rund 50 Prozent.

18-mal häufiger Burn-out binnen acht Jahren in Deutschland

Unser Wohlstand ist – allen Finanzkrisen zum Trotz – mittlerweile so groß, dass wir eigentlich einen Gang herunterschalten könnten. Ein deutscher oder österreichischer Durchschnittsverdiener würde mit seinem Einkommen in den meisten Ländern der Welt zu den Reichsten zählen. Wir reden uns die Köpfe heiß über die Vorteile oder Nachteile von Mac gegenüber PC, weil wir über das Lebensnotwendige längst nicht mehr nachdenken müssen. Aber statt entspannter zu

Werke zu gehen und die Früchte unserer Arbeitsleistung zu genießen, geben wir jetzt erst recht Vollgas. Der Unternehmensberater und Buchautor Bolko von Oettinger spricht deshalb von einer »Leistungsüberdrehung«. Er sagt: »Unser Leistungsbild hängt schief und schadet längst allen.« Doch warum überziehen wir maßlos, statt den Druck zu reduzieren? Vielleicht, weil wir es nicht anders gelernt haben?

Man kann es drehen und wenden, wie man will: Wir haben es in unserer Kulturgeschichte bis heute nicht geschafft, ein gesundes und natürliches Verhältnis zu Arbeit und Leistung zu entwickeln. Stattdessen schwanken wir immer wieder zwischen den Extremen. Als Leistung noch überlebensnotwendig war, hatte das zumindest den Vorteil, dass niemand ihren Sinn infrage stellte. Heute fühlt sich unser Beitrag zum Überleben der Gesellschaft abstrakt und entkoppelt an. Wir haben das Gefühl, dass alles auch dann weiter seinen gewohnten Gang ginge, wenn wir aussteigen und unsere Leistung verweigern würden. Und das Gefühl täuscht ja nicht einmal, denn solange die Zahl der Aussteiger nicht allzu groß wird, ändert sich tatsächlich nichts. Nur unter solchen Bedingungen können wir Leistung überhaupt grundsätzlich infrage stellen. Erst wenn der eigene tägliche Beitrag nicht mehr absolut notwendig ist, kann es zu Sinnkrisen kommen. Gleichzeitig haben wir kein Maß mehr, wann es genug ist. Mehr geht scheinbar immer: noch mehr PS im Auto, noch schnellere Computer, noch mehr Produkte im Supermarktregal. Wann reicht es? Das sagt uns keiner. Wir müssen es selbst herausfinden.

Wer nicht zur Besinnung kommt, kann schnell untergehen

Spitzensport und Drecksarbeit – ist Leistung gleich Leistung?

Leistung hat einen schlechten Ruf, weil wir nicht mehr wissen, an was für einer Art von Leistung wir uns orientieren sollen. Wir bewundern die Leistung von Spitzensportlern, Klaviervirtuosen oder Nobelpreisträgern – und verdammen die »Drecksarbeit«, die »Nine-to-five-Jobs«, die Wiederholungsschleifen des schnöden Broterwerbs. Da gibt es nur eines: Wir müssen nachdenken und neue Lösungen entwickeln! Zwar können wir die gesellschaftlichen und wirtschaftlichen Rahmenbedingungen nicht außer Acht lassen – und ich werde noch mehrfach in diesem Buch auf sie eingehen –, doch wirklich etwas ändern kann sich nur bei jedem einzelnen arbeitenden Menschen und in jedem einzelnen Unternehmen. Wenn Mitarbeiter wissen, worauf sie Lust haben, und Unternehmen bereit und in der Lage sind, Umgebungen zu schaffen, die diese Lust gezielt fördern, dann ist es egal, ob Leistung einen schlechten Ruf hat. Dann ist sie einfach das, was wir täglich selbstverständlich und gerne zeigen.

Ich werde in den späteren Kapiteln noch darstellen, dass Lust auf Leistung in Unternehmen, die diese Leistungslust fördern, keine Utopie ist, sondern in ganz konkreten Schritten umgesetzt werden kann. Doch vor jeder nachhaltig positiven Veränderung steht die Einsicht, dass die Dinge sind, wie sie sind. Wir müssen den Ist-Zustand annehmen, um ihn verändern zu können. Diese allgemeine Erkenntnis aus der Psychologie gilt auch beim Thema Leistung. Auf den folgenden Seiten geht es deshalb um unsere persönliche Einstellung zur Leistung. Welche Erfahrungen haben uns geprägt? Welche Glaubenssätze haben wir verinnerlicht? Welche Leitbilder zum Thema Leistung und Erfolg bietet uns die Mediengesellschaft an? Ich lade Sie ein, über diese Fragen nachzudenken, um sich selbst besser kennenzulernen und im nächsten Schritt das möglicherweise verschüttete Lustpotenzial Ihrer Leistung freizulegen.

Performer, Lebenskünstler, Aussteiger: Wer will wie viel leisten?

Etwas leisten, mich anstrengen, Ziele erreichen – das hat mir schon als Kind Spaß gemacht. Vielleicht ist es in meiner Familiengeschichte angelegt. Ich bin das jüngste von drei Kindern. Meine Schwester ist 14 Monate und mein Bruder zweieinhalb Jahre älter als ich. Immer habe ich mich mit meinen älteren Geschwistern gemessen und wollte mindestens so gut sein wie sie. Ich kam mit fünf Jahren in die Schule, wurde also früher eingeschult, wie zuvor schon meine Schwester. Kaum 18 geworden, hatte ich Abitur. So fühlte es sich für mich immer genau richtig an! Ein Lehrer sagte zu meinen Eltern einmal: »Bevor Christiane etwas anfängt, legt sie die Latte erst mal so hoch.« Dabei zeigte er

Wenn Leistung in der Familie liegt – oder auch nicht

mit der Hand bis weit über seinen Kopf. Als Kinder und Jugendliche haben wir auch alle viel Leistungssport gemacht. Meine beiden Geschwister sind allerdings groß und schlank, haben richtige Leichtathletenfiguren. Ich bin dagegen 1,70 Meter groß und von der Statur her eher kompakt, mit kürzeren Beinen. Da musste ich also erst recht powern, um mit meinen Geschwistern mitzuhalten! Und mit der Extraportion Kraft und Ausdauer habe ich es meistens geschafft.

Lust auf Leistung hatte ich also schon immer. Trotzdem ist auch mir diese Lust zwischenzeitlich vergangen. Davon werde ich gleich noch berichten. An dieser Stelle ist mir wichtig, Ihre Aufmerksamkeit auf die Prägungen in Ihrer Kindheit und Jugend zu lenken. Vielleicht erkennen Sie sich in meiner Geschichte wieder. Möglicherweise war es bei Ihnen aber auch ganz anders. Nehmen wir einmal an, Sie waren ein etwas überbehütetes Einzelkind und hatten keine Geschwister, die Sie zur Leistung anspornten und mit denen Sie sich messen konnten. Dann ist es sehr wahrscheinlich, dass Sie heute andere Lustressourcen aktivieren müssen, um mehr Spaß an Leistung zu haben, als jemand wie ich. Wichtig ist mir: Akzeptieren Sie Ihre Prägungen und Erfahrungen, so wie sie sind. Und vergleichen Sie sich nicht mit komplett anderen Persönlichkeitstypen. Wenn Sie nicht das Gefühl haben, dass Ihnen die Lust auf Leistung in die Wiege gelegt worden ist, können Sie trotzdem heute Aufgaben entdecken, bei denen Sie die Uhr vergessen. Sie brauchen dazu aber möglicherweise andere Anreize als jene Leute, die sich mit voller Power auf jede Herausforderung stürzen, weil sie es nie anders gekannt haben.

Hier ehrgeizige Frauen, dort Männer mit bunten Biografien

In meiner Arbeit als Coach für Führungskräfte nehme ich übrigens einen gewissen Unterschied zwischen Frauen und Männern wahr. Viele Frauen, die heute Führungskräfte sind, haben schon als Kinder und Jugendliche einen enormen Ehrgeiz an den Tag gelegt. Ich denke da zum Beispiel gerade an eine 33-jährige stellvertretende Personalleiterin, die ebenfalls ein Jahr früher in die Schule kam und sich, genau wie ich, gerne mit ihren Geschwistern gemessen hat. Oder an eine 43-jährige IT-Leiterin, deren Kindheit meiner eigenen bis in die Details ähnelt. Bei den Männern sind die Biografien dagegen bunter. So war der Geschäftsführer eines größeren Unternehmens in der Schule ein richtiger Loser. Sein Vater war Medizinprofessor, doch er selbst hatte während der gesamten Schulzeit einfach keine Lust. Erst nach dem Abitur, im Ausland, hat er dann Gas gegeben. Er studierte BWL und wollte allen zeigen, was in ihm steckt. Solche Spätzünder gibt es auch.

Reflexionsfragen

Wie haben Sie als Kind und als Jugendlicher Ihre Leistungen erlebt? Sind Sie gerne zur Schule gegangen, haben Sie gerne Sport gemacht und sich mit anderen gemessen? Oder waren Sie eher lustlos?
Erleben Sie sich heute im Erwachsenenalter noch genauso oder anders? Falls Sie Ihre Leistung heute anders erleben als früher: Können Sie dafür Auslöser nennen?

Machen Sie sich bitte bewusst, dass es keine richtigen oder falschen, guten oder schlechten Prägungen gibt. Unsere Vergangenheit ist unsere Vergangenheit und in jedem Fall vorbei. Wenn Sie mit 14 ein Loser waren, dann können Sie mit 40 Spitzenleistungen erbringen. Oder Sie können dann immer noch »keinen Bock« haben. Beides ist möglich. Ihre Prägungen sagen auch wenig darüber aus, ob Sie gefährdet sind, einen Burn-out zu erleben oder nicht. Es gibt Menschen, für die Leistung immer selbstverständlich war und die trotzdem irgendwann einen Burn-out erleiden. Dazu zähle ich. Andere waren vielleicht Spätzünder und haben dann in ihrer Aufholjagd völlig überzogen.

Hören Sie am besten ganz auf, sich mit anderen zu vergleichen. Aus meiner Coaching-Praxis weiß ich: Jeder Mensch bringt genügend Ressourcen für Lust auf Leistung mit. Egal, was ihn geprägt hat. Es kommt darauf an, dass wir alle unsere ganz eigenen Potenziale entdecken und nutzen. Dafür sollten wir uns auch davor hüten, Leistung automatisch mit Spitzenleistung gleichzusetzen. Nicht alle Menschen haben Lust auf Spitzenleistung – und das ist auch okay so. Entscheidend ist die große und kontinuierliche Lust auf die uns jeweils gemäße Leistung. Denn es geht nicht darum, unser Letztes zu geben, sondern unser Bestes.

Stehen wir alle kurz vorm Burn-out? Eher nicht

Leistung hat auch deshalb einen schlechten Ruf, weil sich die Gedankenkette »Leistung – Leistungsdruck – Burn-out« in vielen Köpfen festgesetzt hat. Wir erleben seit

<small>Burn-out als Modethema und bequeme Ausrede</small>

einigen Jahren eine lebhafte Burn-out-Debatte. Diese hat einerseits eine reale Grundlage, weil die Diagnose »Burn-out« nachweislich immer häufiger gestellt wird und die Fehlzeiten wegen Burn-out in den Unternehmen dramatisch angestiegen sind. Anderseits wird in der Debatte auch oft übertrieben. So zum Beispiel, wenn bereits bei schlichter Überanstrengung, während harmloser Verstimmungen oder in Stressphasen, die einfach zum Leben dazugehören, das Wort »Burn-out« fällt. Früher hieß es: »Der ist urlaubsreif.« Heute hört man: »Der steht kurz vorm Burn-out.«

Die *Süddeutsche Zeitung* sprach sogar ironisch vom »Phantomschmerz«, der unser ganzes Land befallen habe: »Das öffentliche Bekenntnis einiger Prominenter, sie hätten unter einem ›Burn-out‹ gelitten, hat sie selbst ins Rampenlicht und das Thema in die Mitte der Arbeitsgesellschaft gebracht«, schreibt die Autorin Sibylle Haas in der *SZ*. Und weiter: »In manchen Runden drängt sich gar der Eindruck auf, wer noch immer keinen hatte, der leistet zu wenig, zu Deutsch: Der ist faul!« Das ständige Gerede von Burn-out hält Sibylle Haas für gefährlich. Echte Erkrankungen würden so verharmlost. Und man habe ein Schlagwort gefunden, um von der Verantwortung für das eigene Wohlbefinden abzulenken: »Es ist verführerisch, der Arbeit oder dem Chef die Schuld zu geben. Es ist im Übrigen auch der einfachere Weg. Weil man sich dadurch selbst der Verantwortung entziehen kann. Doch es ist möglich, selbst Grenzen zu ziehen: Jeder kann das Mobiltelefon nach Feierabend ausschalten oder E-Mails erst am nächsten Tag beantworten – oder eben auch nicht.«

Ich hatte immer gehofft, niemals mit meinem Burn-out kokettieren zu müssen. Doch neulich kam nach einem meiner Vorträge eine Zuhörerin lächelnd auf mich zu und sagte: »So einen *echten* Burn-out hatten Sie doch sicher nicht, Frau Theobald?« Sie glaubte anscheinend, wenn ich von meinem Burn-out spreche, dann meine ich die »Society-Variante«, die, laut Sibylle Haas in der *Süddeutschen*, inzwischen »schicker als ein Bandscheibenvorfall« sei. »Doch, doch«, antwortete ich der Dame. »Ich hatte einen *echten* Burn-out und war deswegen in fachärztlicher Behandlung.« Da bewegte sich ihre Kinnlade leicht nach unten und der Mund öffnete sich. Aber nicht, um noch etwas zu sagen.

Heute brenne ich vor Tatendrang – doch selbst mir ist die Lust auf Leistung zwischenzeitlich restlos vergangen. Kurz vor dem Burn-out lebte ich wie ein gehetztes Wild. Als Juristin und Spezialistin für Energierecht hätte ich pausenlos arbeiten können. Die Themenvielfalt ist enorm, und das Fachgebiet interessierte mich ja auch sehr. Ich mag es bis heute. Doch irgendwann strich ich sogar die Mahlzeiten – zugunsten eines paradoxen Effizienzgedankens – und stopfte mir nur noch während der Arbeit etwas hinein. Ich schlief schlecht und war ständig nervös. Spätestens ein Jahr vor dem Aus hätte ich etwas merken können. Ich kann mich erinnern, wie ich einmal Freunde zum Grillen im Garten unseres Hauses in Berlin-Steglitz eingeladen hatte. In allerletzter Minute raste ich mit dem Auto in die Einfahrt. Da standen die Gäste schon vor der Tür. Aber solche Warnsignale ignorierte ich. Vielen meiner Coaching-Klienten ging es ähnlich. Etliche Jahre, meistens so bis um die 40, ist es völlig selbstverständlich, sehr viel zu arbeiten und die Karriere in den Mittelpunkt zu stellen. Dann ist plötzlich die Krise da.

Gelebt wie ein gehetztes Wild – und nichts gemerkt

Mal Pause machen und Nachdenken kann Wunder wirken

Im Urlaub beobachte ich immer öfter mit Kopfschütteln, wie andere Urlauber gar nicht mehr abschalten können. Mein Mann und ich sind im Urlaub gerne sportlich aktiv. Da bietet sich hin und wieder ein Cluburlaub an, weil diese Variante einen Break vom Arbeitsleben erlaubt, ohne dass es größerer Organisation bedarf. Sonne und Meer und die Möglichkeit, täglich jede Menge Sport zu machen, das gefällt uns daran. Das letzte Mal waren wir in einem Ferienclub, in dem offensichtlich fast nur Businessleute Erholung suchten. Und ich traute meinen Augen kaum: Es gab niemanden, wirklich niemanden, der nicht mehrmals täglich mit iPad, Smartphone oder Laptop online gewesen wäre, um E-Mails zu bearbeiten oder Geschäftszahlen zu studieren. Da überall das WLAN funktionierte, wäre das theoretisch sogar noch in der Sauna möglich gewesen.

Es sind solche Leute, die dann irgendwann zu mir und anderen Coachs kommen und klagen, die ständige Erreichbarkeit mache sie fertig. Das sind diese Gewinnertypen, die für ihre Firma alles machen, die immer Ja

Leitung braucht Selbstdisziplin, Pausen, Regeneration

sagen, die sofort ihre Familie die Koffer packen lassen, wenn jemand gesucht wird, der für ein Jahr nach China geht. Doch ist das alles wirklich noch »Leistung«? Kein Leistungssportler könnte so leben. Regenerationsphasen und ausreichender Schlaf, einschließlich Mittagsruhe, sind im Spitzensport Pflicht und werden mit großer Selbstdisziplin eingehalten. Hat das ständige Daddeln mit iPad und Smartphone noch mit Arbeitsdisziplin zu tun? Arbeiten die ständig Erreichbaren wirklich effektiv?

Die Antwort lautet allzu oft: Nein. Das hat die sogenannte Generation Y, die alle nach 1980 Geborenen umfasst, schon wesentlich besser verstanden. Immer öfter verlangen junge Talente schon in Einstellungsgesprächen, dass über Grenzen gesprochen wird: Grenzen der Belastbarkeit und der Erreichbarkeit. Die über 40-Jährigen, die ich kenne, ticken da in der Regel anders. Oft ging ihre Karriere mit Mitte 20 richtig los, und seitdem geben sie Vollgas, ohne das jemals wirklich infrage gestellt zu haben. Erst bei Schicksalsschlägen, wie zum Beispiel der Trennung vom Partner oder einer schweren Krankheit eines der Kinder, wird zum ersten Mal innegehalten. Das ist kein Klischee, sondern Realität. Aber wollen Sie wirklich auf einen Schicksalsschlag warten, um nachzudenken? Wie wäre es, wenn Sie freiwillig und regelmäßig kritisch hinterfragten, was Sie den ganzen Tag tun?

Das klingt so banal, dass ich mich kaum traue, es hier hinzuschreiben. Doch mir begegnen immer wieder Führungskräfte, die sich keine echte Reflexionszeit zugestehen. Mal ein paar Tage rausgehen aus der Firma, um nachzudenken – alleine, mit einem Coach oder in einer Gruppe von Gleichgesinnten –, gilt als Zeitverschwendung. Da lieber Urlaub machen, damit die Familie zufrieden ist – und dann am Pool heimlich mit dem iPad weiterarbeiten. Leistung wird einen schlechten Ruf behalten, solange wir Dauerstress, Hyperaktivität und permanentes Vollgasgeben mit Leistung verwechseln. Wer keine Achtsamkeit besitzt und nicht auf sich aufpasst, dem muss die Lust auf Leistung vielleicht zwangsläufig irgendwann vergehen.

<small>24 Prozent aller Angestellten sollen »innerlich gekündigt« haben</small>

Also lieber Vollbremsung als Vollgas? Längst hat sich »Bore-out« als Gegenbegriff zum Burn-out eingebürgert. Ein klarer Hinweis, dass Nichtstun auch keine Lösung ist. Wenn Mitarbeiter zwischen den Extremen von Überreizung und Lustlosigkeit hin- und herpendeln, leidet nicht

Was für ein Leistungstyp sind Sie?

Leistung ist – auch – Physik: Energie pro Zeit! Wird zum Beispiel eine Kilowattstunde Strom in einer Zeitspanne von einer Stunde bezogen, dann beträgt die Leistung 1 Kilowatt. Wird dieselbe Energie in einer halben Stunde bezogen, sind es 2 Kilowatt.

Bei Menschen ist es ähnlich: Die einen leisten gerne kontinuierlich über einen langen Zeitraum. Die anderen haben extreme Leistungsspitzen und brauchen dann wieder längere Erholungspausen. Unterm Strich ist die Energiebilanz bei beiden annähernd gleich.

Überlegen Sie doch einmal: Welcher Typ sind Sie? Eher der »On-Off-Performer«, der erst alles gibt und dann gerne wieder ausruht? Oder eher der ruhige und stetige Typ, der wie ein Flugkapitän seine Stunden im Cockpit verbringt?

Machen Sie sich klar: Weder der eine noch der andere Typ leistet »mehr«. Auch wenn es manchmal fälschlicherweise so aussieht. Jeder Typ sollte seinen passenden Rhythmus leben (dürfen).

nur die Produktivität des Unternehmens, sondern sie leiden auch selbst. Die aktuellen Umfragedaten von Gallup sind alarmierend: »Fast ein Viertel (24 Prozent) der Beschäftigten in Deutschland hat innerlich bereits gekündigt«, heißt es in der Pressemitteilung zum Gallup Engagement Index 2012. »61 Prozent machen Dienst nach Vorschrift. Nur 15 Prozent der Mitarbeiter haben eine hohe emotionale Bindung an ihren Arbeitgeber und sind bereit, sich freiwillig für dessen Ziele einzusetzen.« Haben wirklich nur noch 15 Prozent der Beschäftigten Lust auf Leistung? Spiegeln diese Zahlen etwa unser gesellschaftliches Klima wider?

Erfolgsgeil und statussüchtig? Fragwürdige soziale Leitbilder

Glaubt man dem Frankfurter Soziologen Sighard Neckel, dann sind wir schon lange keine »Leistungsgesellschaft« mehr, sondern eine »Erfolgsgesellschaft«. In Medien und Öffentlichkeit werden keine Leistungen gefeiert, sondern Erfolge. Zwar kann weiterhin auch Leistung zum Erfolg führen. Doch wie Erfolg zustande kommt, ist letztlich zweitrangig geworden. Ein Musiker kann jahrelang auf eine Chartplatzierung hingearbeitet haben – oder sein Hit-Wunder einer Castingshow verdanken. Unterm Strich ist das egal. Erfolg ist immer weniger abhängig von der zuvor erbrachten Leistung. Auch wer beispielsweise über ein großes Erbe verfügt, muss nicht viel leisten, um Erfolg zu haben. Auf der anderen Seite gibt es immer mehr Menschen in Deutschland, die 40, 50 oder gar 60 Stunden in der Woche arbeiten und trotzdem auf keinen grünen Zweig kommen.

Nicht Leistung wird bewundert, sondern Erfolg – auch der unverdiente

Sighart Neckel diagnostiziert für unsere Gesellschaft, dass soziale Anerkennung immer stärker von bloßem Erfolg und dem zur Schau gestellten Status abhängt. Die Folge sei ein regelrechter »Erfolgskult«, samt Begleiterscheinungen wie Promikult oder Starkult. Leistung verliert als Grundlage für soziale Anerkennung an Bedeutung. Die Frage, ob man seinen Erfolg auch verdient hat, spielt eine immer geringere Rolle. Für den sozialen Zusammenhalt und den gesamtgesellschaftlichen Wohlstand ist diese Entwicklung doppelt bedenklich. Wenn Leistung nicht mehr anerkannt wird und es nur noch darauf ankommt, irgendwie »Erfolg zu haben« und diesen vorzeigen zu können, dann wird auf längere Sicht auch immer weniger geleistet werden.

Als ich von dieser soziologischen Analyse zum ersten Mal gehört habe, musste ich spontan an die Doku-Soap *Die Geissens* denken. Der Quotenhit auf RTL II bezieht seinen alleinigen Reiz daraus, wie eine Millionärsfamilie ihren Besitz auf vulgäre Weise zur Schau stellt. Auch wenn Familienoberhaupt Robert Geiss inzwischen ins Mode-Geschäft zurückgekehrt ist und wieder Geld verdient, wurden die »Geissens« lediglich mit der Art und Weise berühmt, wie sie die Millionen aus dem Verkauf ihrer ersten Firma ausgaben. Leistung als Voraussetzung für Erfolg wird hier vollständig ausgeblendet. Natürlich haben solche und ähnliche Vorbilder ihre Folgen. In dem Film *The Bling Ring* von Sofia Coppola, der 2013 bei den Filmfestspielen in Cannes Premiere hatte, bricht eine Clique von Jugendlichen aus gutem Hause in die Villen von Hollywoodstars ein, um an deren Statussymbole zu gelangen. »Wir wollten Teil des Lifestyles sein, den alle wollen«, sagt einer der Jugendlichen im Film. Das Drehbuch basiert auf einem authentischen Fall. Eine Einbruchserie von statussüchtigen Jugendlichen hat es in Los Angeles tatsächlich gegeben.

Leben auf großem Fuße – doch wer zahlt die Rechnung?

Wenn nur der Erfolg zählt – oder sogar nur der Lifestyle des Erfolgs –, dann sind die Abkürzungen irgendwann attraktiver als der Weg über die Leistung. Fast noch bedenklicher ist es, wenn gesellschaftlicher und wirtschaftlicher Einfluss immer weniger nach Leistung vergeben wird. Sighart Neckel hält das Zeitalter der sozialen Aufsteiger längst für beendet. »Ein dreihundert Jahre währender Trend zur stärkeren sozialen Durchlässigkeit« habe sich »mittlerweile dauerhaft umgekehrt«. Entsprechend hätten wir es mit einer »Refeudalisierung« der Gesellschaft zu tun, bei der »die Schichtzugehörigkeit heute wieder weitgehend auf der dauerhaften sozialen Vererbung des gesellschaftlichen Status beruht.« Mit anderen Worten: Nicht was wir leisten, entscheidet über unseren Wohlstand, sondern wer unsere Eltern sind.

Status durch Leistung statt Vererbung ist eine soziale Errungenschaft

Auch der Philosoph Gernot Böhme sieht die Leistungsgesellschaft in der Krise. Nach seiner Analyse leben wir zwar im Überfluss, sind aber im Knappheits- und Mangeldenken gefangen: »Die Unternehmer leben unter der Drohung der Marktverdrängung und fühlen sich deshalb zu Rationalisierung und zum Wachstum gezwungen. Die Arbeitnehmer bangen um ihren Arbeitsplatz und fühlen sich dauernd zu Höchstleistungen getrieben. Alle Konsumenten, auch die gutverdienenden, haben das Gefühl, zu wenig Geld zu haben, weil sie dem Konsumangebot ... nur mit Mühe entsprechen können.« Die Behauptung, dass wir im Hamsterrad rennen, um uns Dinge leisten zu können, die wir eigentlich nicht brauchen, ist keineswegs neu. Sie ist aber nicht deshalb automatisch falsch, weil sie wenig originell ist.

Überhaupt das Thema Geld: Die Zockerstaaten und Kasinobanken haben in den letzten Jahren den Eindruck erweckt, als hätten Geldverdienen und Leistungserbringung kaum noch etwas miteinander zu tun. Dem Staat scheint das von seinen Steuerzahlern gefüllte Portemonnaie so locker zu sitzen wie nie zuvor. Allein auf die Rettung der Commerzbank musste der deutsche Staat jüngst 2,5 Milliarden Euro abschreiben. Geld, das der Fiskus nie wiedersehen wird. Schon mit diesem einen Buchungsposten hat jeder Erwerbstätige in Deutschland der Commerzbank rund 60 Euro »geschenkt«. Die Gesamtkosten der jüngsten Finanzkrise für die Steuerzahler sind noch gar nicht absehbar.

Der konservative Sozialwissenschaftler Meinhard Miegel schätzt, dass die Deutschen, wollten sie die Schulden in den Griff bekommen, ihren Lebensstandard auf 40 Prozent des derzeitig Gewohnten senken müssten. Sie lebten dann wieder auf dem Niveau der 1960er Jahre. Ähnlich sehe es auch in den anderen europäischen Ländern aus. Das berichtet die *Deutsche Welle* in einem Beitrag. Kann Leistung sich dann noch lohnen? Für was sollen wir uns zukünftig anstrengen? So wird die Finanzkrise geradewegs zur Sinnkrise.

Die neue Lust auf Leistung braucht keine falschen Vorbilder

<small>Leitbilder und Werte hinterfragen, statt sie ungeprüft zu übernehmen</small> Was also tun? Die Hände über dem Kopf zusammenschlagen und verzweifeln? Bitte nicht! Sie und ich können die gesellschaftlichen Rahmenbedingungen nicht von heute auf morgen ändern. Aber wir haben die Wahl, inwieweit wir uns von fragwürdigen sozialen Leitbildern beeinflussen lassen. Finden wir ein Leben wie das der »Geissens« wirklich erstrebenswert? Müssen wir prominent sein, um zufrieden zu sein? Brauchen wir auch im Urlaub die E-Mails auf dem iPad, um das Gefühl zu haben, dass wir wichtig sind? Es ist hilfreich, nicht nur ab und zu über sich selbst nachzudenken, sondern auch gesellschaftliche Leitbilder zu hinterfragen und nicht ungeprüft für sich gelten zu lassen. Ich möchte Sie dazu ermuntern, gesellschaftskritische Bücher und Artikel zu lesen! Sie müssen nicht jedem Autor in allem zustimmen. Aber Sie entwickeln vielleicht ein Gespür dafür, wie viele Werte und Glaubenssätze wir ungeprüft übernehmen, wenn wir sie uns nicht bewusst machen und sie infrage stellen.

Wer im heutigen gesellschaftlichen Mainstream einfach nur mitschwimmt, dem muss fast zwangsläufig die Lust auf Leistung vergehen. Doch ohne Leistung gibt es auf Dauer auch keinen Lebensgenuss. Darin sind sich Psychologen und Verhaltensbiologen einig. Wir sind durch unsere gesamte Evolution darauf hin angelegt, unsere Lebensumstände durch Leistung zu verbessern. Das wird sich auf absehbare Zeit nicht ändern. Stellen Sie sich nur einmal vor, wie der menschliche Körper aussähe, wenn die Evolution ihn allein fürs Chipsessen, Faulenzen und Fernsehen optimiert hätte. Erste Hinweise, wie das Ergebnis wohl aussähe, können Sie in allen Wohlstandsnationen, insbesondere in den USA, beobachten. Der Verhaltensforscher Felix von Cube sieht den Menschen als geradezu »auf Anstrengung programmiert« an. Dauerfreizeit ist unerträglich. Denn sie wäre gegen unsere Natur.

Leistung hat einen schlechten Ruf. Na und? Je mehr wir uns davon lösen, was »die« Leute denken und was »man« von uns erwartet, desto mehr können wir entdecken, was uns wirklich Spaß macht. Und darauf kommt es letztlich an. Spaß bei der Arbeit ist kein überflüssiger Luxus, sondern der einzig wirklich verlässliche Indikator, ob wir das Richtige tun. Das ist keine Aufforderung zur Anarchie. Denn genau wie das Bedürfnis, etwas zu leisten, von Natur aus in uns angelegt und so schnell nicht totzukriegen ist, so gehört auch der Wunsch, *gemeinsam* etwas zu leisten, zu unserer Natur. Deshalb mache ich mir um die Zukunft der Unternehmen keine Sorgen. Wer Menschen Lust auf gemeinsame Leistung macht – und diese Lust zu erhalten versteht –, wird auch in Zukunft zufriedene Mitarbeiter haben.

Übung

Am Ende jedes Kapitels steht eine kleine Übung, mit der Sie Ihre eigene Lust auf Leistung neu befeuern können. Zunächst geht es darum, ein Gespür für Ihren aktuellen Leistungslust-Level zu bekommen.

Nehmen Sie ein Blatt Papier und teilen Sie es in zwei Spalten auf. In die linke Spalte schreiben Sie fünf Dinge, die Ihnen bei Ihrer aktuellen Tätigkeit am meisten Spaß machen. Rechts daneben schreiben Sie fünf Dinge, die Sie bei Ihrer Arbeit am meisten nerven. Anschließend rechnen Sie auf: Für jeden Nervfaktor, der stärker ist als jeder der Lustfaktoren, gibt es von maximal 5 Punkten einen Punkt Abzug. 5 Punkte haben Sie also, wenn nichts Sie so sehr nervt, dass es Ihren Spaß mindern könnte. Bei 0 Punkten sind Sie nur noch genervt und der Spaß wiegt es nicht mehr auf.

Wie fühlt sich Ihr Ergebnis an? Haben Sie damit gerechnet? Auch bei 4-5 Punkten werden Sie in diesem Buch sicher noch die eine oder andere Anregung für mehr Lust auf Leistung finden. 3 Punkte sind schon eher kritisch. Und bei 0-2 Punkten sollten Sie in jedem Fall handeln und etwas verändern.

2 Wenn das Wesentliche fehlt

»Viele Manager werden durch Überarbeitung und Dauerstress zu Opfern eines Burn-out. Viele aber auch nicht, weil sie einfach lieben, was sie tun, und sich mit ihrer Arbeit voll und ganz identifizieren können.«

Lisbeth Jerich, Wirtschaftswissenschaftlerin

Burn-out ist weniger das Ergebnis von Überarbeitung als die Folge eines Mangels am Wesentlichen. Umgekehrt muss es nicht sofort Burnout bedeuten, wenn etwas Wesentliches fehlt. Wir schleppen uns dann vielleicht von Tag zu Tag, ohne rechte Lust auf Leistung. Die folgenden Seiten wollen Sie inspirieren zu entdecken, was für Sie bei der Arbeit das Wesentliche ist.

Was haben Atomkraftwerke, Raketenstufen und Autoreifen gemeinsam? Richtig: Alle können einen Burn-out bekommen! Dieser englische Begriff stammt nämlich ursprünglich nicht aus der Arbeitsmedizin, sondern aus der Technik. Wenn in einem Kernreaktor das spaltbare Uran 235 aufgebraucht ist, spricht man von Burn-out. Auch das Durchbrennen von Brennstoffelementen aufgrund von Überhitzung wird manchmal so genannt. Eine Raketenstufe treibt für eine bestimmte Zeit die gesamte Rakete an und wird abgetrennt, sobald ihr Treibstoffvorrat erschöpft ist. Das ist ein Burn-out. Und die Autoreifen? Im Englischen heißt es auch Burn-out, wenn Sie ein Auto mit der Bremse festhalten und gleichzeitig mit Vollgas die Reifen durchdrehen lassen, bis das ganze Auto in weißen Qualm gehüllt ist. Die Amerikaner lieben solche sinnfreien Shows mit ihren Muscle Cars. Nach einem zünftigen Burn-out können Sie die Reifen an den Antriebsrädern dann auch gleich wegschmeißen.

Auf den richtigen Umgang mit Energie kommt es an

Die technischen Beispiele und der medizinische Burn-out haben eines gemeinsam: Immer geht es um den Umgang mit Energie. Ich habe längere Zeit in der Energiewirtschaft gearbeitet und habe heute immer noch viele Kunden aus dieser Branche. Doch in einem gewissen Sinn sind wir alle »Energiearbeiter«. Egal, welche Arbeit wir tun – immer steht uns ein bestimmtes Maß an Energie für einen Zeitraum × zur Verfügung. Irgendwann »können wir nicht mehr«. Dann müssen wir neue Energie aufnehmen, zum Beispiel, indem wir essen, schlafen oder entspannen. Grenzen der Leistung gibt es immer. Die Frage ist: Wie geben wir unsere Energie ab? Stetig wie ein Kraftwerk, das irgendwann kontrolliert heruntergefahren wird? Das hieße für uns: über Jahre gute Leistung bringen und dann in den Ruhestand gehen. Oder wie eine Raketenstufe, die abgestoßen wird? Das hieße: sich mittendrin ausgepowert haben und für das Berufsleben nicht mehr zu gebrauchen sein. Oder gleicht unsere Energieabgabe gar den durchdrehenden Autoreifen? Dann sind wir zwar mit maximaler Drehzahl unterwegs, kommen aber nicht vom Fleck und verschleißen uns.

Es gibt also unterschiedliche Wege zum Burn-out – sowohl in der Technik als auch beim Menschen. Die Ursache ist jedoch immer dieselbe: Über den betrachteten Zeitraum war die Energieabgabe größer als die Energieaufnahme. Sobald sich Energieabgabe und Energieaufnahme zumindest die Waage halten, kann es nicht zum Burn-out kommen. Es gibt kein Antonym, keinen gegenteiligen Begriff zu »Burn-out«. Deshalb habe ich ein Antonym gefunden und spreche von »BurnOn«. BurnOn bedeutet, sein inneres Feuer so zu entfachen, dass es stetig und dauerhaft weiterbrennen kann.

Doch warum fällt uns BurnOn anscheinend so schwer? Es ist doch merkwürdig: Unter normalen Bedingungen erleidet kein Tier einen Burn-out. Allenfalls wird es von Feinden zu Tode gehetzt. Davon abgesehen ist ausreichende Regeneration im Tierreich einfach ein natürlicher Vorgang. Und bei uns Menschen? Um zu verstehen, warum wir uns so leicht verausgaben, sollten wir uns die Bedingungen etwas genauer anschauen, unter denen heute am Arbeitsplatz Leistung erbracht wird.

Selbstausbeutung statt Druck von oben: Die Kehrseite der Freiheit

Getragen von einem Team fällt vieles leichter

Neulich wollte ich mit einer Freundin zu Abend essen, die Partnerin in einer großen Unternehmensberatung ist. Von ihrer Seite gab es keine Schwierigkeiten, einen Termin für unser Essen zu finden, während ich in meinem Terminkalender ganz schön hin und her blättern musste. Als wir schließlich eines Abends gemeinsam am Tisch saßen, kam sie auf das Thema Termine zurück. Es sei ihr schon fast unheimlich, meinte sie, doch im Moment habe sie praktisch immer Zeit. Kaum Termine, fast alles delegiert. Ich musste schmunzeln. »Mensch, sei froh«, sagte ich. »Du wirst noch getragen von anderen in einem Team. Sonst würdest du jetzt hier nicht so gelassen sitzen.« Und dann erinnerte ich sie daran, dass die Sache bei uns Selbstständigen ganz anders aussieht: keine Termine = keine Aufträge = hochschnellender Stresspegel. »Akquisedruck« nennt man das unter Selbstständigen und Freiberuflern. Und dieser Druck kann erbarmungsloser sein als Forderungen autoritärer Chefs vom alten Schlag.

Wenn Angestellte Unternehmer spielen müssen

Druck von innen statt Druck von oben – das erleben längst nicht mehr nur Selbstständige. Der Trend im heutigen Arbeitsleben besteht darin, auch Angestellte wie Selbstständige agieren zu lassen. »Unternehmer im Unternehmen«, »Vertrauensarbeitszeit«, »Partizipation« oder »Intrapreneurship« lauten die Stichworte. Ich verurteile das alles gar nicht. Denn zunächst einmal bedeutet es einen enormen Zugewinn an Freiheit und Selbstbestimmung. An die Stelle der Stechuhr und des alten »Command and Control« treten Eigenverantwortung, Ergebnisorientierung und fair ausgehandelte Zielvorgaben. Wie ich im vorherigen Kapitel gezeigt habe, arbeitete man früher um zu überleben. Heutzutage steht dagegen die Selbstverwirklichung mehr im Fokus. Teilweise werden inzwischen selbst einfachen Arbeitnehmern Ermessensspielräume eingeräumt, die vor 50 Jahren nicht einmal Abteilungsleiter hatten.

Doch wieder einmal bewahrheitet sich der Satz, dass Freiheit ihren Preis hat. Die heute üblichen Steuerungssysteme, die auf Zielvereinbarungen statt auf Anweisungen setzen und nur noch Ergebnisse kontrollieren, versäumen es nämlich meist, Grenzen zu setzen. Und da setzt meine Kritik an. Wenn Ziele nicht erreicht werden, folgen Sanktionen. Wenn aber Ziele weit übertroffen werden, fragt in der Regel niemand, ob hier jemand seine natürlichen Grenzen überschritten und an seinen Ressourcen Raubbau betrieben hat. Das alte Kommandosystem erlaubte zwar keine Selbstverwirklichung, hatte aber zumindest den Vorteil, dass man sich noch über Grenzen einig war. Arbeitszeitverkürzung, Arbeitsschutz oder die Fürsorgepflicht des Arbeitge-

Statt Selbstbestimmung herrschen ungeschriebene Gesetze

bers sind verbriefte Rechte, die sich Arbeitnehmer einst erstritten haben.

Heute regieren dagegen immer öfter die ungeschriebenen Gesetze der Unternehmenskultur. Wenn in einem Internet-Start-up keiner vor 21 Uhr den Schreibtisch verlässt, dann wird es der neue Kollege mit ziemlicher Sicherheit genauso machen. Auch wenn er offiziell seine Arbeitszeit frei bestimmen darf. Subtile gegenseitige soziale Kontrolle tritt seit Jahren immer mehr an die Stelle fester und verbindlicher Regeln. Diesen Prozess beobachte ich bei weitem nicht nur bei Start-ups. Die heute gerade in jungen Unternehmen angestrebte »Wohlfühlatmosphäre« verstärkt diesen Effekt lediglich noch. »Verweile doch, hier ist's so schön«, scheinen all die Café-Ecken, Kuschelsofas und Kickertische den Angestellten zuzurufen. Arbeit und Freizeit werden zunehmend entgrenzt. Ich denke, diese Freiheit haben wir so gewollt. Jetzt müssen wir lernen, mit ihr umzugehen.

Das Märchen von der totalen Autonomie

Glaubt man diversen Businessgurus, dann ist Burn-out im Wesentlichen eine Folge von Fremdbestimmung. Im Umkehrschluss würde das heißen, dass maximale Autonomie bei der Arbeit uns ein glückliches und erfülltes Arbeitsleben garantiert. Einige gehen sogar so weit zu fordern, wir sollten komplett damit aufhören, im klassischen Sinn zu »arbeiten« und stattdessen in freier Selbstentfaltung allein unsere innere Leidenschaft leben. Andere behaupten, sie könnten zur Not auch 168 Stunden in der Woche arbeiten, weil sie ihr eigener Herr seien und ausschließlich das täten, was ihnen Spaß mache. Keine Frage, auch für mich sind Freiheit und Selbstbestimmung hohe Werte. Ich genieße es, zu tun, was mir Freude macht, und damit Geld zu verdienen.

Freiheit ist gut, regelt aber nicht alles Allerdings halte ich es für übertrieben, sämtliche Probleme am Arbeitsplatz auf mangelnde Autonomie des Individuums zurückzuführen. Freiheit regelt nicht alles. Der Mensch ist ein geselliges Wesen und immer in soziale Zusammenhänge eingebunden. Wer glaubt, stets hundertprozentig selbstbestimmt zu handeln, befindet sich auf einem Egotrip, der ihm den Blick auf die Wirklichkeit verstellt. Die Burn-out-Forschung geht heute davon aus, dass belastende Rahmenbedingungen in Unternehmen und private Belastungssituationen auf komplexe Weise zusammenwirken, wenn uns die Puste ausgeht. Stressoren am Arbeitsplatz und innerer, persönlicher Stress sollten nicht getrennt voneinander betrachtet werden, da sie sich gegenseitig beeinflussen und unter Umständen sogar verstärken.

Was uns bei der Arbeit belastet

Für den »Stressreport Deutschland 2012« hat die Bundesanstalt für Arbeitsschutz und Arbeitsmedizin 20 000 Erwerbstätige danach befragt, was sie bei der Arbeit am meisten stresst. Hier sind die Antworten (Mehrfachnennungen waren möglich).

58 Prozent Multitasking: Ständig verschiedene Dinge auf einmal tun zu müssen, bedeutet Stress.

52 Prozent Termin- und Ergebnisdruck: Wenn einmal etwas länger dauert, gerät sofort der Zeitplan durcheinander.

50 Prozent Monotonie: Bei der Arbeit wenig Abwechslung zu erleben, kann zur Belastung werden.

44 Prozent Unterbrechungen: Wer in seiner Konzentration ständig gestört wird, zum Beispiel durch Anrufe, hat das Gefühl: »Ich komme zu nichts.«

39 Prozent Hohes Arbeitstempo: Über ein Drittel der Erwerbstätigen glaubt, kaum noch mithalten zu können.

39 Prozent Immer neue Aufgaben: Routinen sparen Energie. Wo sich immer wieder alles ändert, entsteht schneller Stress.

Nach rund 10 Jahren Angestelltendasein glaubte auch ich, die Selbstständigkeit würde alle meine Probleme lösen. Gemeinsam mit zwei Partnern gründete ich eine Unternehmensberatung. Am Anfang hatten wir drei Angestellte. Nach nur anderthalb Jahren waren es 50 Angestellte. Und zwei neue Partner waren auch noch hinzugekommen. Wir residierten in bester Lage an der Friedrichstraße in Berlin-Mitte. Doch in dem wunderschönen Altbau fühlte ich mich wie in einem goldenen Käfig. Aufgrund unseres rasanten Wachstums waren Zahlenwerke und Personalführung die alles beherrschenden Themen. Und darauf hatte ich am wenigsten Lust.

Wenn Selbstständigkeit zum goldenen Käfig wird

Als einer der anderen Partner einmal mit dem Wunsch an mich herantrat, ich solle doch besser morgens um acht statt um neun Uhr im Büro erscheinen, da wir für die Mitarbeiter Vorbild zu sein hätten, wäre ich beinahe ausgerastet. Nicht, weil ich Anerkennung dafür erwartete, täglich bis zum späten Abend am Schreibtisch zu sitzen und auch am Wochenende zu arbeiten. Sondern weil es mir meine Verstrickung vor Augen führte. Zum ersten Mal fragte ich mich, was mir hier eigentlich fehlte. An Selbstbestimmung mangelte es nicht, denn von dem anderen Partner brauchte ich mir nichts vorschreiben zu lassen. Trotzdem hatte ich das Gefühl, dass es das Wesentliche war, das mir fehlte.

Glückliche Vielarbeiter und frustrierte Arbeitsbienen

In der Arbeitsmedizin und -psychologie taucht immer wieder der Typus des »glücklichen Vielarbeiters« auf. Dieser Personenkreis ist der lebendige Beweis, dass Burn-out etwas anderes ist als schlichte Überarbeitung. Es gibt Menschen, die sehr, sehr viel leisten können, ohne sich jemals gestresst oder gar ausgepowert zu fühlen. Veranlagung und familiäre Prägung spielen hier sicherlich eine Rolle, wie Sie im ersten Kapitel bereits gelesen haben. Die entscheidenden Faktoren müssen jedoch andere sein. Denn obwohl unsere Gene und unsere Prägungen ja immer gleich bleiben, können wir Phasen in unserer Biografie erleben, in denen uns unser Job frustriert, und dann wieder Phasen, in denen wir bei der Arbeit regelrecht aufblühen. Ich würde mich heute ohne zu zögern als »glückliche Vielarbeiterin« bezeichnen. Was hat mir früher gefehlt, dass ich dies nicht so empfunden habe?

Die kleinen Dinge sind manchmal das Wichtigste

Wenn ich überlege, was ich in meiner frustrierenden Zeit in der Unternehmensberatung am meisten vermisst habe, dann fällt mir als Erstes die »Marlene« ein. Die »Marlene« ist die Bar eines großen Hotels im Berliner Stadtteil Tiergarten, in dem zu meiner Zeit viele energiewirtschaftliche Kongresse stattgefunden haben. Mit einem Glas Prosecco in der Hand habe ich dort Abende lang die interessantesten fachlichen Gespräche geführt. Dieser kollegiale Austausch über neue Fachthemen gehörte für mich zu den Highlights meines früheren Jobs als Angestellte. Auch nahe an Kunden zu sein und für Kunden Konzepte zu entwickeln, hat mir immer großen Spaß gemacht. Als ich dann »endlich« selbstständig war und in einem superschicken Büro saß, habe ich das alles vermisst: die geselligen Runden, den Fachaustausch mit befreundeten Kollegen am Rande von Veranstaltungen – und nicht zuletzt die »Marlene«. Dafür war als Partnerin einfach keine Zeit mehr. Doch Zahlenwerke und Personalführung allein waren nicht mein Ding.

Die beruflichen Highlights weisen den Weg zum Wesentlichen

Nicht so sehr in der schieren Überlastung, sondern in der »inneren Entfremdung« von der Arbeit sieht die österreichische Wirtschaftswissenschaftlerin und Burn-out-Expertin Lisbeth Jerich die Hauptursache für jene emotionale Erschöpfung und Leistungsunzufriedenheit, die schlimmstenfalls in einen Burn-out münden kann. Viele Manager würden heute zu Opfern eines Burn-out, andere aber auch nicht, weil sie einfach lieben, was sie tun, und sich mit ihrer Arbeit voll und ganz identifizieren können. Doch diese Identifikation mit der Arbeit falle Führungskräften immer noch leichter als vielen einfachen Mitarbeitern. Die innere Beziehung der Menschen zu ihrer Arbeit und ihrer Arbeitsumgebung spielt aus Sicht Jerichs eine größere Rolle als bisher angenommen. Das ist ja auch kein Wunder: Seit es bei der Arbeit nicht mehr ums – äußere – Überleben geht, bekommen innere Faktoren eine immer größere Bedeutung. Unsere Gesellschaft ist zunehmend »innenorientiert«.

Doch was bieten viele Unternehmen dem modernen Mitarbeiter, der Außen und Innen als harmonisches Ganzes erleben möchte? Nicht selten Re-engineering, Downsizing und Lean-Management. Hinter solchen Anglizismen verbirgt sich äußerer Druck. Druck, Kosten zu senken und Gewinne zu maximieren. Die verbreiteten Rationalisierungsbemühungen stehen laut Lisbeth Jerich den Vorstellungen von einer humanen Arbeitswelt oft entgegen. Mitarbeiter hätten irgendwann das Gefühl, nur noch funktionieren zu dürfen, so die Wirtschaftswissenschaftlerin. Erst werde einem die Arbeit als solche immer fremder, dann entfremde man sich auch von Mitarbeitern und Kollegen.

> Unter starkem äußerem Druck zählt nur noch das Funktionieren

Doch was, wenn Menschen überhaupt nicht wissen, was sie stattdessen wollen? Viele meiner Coaching-Klienten sind in ihren heutigen Beruf irgendwie hineingeschlittert. Und auch ich kann mich an Phasen meines Lebens erinnern, in denen ich im Beruf einfach nur funktioniert habe. Wenn jedoch Innen und Außen zusammenpassen sollen, dann müssen wir zumindest wissen, was für uns das Wesentliche ist. Vielleicht ist es nur in wenigen Momenten hundertprozentig erlebbar. Es wäre übertrieben zu erwarten, dass man sich voller Inbrunst und Leidenschaft auf das Ausfüllen einer Reisekostenabrechnung stürzt. Oder sich nach dem Einsortieren von E-Mails in Dateiordner glücklich und erfüllt fühlt. Dennoch gibt es bei jeder guten Arbeit Augenblicke, in denen man sich innerlich sagt: »Yes! Dafür liebe ich meinen Job!« Auch wenn wir diese besonderen Momente nicht ständig erleben, weisen sie uns doch den Weg zu dem, was für uns das Wesentliche ist.

Den Fingerabdruck unseres Wesens hinterlassen

Einige Bedürfnisse teilen wir alle, andere sind individuell

Auf einem gewissen Level sind alle Menschen gleich, und auf einem anderen dann wieder völlig verschieden. In der Philosophie ist das als der Unterschied zwischen Natur und Person beschrieben worden. Auch die psychologische Motivationsforschung kennt Bedürfnisse, die für alle Menschen gleich sind. Dazu zählen beispielsweise Beachtung, Anerkennung oder sozialer Austausch. Nach der bekannten Pyramide von Abraham Maslow lassen sich diese Bedürfnisse in Grundbedürfnisse und höher entwickelte Bedürfnisse hierarchisch ordnen. Die Burn-out-Forschung hat Kriterien herausgearbeitet, die praktisch bei jedem Menschen zeigen, dass ihm die Lust auf Leistung vergangen ist. Matthias Burisch, Professor für Arbeitsmedizin an der Universität Hamburg, zählt dazu zum Beispiel emotionale Erschöpfung, zynische Distanz, die Unfähigkeit zu entspannen oder den schieren Überdruss an der bisherigen Tätigkeit.

Emotionale Ausgeglichenheit, Engagement, ausreichend Regeneration und genügend Abwechslung zählen im Umkehrschluss zu den Bedingungen, die für jeden Menschen erfüllt sein müssen, um Lust auf Leistung zu spüren. Darüber hinaus gibt es aber noch eine individuelle Komponente. Ich bezeichne das als den Wunsch, bei unserer Arbeit den Fingerabdruck unseres Wesens zu hinterlassen. In unserer damaligen Unternehmensberatung war es so, dass die übrigen Partner aus dem rasanten Wachstum und dem wirtschaftlichen Erfolg große Befriedigung zogen. Sie beschäftigten sich dafür auch liebend gern mit Zahlenwerken und Personalmanagement. Bloß ich litt darunter, dass mein Talent, Menschen begeistern zu können und damit letztlich auch potenzielle Kunden zu gewinnen, wegen unseres Turbowachstums überhaupt nicht mehr gefragt war. Für meine Grundbedürfnisse war mehr als gesorgt, trotzdem fehlte mir das Wesentliche.

Reflexionsfragen

Was sind für Sie die Highlights bei Ihrer Arbeit? Was finden Sie cool? Worauf freuen Sie sich immer wieder ganz besonders? Was gibt Ihnen vielleicht sogar einen gewissen Kick?

Achten Sie darauf, bei den Antworten ehrlich zu sich selbst zu sein. Es geht nicht um das, womit Sie am produktivsten sind oder wofür Sie die größte Anerkennung erfahren. Sondern um das, was Ihnen den größten Spaß macht. Das können auch Erlebnisse am Rande sein.

Es ist mir wichtig, in einem Punkt realistisch zu bleiben: Das Bedürfnis, bei der Arbeit den Fingerabdruck seines Wesens zu hinterlassen, ist nicht bei allen Menschen gleich stark ausgeprägt. Erst recht hat es nicht bei allen dieselbe Qualität. Es gibt Kreative und es gibt Macher. Es gibt Wissensarbeiter und es gibt Malocher. Der eine ist mehr außenorientiert und der andere mehr innenorientiert. Dem einen ist Geld sehr wichtig, der andere ist Idealist und arbeitet auch gern für relativ wenig Geld. Kommen Sie dem Pförtner oder dem Hausmeister bitte nicht mit zu viel Selbstverwirklichung am Arbeitsplatz! Das wird in der Regel nicht seiner Bedürfnisstruktur entsprechen. Dadurch wird dieser Mitarbeiter keineswegs automatisch weniger wertvoll für die Firma. Passen Sie umgekehrt auf, dass Sie einen Kreativen nicht vorschnell als zickig und egoistisch diffamieren. Wahrscheinlich braucht er mehr Freiräume, mehr Spielwiesen und auch mehr Anerkennung, um seine Leistung voll abzurufen.

Kommen Sie dem Hausmeister nicht ständig mit Selbstverwirklichung

Alle diese individuellen Faktoren sind, wie sie sind. Finden Sie für sich selbst heraus, was für Sie wirklich zählt, und respektieren Sie es auch bei allen anderen. Mehr können – und müssen – Sie zunächst nicht tun. Im folgenden Abschnitt geht es noch einmal genauer um die Dinge, die mehr oder weniger für alle Menschen am Arbeitsplatz wesentlich sind.

BurnOn und der Beitrag der positiven Psychologie

Menschen beschäftigen sich ungern mit etwas, was sie unbedingt verhindern wollen. So lautet eine zentrale Erkenntnis von Martin Seligman, einem der Hauptvertreter der sogenannten »positiven Psychologie«. Leider geschieht in vielen Unternehmen aber gerade genau das: Es wird nach Wegen gesucht, wie sich verhindern lässt, dass Führungskräfte und Mitarbeiter demotiviert sind, die Lust verlieren, ihre Leistung nicht mehr voll abrufen und schließlich innerlich kündigen oder gar ausbrennen. Die dafür ergriffenen Maßnahmen bringen schon deshalb oft nicht den gewünschten Erfolg, weil es kein positives, erstrebenswertes Ziel gibt, auf das alle hinarbeiten könnten. Noch einmal: Etwas Schlimmes verhindern zu wollen, wirkt kaum motivierend.

BurnOn statt Burn-out bedeutet deshalb für Selbstständige und Freiberufler guten, bewussten, achtsamen Umgang mit sich selbst und im Unternehmenskontext eine umfassende »Mitarbeiterpflege«. Es gilt, die Mitarbeiter eines Unternehmens möglichst gut zu unterstützen und auf ihre Bedürfnisse einzugehen. Erst wenn ein offener und respektvoller Umgang mit allen Mitarbeitern zur Unternehmenskultur gehört und Bedürfnisse ernst genommen werden, kann neue Lust auf Leistung entstehen. Ihre individuellen Bedürfnisse sollten Mitarbeiter zunächst selbst klären. Dabei kann Coaching sehr hilfreich sein. Nicht zuletzt dank der positiven Psychologie wissen wir heute auch einiges darüber, was für – fast – alle Menschen zum Wesentlichen zählt. Unternehmen können deshalb Strukturen schaffen, welche eine gesunde und dauerhafte Lust auf Leistung – ohne Selbstausbeutung – gezielt fördern. Werfen wir dazu einen genaueren Blick auf die positive Psychologie.

Die guten Seiten des Lebens in den Blick nehmen

Die psychologische Forschung hat sich die längste Zeit ihres Bestehens mit Krankheiten, Depressionen und Krisen beschäftigt. Sie wollte die seelischen Nöte von Menschen verstehen und Therapien entwickeln, um diese zu lindern. Diese Perspektive hat sich auch keinesfalls erledigt. Wir müssen beispielsweise neue Probleme, wie das Burn-out-Syndrom, medizinisch und psychologisch verstehen, um Betroffenen eine Therapie anbieten zu können. Eine Gruppe von Forschern hat jedoch in den letzten Jahren eine ergänzende Perspektive entwickelt. Dabei geht es darum, was die Psychologie seelisch gesunden Menschen zu bieten hat, um ihre Selbstentfaltung zu fördern und ihre Lebenszufriedenheit zu steigern. Dieser Ansatz, der sich nicht nur mit den Schwächen, sondern auch mit den Stärken des Menschen beschäftigt, und der fragt, was wir brauchen, um unser Leben erfüllend zu gestalten, ist die »positive Psychologie«. Zu ihren Hauptvertretern zählen Martin Seligman, Daniel Kahneman, Edward Diener, Mihály Csíkszentmihályi und Barbara Frederickson.

Was brauchen wir, um unser Leben erfüllend zu gestalten?

Die positive Psychologie hat im Wesentlichen drei Säulen erkannt, die zusammengenommen zu authentischer Zufriedenheit und – bezogen auf die Arbeit – zu echter Lust auf Leistung führen:
1. **Stärken erkennen und nutzen.** Wenn ich weiß, worin ich richtig gut bin, kann ich mich darauf konzentrieren. Ich sehe Erfolge und erfahre Anerkennung.
2. **Eine den Fähigkeiten entsprechende Tätigkeit wählen.** Lust auf Leistung habe ich, wenn ich weder über- noch unterfordert bin. Dann kann ich in einen sogenannten »Flow« geraten und die Uhr vergessen.
3. **Einen Sinn erkennen.** Ich muss in meiner Arbeit einen sinnvollen Beitrag erkennen. Die Unternehmensziele sollten mit meinen persönlichen Zielen in Einklang zu bringen sein.

Gerade über das Thema Sinn ist in den vergangenen Jahren viel geschrieben worden. Neu ist, dass der Beruf auch für breite Schichten zur Sinnfindung entscheidend beitragen soll. Er ist zu einer wesentlichen Stütze der eigenen Identität geworden. Das galt früher allenfalls in elitären akademischen Berufen, wie Arzt, Pfarrer oder Richter.

Heute beziehen auch Programmierer, Sozialpädagogen oder Bio-Bauern einen wesentlichen Teil ihres Selbstbildes aus dem Beruf. Dass Erfahrungen von Sinnhaftigkeit einen wichtigen Beitrag zur Gesunderhaltung am Arbeitsplatz leisten, betont inzwischen sogar das deutsche Bundesministerium für Arbeit und Soziales. Letztlich geht diese Erkenntnis schon auf den Medizinsoziologen Aaron Antonovsky (1923-1994) zurück. Er sprach davon, dass gesunde Arbeit für die Arbeitenden eine »Kohärenz« aufweisen muss, die durch die drei Elemente Verstehbarkeit, Bewältigbarkeit und Sinnhaftigkeit entsteht.

Mit der Sinnfrage auch nicht übertreiben! Obwohl das Thema Sinn in aller Munde ist, haben Vorträge dazu, die von Handelskammern oder Wirtschaftsverbänden veranstaltet werden, oft auffällig wenige Zuhörer. Die Praktiker in den Unternehmen scheinen mit der »Sinnfrage« nicht immer allzu viel anfangen zu können. Das liegt vielleicht auch daran, dass dieses Thema dazu verführt, es zu überdehnen beziehungsweise philosophisch zu überhöhen. Sinn bedeutet ja nun nicht, dass jeder das Gefühl haben muss, mit seinem Job die Welt zu retten.

Eine Kassiererin in einem Drogeriemarkt kann problemlos ihre Arbeit als sinnvoll empfinden, weil sie ja merkt, wie sie den Laden am Laufen hält und wie die Kunden sich freuen, wenn es an der Kasse zügig und freundlich zugeht. Auf der anderen Seite kann ein Architekt in einem Architekturbüro eine Sinnkrise bekommen, weil so gut wie keiner seiner Entwürfe gebaut wird. Objektiv gehört es zum Tagesgeschäft von Architekturbüros, viel »für die Schublade« zu arbeiten. Doch gefragt ist ja nicht objektiver Sinn, sondern die Sinn*erfahrung*. Auch hier geht es also wieder darum, das eigene Innere zu erforschen.

Die PERMA-Formel für permanentes Wohlbefinden

Wohlbefinden als Schlüssel für Lust auf Leistung Der Amerikaner Martin Seligman, Professor an der University of Pennsylvania und einer der bekanntesten und rührigsten Vertreter der positiven Psychologie, schlägt in seinem Buch *Flourish* (»Aufblühen«) eine Formel vor, die fünf Hauptfaktoren für menschliches Wohlbefinden zusammenfasst. Seligman ist davon überzeugt, dass Wohlbefinden nach dem Ende des Überlebenskampfes der Schlüssel für jede überragende

Leistung ist. Das ist ein schlichter und gleichzeitig bestechend logischer Gedanke – wofür sonst sollten wir uns noch anstrengen als für unser aller Wohlbefinden? Seligman bringt die psychischen Hauptfaktoren des Wohlbefindens auf die Formel PERMA:

P = *positive emotions* (gute Gefühle)
E = *engagement* (Einsatz)
R = *relationships* (zwischenmenschliche Beziehungen)
M = *meaning* (Sinn)
A = *accomplishment* (Zielerreichung)

Gute Gefühle brauchen alle Menschen, um Lust auf Leistung zu haben. Seligmans Kollegin Barbara Frederickson spricht von einem Verhältnis von 3:1. Wir brauchen drei positive Erfahrungen, um eine negative auszugleichen. Einsatz oder Engagement bedeutet vor allem, sich mit seinen persönlichen Stärken einbringen zu können. Dann fühlen wir uns genau an der richtigen Stelle gebraucht. Das gelingt jedoch nur, wenn auch unsere zwischenmenschlichen Beziehungen zu Kollegen, Kunden und Vorgesetzten in Ordnung sind. Egoshooter, die sich mit allen verkracht haben, leiden am Ende selbst am meisten. Über die Sinnerfahrung haben Sie im vorherigen Abschnitt bereits gelesen. Diese nützt jedoch wenig, wenn wir nicht Ergebnisse und Erfolge sehen. Das gute Gefühl, ein Ziel erreicht zu haben – und nicht etwa nur ein Gehalt zu bekommen –, gehört zum Wohlbefinden bei der Arbeit dazu.

Das Schöne an den Faktoren der PERMA-Formel ist, dass sie sowohl subjektiv erfahrbar als auch objektiv messbar sind. Wenn Sie sich selbst fragen, ob Ihnen bei Ihrer Arbeit etwas Wesentliches fehlt oder dies in Bezug auf Ihre Mitarbeiter herausfinden wollen, kann Ihnen diese Formel gute Dienste leisten.

Alles fließt: Das Geheimnis des »Flow«

Es gibt wohl nur wenige andere psychologische Konzepte, die während der letzten zehn Jahre in Coaching und Training ähnlich große Kreise gezogen haben wie der »Flow«. Mit Flow, im Sinne von »im Fluss sein« oder »es strömen lassen«, ist das freudvolle und enthusiastische Aufgehen in einer Tätigkeit gemeint. »Flow« ist zu so etwas wie dem Ideal des modernen Wissensarbeiters geworden, der dem Aufruf der amerikanischen Autorin Marsha Sinetar folgt: *Do What You Love, The Money Will Follow.* Begründet wurde das Konzept des Flow von dem ungarisch-amerikanischen Psychologen mit dem unaussprechlichen Namen Mihály Csíkszentmihályi. (Für seinen Nachnamen soll er einmal selbstironisch die Aussprachehilfe »chicks send me high« gegeben haben.)

Wo alles Wesentliche stimmt, kommen wir in den Fluss

In einem seiner Bücher, das auf Deutsch unter dem Titel *Flow im Beruf. Das Geheimnis des Glücks am Arbeitsplatz* erschienen ist, bezieht Csíkszentmihályi sein Flow-Konzept ausdrücklich auf die berufliche Leistung. Ich finde, dem lassen sich einige weitere Hinweise entnehmen, worauf es wesentlich ankommen kann, um Lust auf Leistung zu erleben. Da sind zunächst klare Ziele und Aufgaben. Sie geben unserer Tätigkeit einen Rahmen. Allerdings sollte man es – aufgepasst! – mit der Zielorientierung auch nicht übertreiben, denn sonst ist man gedanklich nur noch in der Zukunft und verliert den Kontakt zum Hier und Jetzt. Unmittelbare Rückmeldung ist ebenfalls ein wichtiger Punkt. Wenn es ewig dauert, bis ich spüre, was ich geleistet habe, ist das frustrierend.

Ein Kerngedanke des Flow ist die goldene Mitte zwischen Unterforderung und Überforderung. Unterforderung erzeugt Langeweile, Überforderung lässt Versagensangst aufkommen. Ideal sind hohe Ansprüche, denen man jedoch aufgrund seiner Qualifikation gewachsen ist. Das Spannende an vielen Tätigkeiten ist es ja gerade, die Latte immer wieder ein Stück höher legen zu können. Fordern, ohne Angst zu machen, ist eine Königsdisziplin für Führungskräfte.

Konzentration und Gegenwartsbewusstsein möchte ich als letzte Aspekte herausgreifen. Im »Stressreport Deutschland 2012« (siehe Kasten) nannten 44 Prozent der Arbeitnehmer häufige Unterbrechungen als einen der größten Stressfaktoren. Erlaubt unsere Arbeitsumgebung Konzentration? Können wir im Hier und Jetzt bleiben oder fliehen wir vor lauter Stress in Tagträume? Wenn ich mir so manches lärmende Großraumbüro ansehe, kommen mir Zweifel, ob da noch Konzentration möglich ist. Ob das Wesentliche gegeben ist, hängt eben nie allein vom Individuum, sondern immer auch vom Umfeld ab. Auf diese wechselseitige Verantwortung werde ich in späteren Kapiteln noch näher eingehen.

Übung

Die folgende Übung besteht aus drei Teilen von Fragen. Für den ersten Teil benötigen Sie ca. 15 Minuten. Den zweiten Teil können Sie in etwa fünf Minuten bewältigen. Der dritte Teil enthält Fragen, über die Sie am besten eine Woche lang immer mal wieder nachdenken und zu denen Sie sich Notizen (zum Beispiel in Ihrem Tagebuch) machen sollten.

Teil 1 Inwiefern gibt es für mich »das Wesentliche« bei der Arbeit?

- Was ist meine Einstellung zur Arbeit? Möchte ich erfolgreich sein oder »nur« Geld verdienen?
- Würde ich meine derzeitige Arbeit auch ohne Geld gerne machen?
- Was sind meine wichtigsten Werte? Werden diese auch derzeit in meiner Arbeit abgedeckt?
- Was macht mich wirklich zufrieden? Finde ich meine Zufriedenheitsfaktoren auch in meiner derzeitigen Arbeit?
- Was fällt mir leicht, was ist »mein Ding«?
- Was macht mir Spaß?
- Bin ich in meiner Arbeit, wie ich bin, oder spiele ich eine Rolle?
- Worin bin ich erfolgreich?
- Was schätzen andere an mir? Worin liegen meine Stärken?
- Gibt es Themen, die mein Leben immer wieder positiv beeinflussen?
- Habe ich unerfüllte Kindheitsträume?
- Welche beruflichen Leistungen und Errungenschaften sind mir wichtig?
- Was würde ich am meisten vermissen?

Teil 2 Wie sehr pflege ich das Wesentliche?

- Besteht zwischen dem, was ich tue, und meinen Gefühlen eine »innere Passung«?
- Wenn meine Bedürfnisse zu kurz kommen, versuche ich dann mit dem Arbeitgeber (oder bei Selbstständigen: den Kunden) einen Kompromiss auszuhandeln?
- Halte ich zwischendurch inne und checke, ob das Wesentliche noch da ist?

Teil 3 Was ist, wenn das Wesentliche fehlt?
- Was hält mich zurück, das Wesentliche (oder noch mehr davon) in der Arbeit zu leben?
- Wie sähe meine Arbeit aus, wenn ich ganz der Stimme meines Herzens folgen würde?
- Was würde sich dadurch ändern? (Gäbe es zum Beispiel Schwierigkeiten mit dem Chef, mit Kollegen, Kunden, Geschäftspartnern, dem Lebenspartner usw.?)

3 Wer arbeitet noch für Geld? Wir alle!

»*Mein Ziel ist es nicht, mit möglichst viel Arbeit möglichst viel Geld zu verdienen. Mein Ziel ist es, mit möglichst wenig Arbeit möglichst viel Geld zu verdienen. Das ist Effizienz.*«

Volker Kitz, Buchautor

Motivation ist nicht käuflich. Das haben verschiedene Studien belegt. Trotzdem wäre es falsch, die Bezahlung einer Leistung als absolute Nebensache zu betrachten. Geldfragen führen oft zu Spannungen, weil sie nicht offen und ehrlich geklärt werden. Dieses Kapitel soll Sie anregen zu überlegen, welches Geld Sie für welche Leistung erwarten.

In meiner Kindheit in Tübingen habe ich viele Frauen erlebt, die gearbeitet haben, ohne dafür Geld zu nehmen. Das waren die Mütter meiner Mitschüler. Unter den 32 Kindern in unserer Klasse gab es nur drei, deren Väter nicht Doktor oder Professor waren. Ich gehörte zu den dreien, denn mein Vater hatte zwar studiert, aber nicht promoviert. Bei 29 meiner Mitschüler waren die Väter entweder Hochschullehrer oder Manager bei Daimler-Benz oder IBM in Böblingen. Als Nicht-Schwabe muss man dazu wissen, dass Tübingen nicht nur Universitätsstadt, sondern auch ein bevorzugter Wohnort für Topmanager aus dem Raum Stuttgart ist. Und was machten die Mütter meiner Mitschüler? Nun, sie arbeiteten ohne Ausnahme ehrenamtlich – für den guten Zweck und ohne Bezahlung. Spötter behaupteten, in Tübingen sei das Ehrenamt die Alternative zum Golfplatz.

> Kein Geld zu nehmen, muss man sich erst einmal leisten können

Diese Erfahrung aus meiner Schulzeit ist mir bis heute präsent. Ich habe daraus »fürs Leben« gelernt: Für seine Arbeit kein Geld zu verlangen, muss man sich erst einmal leisten können. Wo das Geld bereits in Strömen hinfließt, da kostet Selbstlosigkeit nicht mehr so viel Überwindung. Doch von irgendwoher muss das Geld kommen. Und wer weder ein Millionenerbe noch einen Lottogewinn abbekommen hat und über kriminelle Umtriebe gar nicht erst nachdenkt, dem bleibt eben nur zu arbeiten. Als Studentin habe ich das dann auch gemacht. Ich bin morgens früh aufgestanden und habe meinen Studentenjob erledigt. Nicht weil dieser Job so toll gewesen wäre und ich darin so viel Erfüllung gefunden hätte. Sondern um an das Geld zu kommen, das dafür gezahlt wurde. Ich wollte mir Dinge leisten können und habe dafür eine Leistung erbracht.

Wir alle arbeiten für Geld. Und wenn wir es selbst nicht tun, dann macht es ein anderer für uns. Auch die sogenannten »Postmateriellen«, die in Städten wie Tübingen reichlich vertreten sind, haben ihre Geldquellen. Und selbst für Beträge, die dank Fondsausschüttung oder Festgeldzins scheinbar von Zauberhand den Weg aufs Konto finden, haben irgendwo auf der Welt Menschen gearbeitet. Auch in einer hoch entwickelten Wissensgesellschaft, die Ehrenämter begrüßt und über ein Grundeinkommen diskutiert, kann die Frage deshalb nicht lauten, ob man für Leistung Geld verlangen soll. Sondern lediglich, welcher Zusammenhang zwischen Leistung und Geld besteht. Motiviert uns Geld, etwas zu leisten? Und motiviert uns mehr Geld, noch mehr zu leisten? Macht es uns etwas aus, wenn andere für die gleiche Leistung mehr Geld bekommen? Um solche Fragen geht es auf den folgenden Seiten.

Malocher oder Lustarbeiter? Am Geld sollt ihr sie erkennen

Arbeitende Menschen teile ich gerne in zwei Kategorien ein: Malocher und Lustarbeiter. Klar ist diese Einteilung grob und vereinfachend. Sie ist aber auch überaus hilfreich, und ich treffe sie mit einem Augenzwinkern. Für die Malocher spielt das Einkommen eine sehr große Rolle. Aber auch der Rest muss stimmen. Für die Lustarbeiter spielt Selbstentfaltung bei der Arbeit die Hauptrolle. Aber auch das Geld muss stimmen. Wenn Sie sich an die Erkenntnis des Medizinsoziologen Aaron Antonovsky erinnern, dann muss Arbeit für alle Menschen »kohärent« im Sinne von verstehbar, bewältigbar und sinnhaft sein. Das gilt auch für die Malocher, die nämlich in den Streik treten oder kündigen, wenn solche Grundbedürfnisse nicht erfüllt sind. Zumindest in den entwickelten Ländern ist das der Fall. Wo Armut und Unterdrückung herrschen und es ums bloße Überleben geht, da herrschen andere Gesetze.

Malocher auf dem Rückzug? Mehr Respekt, bitte!

Liest man Bücher über die neue Arbeitswelt beziehungsweise die Zukunft der Arbeit, kann man schon mal den Eindruck bekommen, die Malocher hätten langsam ausgedient. Manche scheinen sie geradezu missionieren und zu Lustarbeitern, für die Selbstverwirklichung und Sinn im Mittelpunkt stehen, »umerziehen« zu wollen. Ich glaube, dass es Malocher noch lange geben wird. Sie bilden das Rückgrat unserer Wohlstandsgesellschaft. Ihre Entscheidung, »einfach nur ihre Arbeit tun« zu wollen, verdient Respekt. Gutes Geld für gute Arbeit – das ist mehr als bloß ein Spruch von Opa, der in der Gewerkschaft war. Vielmehr schaffen Menschen, die für Geld zu einfachen Tätigkeiten bereit sind, die Basis für alle, die sich lieber mit komplexen Aufgabenstellungen befassen. Leider wird vielen Malochern in heutigen Unternehmen der nötige Respekt verwehrt.

Nur seinen Job machen zu wollen, ist nichts Verwerfliches

Der Jurist und Psychologe Volker Kitz, Co-Autor des Erfolgstitels *Das Frustjobkillerbuch*, sagt dazu: »Die Leute, die ihre Arbeit ruhig machen und pünktlich abliefern, die ihren Urlaub nehmen, den Sonntag mit der Familie verbringen und deren Schreibtisch aufgeräumt ist, die werden nicht befördert.« Das liegt nicht zuletzt daran, dass der 150-prozentig mit seinem Job identifizierte Überflieger heute als Ideal gilt. Und zwar auch dann, wenn er Geschäftigkeit bloß inszeniert, ständig heiße Luft produziert und andere mit seiner Hyperaktivität verrückt macht. »Die ganz normale Arbeit hat ihren ehrenwerten Status verloren«, meint Volker Kitz und warnt: »Stattdessen hofieren wir die Heißluft-Produzenten, die uns dann allen die Freizeit rauben.«

Unternehmen hätten gute Gründe, die Leistung des Malochers, der für einen begrenzten Arbeitseinsatz einfach gutes Geld verdienen will, wieder mehr zu achten und zu respektieren. Die Malocher mögen keine High Performer sein und gerne pünktlich nach Hause gehen. Aber wenn ihnen aufgrund von Lohndumping und mangelnder Anerkennung die Lust auf Leistung restlos vergehen würde, bekämen Wirtschaft und Gesellschaft ein Riesenproblem. Einen Vorgeschmack bietet die 42-jährige Susanne Müller, die sich freiwillig für das Arbeitslosengeld II, besser bekannt als »Hartz IV«, entschieden hat. Als die Tageszeitung *Die Welt* im Frühjahr 2013 online über sie berichtete, fand dies im Internet ein gewaltiges Echo. Susanne Müller verdiente zuletzt 2290 Euro netto im Monat. Dann kündigte sie, um nie wieder zu arbeiten. 751 Euro überweist ihr heute das Jobcenter Berlin-Friedrichshain monatlich. Für mehr Geld malochen will sie nicht.

Nebensache Geld: Lustarbeiter auf dem Vormarsch

60 000 Euro mehr im Jahr? Für Lustarbeiter kein Grund zum Jobwechsel
Eine gute Freundin von mir würde auch für 7 500 Euro monatlich vom Jobcenter niemals aufhören zu arbeiten. Sie ist für mich eine typische Lustarbeiterin. Im Bereich Public Relations eines internationalen Konzerns arbeitet sie direkt unterhalb des Vorstands. Der Vorstand hat volles Vertrauen zu ihr und lässt sie ihren Job so erledigen, wie sie das für richtig hält. Neulich erzählte sie mir, sie hätte von einem Headhunter ein verlockendes Jobangebot bekommen. Bei einem anderen Konzern könnte sie in derselben Position 60 000 Euro im Jahr mehr verdienen. Selbstverständlich würde dieser Konzern ihr auch eine neue Wohnung suchen, ihren Umzug organisieren und so weiter. Sie bräuchte sich um nichts zu kümmern. Doch meine Freundin hat nicht einmal eine Minute über diese Option nachgedacht. Ihr jetziger Job macht ihr Spaß, das Umfeld stimmt. Und 5 000 Euro mehr im Monat braucht sie nicht. Es geht ihr gut, sie hat genug.

Auch Lustarbeiter bringen Leistung gegen Geld. Aber das Einkommen steht für sie nicht im Vordergrund. Sobald sie den Lebensstandard erreicht haben, den sie sich wünschen, würden sie auch für noch so viel Geld keinen Job annehmen, der ihnen möglicherweise weniger Spaß macht. Solche Lustarbeiter finden sich heute verstärkt unter hoch qualifizierten Fach- und Führungskräften. Je mehr wir eine wissensbasierte Wirtschaft mit hohem Wohlstand sind, in der Hochqualifizierte als Schrittmacher der Innovation gelten, desto mehr Lustarbeiter gibt es.

Die Werte der Lustarbeiter spiegelt auch eine Studie der Online-Jobbörse StepStone aus dem Jahr 2012. In Zusammenarbeit mit der Unternehmensberatung Hay Group wurden rund 18 500 qualifizierte Fach- und Führungskräfte im deutschsprachigen Raum danach befragt, was für sie am Arbeitsplatz am wichtigsten sei. Das Ergebnis: Für 80 Prozent steht ein netter Kollegenkreis, in dem man Spaß an der Arbeit haben kann, an erster Stelle. An zweiter Stelle kommt innere

Erfüllung durch eine sinnvolle Tätigkeit. Und an dritter Stelle ein Vorgesetzter, der seine Mitarbeiter in ihrer Entwicklung fördert. Das Thema Gehalt ist den Befragten im Vergleich weit weniger wichtig. Die Tendenz scheint also klar: Hoch qualifizierte Mitarbeiter sind nicht mehr käuflich. Sie suchen in erster Linie etwas anderes als Geld.

Sonderfall Effizienzoptimierer: Möglichst viel Output für möglichst wenig Input

Gerade in den wissensbasierten Berufen sind »Effizienzoptimierer« auf dem Vormarsch. Diese bilden einen Sonderfall unter den Lustarbeitern. Sie sind gut ausgebildet, oft beruflich spezialisiert und gut vernetzt. Sie haben keine Schwierigkeiten, an gut bezahlte Jobs zu kommen – sei es als Freelancer oder im Angestelltenverhältnis. Allerdings haben sie auch ganz klare Vorstellungen, wie viel Arbeit sie zu investieren bereit sind und wo ihre Grenze ist. Sie wollen einen passablen Lebensstandard haben. Doch ist ihnen Freiheit im Zweifel wichtiger als Geld. Personalberater berichten beispielsweise von IT-Mitarbeitern in Konzernen, die sich arbeitsvertraglich zusichern lassen, nur jede zweite Woche zu arbeiten. Sie verlegen ihren Wohnort auch nicht unbedingt an den Firmensitz, sondern pendeln lieber, weil sie ihr gewohntes soziales Umfeld nicht verlieren möchten.

Auch der bereits zitierte Buchautor Volker Kitz ist ein bekennender Effizienzoptimierer. Nachdem er unter anderem Anwalt in einem großen Medienunternehmen gewesen war, beendete er diesen Teil seiner Karriere freiwillig, um zu schreiben und Vorträge zu halten. In einem Interview mit der Tageszeitung *Die Welt* sagte Kitz: »Ich nehme nicht jeden Auftrag an – zum Ausgleich lebe ich auf einem bescheideneren Niveau, als ich vielleicht könnte, damit ich über meine Zeit souveräner bestimmen kann. Der Grund, alles zu machen, ist bei vielen die Geldgier. Die Kunst besteht darin zu sagen, das reicht mir. Solange jemand das nicht beherrscht, hat er immer nur eines von beidem: entweder Zeit oder Geld.«

Geld oder Zeit? Manchen ist die Zeit lieber

Für Volker Kitz hat Zeitsouveränität heute die oberste Priorität: »Ich besitze beispielsweise kein Auto, trage keine teuren Markenklamotten oder richte mich mit überteuerten Designermöbeln ein. Mein Luxus besteht in mehr Zeit. Gestern habe ich ein Sofa gesehen, das mir sehr gut gefallen hat. Der Verkäufer hat mir verschämt auf dem Taschenrechner den Preis gezeigt: 18 000 Euro. Mit so was stürzt man sich ins Hamsterrad. Zum Glück gibt's auch schöne Sofas für 800 Euro. Mein Luxus besteht in mehr Zeit.« Man darf sich hier nicht täuschen lassen: Auch Menschen wie Volker Kitz haben Lust auf Leistung. Wenn sie etwas tun, dann sind sie darin sogar richtig gut. Kitz beispielsweise schreibt Sachbücher, die es auf Bestsellerlisten schaffen, und hält Vorträge vor Topmanagern, die sehr gut bezahlt werden. Effizienzoptimierer sind lediglich nicht bereit, für noch mehr Geld all ihre Zeit zu opfern. Geld scheint also unter bestimmten Bedingungen als Motivator ausgedient zu haben.

Geld als Motivator: Schmeckt dem Esel die Möhre noch?

»Eine Gehaltserhöhung nehmen Angestellte immer gern«, kommentiert Jochen Leffers auf *Spiegel Online* die Ergebnisse der StepStone-Studie. »Aber darum arbeiten sie noch lange nicht besser oder mehr.« Diese Aussage halte ich grundsätzlich für plausibel. Dennoch warne ich vor voreiligen Schlüssen. Menschen, die ich salopp als »Malocher« bezeichnet habe, wurden von der StepStone-Studie, an der qualifizierte Fach- und Führungskräfte online teilnahmen, nämlich kaum erfasst. Ich sage in diesem Zusammenhang gerne: Zwischen zu wenig Geld und genug Geld ist ein großer Unterschied. Zwischen genug Geld und mehr als genug Geld ist ein geringer Unterschied. Für Geringverdiener kann Geld deshalb durchaus ein Anreiz für ein höheres Leistungsniveau sein. Das setzt voraus, dass Geringverdiener auch eine faire Chance haben, für mehr Leistung mehr Geld zu erhalten. Doch stellen wir die Frage nach der Chancengerechtigkeit hier einmal zurück.

Immer mehr von etwas verliert irgendwann seinen Reiz — Wie alle materiellen Güter, die für Geld käuflich sind, unterliegt in gewisser Weise auch das Geld an sich dem ökonomischen Gesetz vom »abnehmenden Grenznutzen«. Es wurde erstmals 1854 von dem deutschen Volkswirt Hermann Heinrich Gossen formuliert und besagt:

Der Konsum eines Gutes stiftet mit zunehmender Menge einen immer geringeren Zusatznutzen, hier »Grenznutzen« genannt. Ein ganz schlichtes Beispiel kennt jedes Kind: Zwei Kugeln Eis sind viel besser als eine! Die zweite Kugel hat also einen hohen Grenznutzen. Die dritte ist auch noch nett. Die vierte – na ja. Spätestens von der sechsten oder siebten Kugel Eis wird einem aber nur noch schlecht. Der Sättigungsgrad ist erreicht, die weitere Kugel bringt keinen zusätzlichen Genuss mehr.

Das Gesetz vom abnehmenden Grenznutzen gilt auch für teurere Produkte als Eis. Nehmen wir das Sofa für 800 Euro. Es bietet in der Regel mehr Sitzkomfort als das Ikea-Schnäppchen für 99 Euro. Wer 2000 Euro ausgibt, sitzt dann wahrscheinlich richtig luxuriös. Doch welche Steigerung kann ein Sofa für 18 000 Euro noch bieten? Die dürfte gering ausfallen. Irgendwann wird das Sofa zum reinen Statussymbol. Man erwartet gar keinen Zugewinn an Komfort mehr. Doch der Zugewinn an Status unterliegt wiederum dem Gesetz vom abnehmenden Grenznutzen: Wie viel mehr Status verheißt ein Sofa für 25 000 Euro gegenüber dem für 18 000 Euro? Wer diese Gesetzmäßigkeit einmal durchschaut hat, kann sich wie an einem Pokertisch fragen: Wie lange spiele ich mit und wann steige ich aus? Das gilt auch fürs Geldverdienen: Wie viel mehr Geld reizt mich noch und ab wann kann ich verzichten?

Genug ist genug: Wo liegt der persönliche Zufriedenheitslevel?

Jeder Mensch benötigt ein Existenzminimum. Das bedeutet zunächst einmal so viel Geld, wie nötig ist, um das Überlebensnotwendige zu bezahlen: ausreichende und gesunde Ernährung, schützende Kleidung, ein Dach über dem Kopf, Heizung im Winter – solche Dinge. In den modernen Sozialstaaten wird das Existenzminimum jedoch noch weiter gefasst. Man ist sich gesellschaftlich einig, dass jedem Menschen eine gewisse Teilhabe am wirtschaftlichen, sozialen und kulturellen Leben möglich sein sollte. In Deutschland wird das aus der grundgesetzlich garantierten Würde des Menschen in Verbindung mit dem Sozialstaatsprinzip (Artikel 20 und 28 des Grundgesetzes) hergeleitet. Dem entsprechend legt der Gesetzgeber Geldbeträge fest, die das Existenzminimum sichern sollen. So gibt es beispielsweise das »schuldrechtliche Existenzminimum«, das in jedem Fall pfändungsfrei ist. In Deutschland liegt es seit 2005 für eine alleinstehende Person bei 985,15 Euro netto. Das Arbeitslosengeld II liegt für Alleinstehende meist um die 750 Euro – siehe den zitierten Fall Susanne Müller.

<small>Geld interessiert die am meisten, die zu wenig davon haben</small> Bei so wenig Einkommen motiviert die allermeisten Menschen die Chance auf mehr Geld zu Leistung. Wer 1 500 statt 750 oder 985 Euro haben kann, strengt sich gerne dafür an. Faire Rahmenbedingungen vorausgesetzt.

Das heißt nun aber nicht, dass Sie auch jeden Durchschnittsverdiener dazu bringen können, mehr zu leisten, wenn Sie das Doppelte zahlen. Für den Geringverdiener ist der Anreiz durch Geld groß, für den Normalverdiener weniger groß. Irgendwann scheint Geld seine Anreizfunktion zu verlieren. Meine Freundin, der ein Headhunter 60 000 Euro zusätzlich im Jahr in Aussicht gestellt hat, würde die Frage, ob sie für dieses Gehalt dann auch mehr zu leisten bereit sei, wahrscheinlich als absurd empfinden. Sie gibt in ihrem jetzigen Job ihr Bestes und würde das auch in jedem vergleichbaren Job tun. Der andere Konzern bietet einfach mehr. Da ihr persönlicher Zufriedenheitslevel im Hinblick auf Geld aber längst erreicht, ja sogar übertroffen ist, kann sie das Angebot nicht reizen.

Reflexionsfragen

Haben Sie das Gefühl, so viel Geld zu verdienen, wie Sie für Ihren gewünschten Lebensstandard benötigen? Falls nein: Wo läge Ihr Zufriedenheitslevel?

Angenommen, Sie bekämen das Angebot, in einer anderen Stadt mit der gleichen Tätigkeit 50 Prozent mehr zu verdienen als jetzt – eventuelle Kaufkraftunterschiede bereits eingerechnet. Würden Sie dafür Ihren Lebensmittelpunkt verlagern?

Bei welchem Einkommen der persönliche Zufriedenheitslevel erreicht ist, kann jeder letztlich nur für sich selbst herausfinden. Es gibt allerdings eine Reihe von interessanten Studien, die hierfür Durchschnittswerte ermittelt haben. So fand eine dieser Studien heraus, dass eine Gehaltssteigerung auf Niedrigverdiener, die weniger als 1 200 Euro netto im Monat zur Verfügung haben, einen dreimal so stark motivierenden Effekt hatte wie auf Personen, die bereits mehr als 1 200 Euro im Monat verdienten. Man kann daraus schließen, dass 1 200 Euro so eine Art Zufriedenheitsminimum sind. Wer dieses Einkommen nicht mindestens hat, ist weit überdurchschnittlich stark motiviert, sich für Geld anzustrengen. Bei deutlich höheren Einkommen kann hingegen schon eine schlichte Glückwunschkarte vom Chef motivierender wirken als Geld. Das fand der Frankfurter Wirtschaftswissenschaftler Michael Kosfeld heraus.

Gibt es nun auch ein Maximum, ab dem Geld die allermeisten Menschen nicht mehr reizt? Eine Studie in den USA ergab, dass Geld bis zu einer Grenze von 75 000 US-Dollar (aktuell rund 60 000 Euro) Jahreseinkommen eine wichtige Rolle für die Lebenszufriedenheit spielt. Sofern dies auf europäische Verhältnisse übertragbar ist, käme damit mehr Geld bis zu einer Grenze von rund 5 000 Euro Einkommen im Monat durchaus als motivierender Faktor infrage. Nicht bei allen vielleicht, aber doch bei vielen. Jenseits von 5 000 Euro monatlich wäre dann aber definitiv Schluss. Exorbitante Boni, beispielsweise für Investmentbanker, ließen sich dann nicht mehr mit einem leistungssteigernden Effekt begründen. Die entsprechenden Geldhäuser müssten sich gegenüber ihren Kunden und Aktionären eine andere Rechtfertigung überlegen.

Ab 75 000 Dollar Jahresgehalt werden Amerikaner nicht mehr zufriedener

Macht Geld glücklich? Intrinsische und extrinsische Motivation

Wenn mehr Geld bis zu einem Monatseinkommen von 1 200 Euro ein starker Anreiz für Leistung ist und bis zu einem Einkommen von 5 000 Euro bei den meisten noch irgendwie zur Lebenszufriedenheit beiträgt, dann heißt das noch lange nicht, dass Geld auch glücklich macht. Die Glücksforschung unterscheidet heute deutlich zwischen emotionalen Glücksgefühlen und kognitiver Zufriedenheit. Wobei das Geld hauptsächlich zur kognitiven Zufriedenheit beiträgt. Der Kopf sagt: Okay, das Geld stimmt. Das Bauchgefühl kann aber trotzdem ganz anders sein. Manche sind gut bezahlt und würden das auch gar nicht abstreiten. Trotzdem sind sie bei der Arbeit unglücklich. Wer gewinnt im Zweifel? Eindeutig das Gefühl! So richtig Lust auf Leistung haben nur Menschen, die mit ihrer Arbeit nicht allein zufrieden, sondern auch glücklich sind.

Geld ist ein äußerer Motivationsfaktor. Vor allem für die Menschen, die ich als »Malocher« bezeichnet habe, ist er durchaus wichtig. Das

Institut für Arbeit und Technik Gelsenkirchen bringt es so auf den Punkt: »Für viele Menschen ist Erwerbsarbeit eher eine unbequeme Notwendigkeit als ein Mittel zur Selbstverwirklichung. Hier können äußere Anreize zur Motivation sinnvoll sein.« Geld sei jedoch nicht alles, da Einzelanreize nur selten funktionierten: »Daher ist es zur Motivationssteigerung und zum Motivationserhalt sinnvoller, entsprechende Maßnahmen zu mischen, zum Beispiel Entlohnung und fachliche sowie soziale Anerkennung.«

Durch äußere (»extrinsische«) Anreize sind allerdings weniger Menschen motivierbar, als Unternehmen bis vor kurzem noch glaubten. Der amerikanische Bestsellerautor Daniel Pink versucht in seinem Buch *Drive* anhand zahlreicher Studien zum menschlichen Verhalten zu belegen, dass materielle Anreize oft nutzlos und manchmal sogar schädlich seien. Sein Paradebeispiel: Die Oper *Die Zauberflöte* wäre nie entstanden, wenn es Mozart nur ums Geld gegangen wäre. Der Komponist des 18. Jahrhunderts war bereits ein Lustarbeiter und »intrinsisch« motiviert. Er folgte seinem inneren Antrieb, nicht äußeren Anreizen. Mozart war trotz guter Bezahlung oft pleite. Mit Geld konnte er nicht umgehen. Seine Leidenschaft war die Musik.

Geld als »Hygienefaktor« nach Frederick Herzberg

Der amerikanische Arbeitspsychologe Frederick Herzberg (1923–2000) zählt gemeinsam mit Abraham Maslow zu den Pionieren der Motivationsforschung. Er untersuchte Tausende von Einzelereignissen an den Arbeitsplätzen von Menschen daraufhin, ob sie zu Zufriedenheit oder Unzufriedenheit führen. Seine auf der Basis dieser Forschungsergebnisse entwickelte »Zwei-Faktoren-Theorie« der Motivation lässt sich vereinfacht so zusammenfassen: Es gibt Gründe für Unzufriedenheit bei der Arbeit und es gibt Gründe für Zufriedenheit. Diese Gründe sind jeweils nicht dieselben. Das bedeutet: Wenn ein Mensch bei der Arbeit nicht unzufrieden ist, bedeutet das noch nicht automatisch, dass er zufrieden ist.

Schlechte Leistung durch zu viel Geld

Dan Ariely, Professor für Psychologie und Verhaltensökonomik an der Duke University in den USA, zeigt in einer Studie aus dem Jahr 2009, dass zu viel Geld nicht nur keine Leistungssteigerung mehr bewirkt, sondern Leistungen sogar verschlechtern kann. Dazu führte er Spielexperimente mit indischen Bauern durch: Während bei einer Gruppe mit relativ niedrigem finanziellem Anreiz 43 Prozent der Probanden die gestellte Aufgabe erfolgreich lösten, waren es in einer Vergleichsgruppe mit sehr hohen finanziellen Anreizen nur noch zehn Prozent der Probanden. Zu ähnlichen Ergebnissen kamen bereits Untersuchungen in den 1960er-Jahren: Extrem hohe Boni erzeugten einen Tunnelblick und verstellten die Sicht auf unkonventionelle, aber richtige Lösungsansätze. Im Jahr 2011 konnte der Wirtschaftswissenschaftler Bernd Irlenbusch von der Uni Köln zudem belegen, dass die Gesamtleistung eines Teams sinkt, wenn einzelne Teammitglieder hohe finanzielle Anreize erhalten.

Mit dem Geld verhält es sich nach Frederick Herzberg so: Es verhindert, dass Menschen in ihrem Job unzufrieden sind. Aber es macht sie auch nicht zufrieden. Herzberg prägte in diesem Zusammenhang den Begriff »Hygienefaktoren« und zählte Entlohnung und Gehalt dazu. Hygienefaktoren verhindern Unzufriedenheit, tragen aber nicht zur Zufriedenheit bei. Typischerweise werden diese Faktoren im Arbeitsalltag gar nicht bemerkt oder als selbstverständlich betrachtet. Erst wenn sie fehlen, empfinden Arbeitende dies als Mangel. Das Geld muss also stimmen, damit das Arbeitsverhältnis »sauber« ist. Ebenso wie beispielsweise die Arbeitsbedingungen oder der Führungsstil der Vorgesetzten. Positiv motivierend wirken aber nach Herzberg andere Faktoren. Zu den stärksten dieser Motivatoren zählt Anerkennung. Darauf werde ich in Kapitel 5 noch detailliert eingehen.

Geld macht nicht zufrieden, aber kein Geld macht unzufrieden, sagt Herzberg

Kirschen in Nachbars Garten: Geld und Gerechtigkeit

Der bekannte niederländische Zoologe und Verhaltensforscher Frans de Waal, Autor von Büchern wie *Der Affe in uns* oder *Das Prinzip Empathie*, hat in Experimenten nachgewiesen, dass bereits Menschenaffen auf Ungerechtigkeit mit Protest und Leistungsverweigerung reagieren. In einem dieser Experimente warfen de Waal und sein Team Kapuzineraffen in einem Käfig Steinchen zu und belohnten die Rückgabe mit einem Stück Gurke. Als das gut eingespielt war, platzierten sie nebenan einen weiteren Käfig, in dem nur ein einzelner Affe saß. Auch er bekam Steinchen zugeworfen. Doch als Belohnung für die Rückgabe erhielt er statt eines Gurkenstücks eine köstliche Weintraube. Sofort spielten sich in dem Nachbarkäfig tumultartige Szenen ab. Hier verdienten die Affen für die gleiche Leistung nämlich weiterhin nur Gurke. Je länger die Ungerechtigkeit anhielt, desto schriller wurde der Protest. Etwa die Hälfte der Affen trat schließlich in den Streik und gab keine Steinchen mehr zurück. Einige gaben zwar weiter die Steinchen zurück, warfen aber anschließend ihr Gurkenstückchen den Zoologen wütend vor die Füße.

Wenig ist okay, weniger als andere ist nicht okay

Zufrieden sind wir erst nach dem Vergleich mit anderen

Die Pointe des Experiments von Frans de Waal besteht darin, dass die Affen mit ihrer Belohnung vollkommen zufrieden waren, solange sie nicht mit ansehen mussten, wie ein anderer Affe für dieselbe Leistung mehr bekam. Wirtschaftswissenschaftler haben in Untersuchungen herausgefunden, dass Menschen auf Einkommensunterschiede nicht wesentlich anders reagieren als Affen auf ungerechte Belohnungen. So zitieren die Ökonomen Joachim Weimann, Andreas Knabe und Ronnie Schöb von der Otto-von-Guericke-Universität Magdeburg beziehungsweise der Freien Universität Berlin in ihrem Buch *Geld macht doch glücklich* verschiedene Untersuchungen über die psychologische Wirkung von Gehaltserhöhungen. Ihre Haupterkenntnis lautet: Wie Mitarbeiter eine Gehaltserhöhung bewerten und empfinden, hängt vom Vergleich mit anderen ab.

Als soziales Wesen vergleicht sich der Mensch ständig mit seinen Freunden, Nachbarn und Kollegen. Deshalb wissen Menschen selbst mehrfache Einkommenserhöhungen nicht zu schätzen, wenn Kollegen für die gleiche Leistung eine größere Gehaltserhöhung bekommen. Laut Weimann, Knabe und Schöb nimmt die Zufriedenheit in diesem Fall möglicherweise sogar ab. In krassen Fällen drohen Protest, Leistungsverweigerung und Streik. Der Affenkäfig lässt grüßen. Der

Bonner Wirtschaftswissenschaftler Armin Falk zeigte sogar in Experimenten, dass das Belohnungszentrum im Gehirn von Männern durch den Vergleich mit einem Konkurrenten unmittelbar beeinflusst wird. Die Freude über einen Erfolg stieg bei Männern, die wussten, dass ihre Konkurrenten schwächer abgeschnitten hatten.

Unternehmen können aus allen diesen Untersuchungen für die Praxis lernen, dass Bezahlung nicht nur absolut gesehen angemessen sein muss, sondern auch im Vergleich zu anderen Mitarbeitern, die ähnlich viel leisten. Ist das gewährleistet, dann ist Geld jener Herzbergsche »Hygienefaktor«, der nicht weiter auffällt. Kommt es jedoch zu Ungerechtigkeiten, ist die Lust auf Leistung ernsthaft in Gefahr. Aus eigener Erfahrung kann ich das nur bestätigen. Als Leiterin einer Verlagsgruppe in der Energiewirtschaft war ich objektiv gut bezahlt. Allerdings wurden Erfolgsprämien immer nur an die Chefs der einzelnen Geschäftsbereiche ausgezahlt und nie an mich, obwohl ich als Verlagsleiterin unserer Hauptstadtniederlassung wesentlich zum Erfolg der einzelnen Geschäftsbereiche beitrug. Das hat mich damals sehr geärgert. Meine Leistungsmotivation litt spürbar darunter, dass andere für meine erfolgreiche Arbeit die Boni kassierten.

Wie viel Geld ist leistungsgerecht? Streitthema Gehalt

Beim Thema Geld wird seit einigen Jahren in der Öffentlichkeit über zweierlei besonders emotional gestritten: erstens über Niedriglöhne und zweitens über Managergehälter. Es sind zwei Seiten derselben Medaille, nämlich einer zunehmenden Spreizung von Einkommen. Auf der einen Seite sind immer mehr Arbeitnehmer in Deutschland sogenannte Hartz-IV-Aufstocker. Das heißt, sie können trotz Vollzeitjobs von ihrem Gehalt nicht mehr leben und brauchen staatliche Zuschüsse. Auf der anderen Seite haben sich für Konzernlenker Jahresgehälter jenseits der fünf Millionen Euro eingebürgert. In Einzelfällen ist auch schon das Doppelte oder gar Dreifache geflossen. Wobei man sicherlich immer genau hinsehen muss, da nicht alles in bar ausgezahlt wird, sondern beispielsweise auch in Unternehmensanteilen. Nach Informationen des Mittelstandsportals *Agitano* lag das Verhältnis zwischen durchschnittlichen Managergehältern und einfachen Angestelltengehältern in den USA 1980 noch bei 35:1, wuchs auf 240:1 im Jahr 2004

Die Gehaltsschere geht auseinander – ein Problem?

und erreichte 2008 das Verhältnis von 319:1. In Deutschland wurde eine Steigerung von durchschnittlich 14:1 im Jahr 1987 auf 44:1 im Jahr 2006 statistisch erfasst. Bei Großbanken wie der Deutschen Bank stieg das Verhältnis jedoch rasanter, nämlich von 31:1 im Jahr 1992 auf 240:1 im Jahr 2003.

Sighard Neckel gibt zu bedenken, dass zwar im Profisport, auf dem Kunstmarkt und in der Unterhaltungsindustrie allein der Markt die Einkommen bestimme – die Beliebtheit beim Publikum sei hier als »Leistung« völlig ausreichend –, in der Wirtschaft aber zumindest offiziell weiter das Leistungsprinzip gelte. Insofern sei es bedenklich, wenn sich Spitzenmanager zunehmend in die Nähe von Promis der Popkultur rückten. Entscheidend sei gar nicht, ob Leistung in der Praxis immer gerecht bezahlt werden könne. Wichtig sei vielmehr das Leistungsprinzip als solches, weil es eine »Richtschnur für die Verteilung von Einkommen zieht und somit die Staffelung materieller Lebenslagen nicht einfach dem Resultat ökonomischer Ausscheidungskämpfe überlässt«.

Gerechte Maßstäbe sind noch wichtiger als gerechte Resultate

Für den Streit um Managergehälter habe auch ich keine Patentlösung anzubieten. Unternehmen sollten sich allerdings der Gefahren bewusst sein, die entstehen, wenn das Leistungsprinzip nicht mehr für alle gilt. Wo Sachbearbeiter oder Vertriebsmitarbeiter nach ihrer Leistung bezahlt werden, Spitzenmanager oder IT-Spezialisten aber nach ihrem internationalen Marktwert, da entsteht ein Ungleichgewicht, das schnell als ungerecht empfunden wird. Und wer wissen will, was Ungerechtigkeit emotional bedeuten kann, der lese noch einmal die Geschichte vom Affenexperiment.

Über den Maler Pablo Picasso gibt es eine berühmte Anekdote: Von einem Kunstsammler um eine Zeichnung gebeten, brachte Picasso in drei Sekunden etwas aufs Papier. Dann verlangte er eine Million Francs dafür. Eine Million für drei Sekunden Arbeit? Der Sammler regte sich auf! Da gab Picasso zu bedenken, er habe schließlich 30 Jahre gebraucht, um für eine Zeichnung so viel verlangen zu können. Im Hintergrund steht hier das, was Ökonomen die »Humankapitaltheorie« nennen. Gerechte Bezahlung darf demnach nie nur die Leistung im Augenblick betrachten, sondern muss auch den Weg berücksichtigen, den es dauert, eine solche Leistung überhaupt erbringen zu können. Hier zeigt sich nochmals: Es gilt beim Thema Geld und Gerechtigkeit so manches zu berücksichtigen. Wichtig scheint am Ende vor allem, dass keine Willkür herrscht. Die wenigsten arbeiten allein wegen des Geldes, aber wir alle arbeiten für Geld. Und wir alle wünschen uns, dass es gerecht zugeht.

Übung

Die folgenden drei Fragen helfen Ihnen, sich im Hinblick auf die Bezahlung für Ihre Leistung selbst einzuschätzen:

1. Wie schätzen Sie allgemein das Verhältnis Ihrer Leistung zu Ihrem Einkommen ein? Erhalten Sie
   (a) weniger als erwartet
   (b) ungefähr das, was Sie erwarten
   (c) mehr als Sie erwarten

2. Welchen Einfluss hat mehr Geld auf Ihre Motivation? Ist dieser Einfluss
   (a) nicht wahrnehmbar
   (b) gering
   (c) deutlich

3. Wenn Sie sich Ihren absoluten »Traumjob« vorstellen, wie wichtig ist Ihnen dabei die Bezahlung? Ist sie
   (a) eher unwichtig
   (b) wichtig
   (c) sehr wichtig

4 Turning Point – Wenn die Zeit gekommen ist

»Die meisten Menschen sind irgendwie und irgendwo in einen Beruf hineingefallen – wie auf einen dummen Scherz. Und nun finden sie ihn spannend oder auch nicht.«

Rolf Dobelli, Ex-Manager, heute Schriftsteller

Anhaltende Lust auf Leistung entsteht, wenn unser Leben in die richtige Richtung läuft, sich positiv entwickelt, trotz vielleicht mancher Hürden. Einige kommen bereits in der Jugend auf die richtige Spur. Viele müssen ihren Kurs jedoch irgendwann korrigieren. Sie erleben einen Turning Point, an dem sich Veränderungen nicht länger aufschieben lassen. Wie sich Wendepunkte ankündigen und was Sie daraus machen können, erfahren Sie in diesem Kapitel.

Was, schätzen Sie, waren die Ladenöffnungszeiten in Deutschland zu Zeiten unserer Urgroßväter? Vielleicht überrascht es Sie: Im 19. Jahrhundert hatten die Geschäfte in der Regel täglich, auch sonntags, zwischen 5 und 23 Uhr geöffnet. Die erste Einschränkung kam per Reichsgesetz am 1. Juni 1891. Läden durften jetzt sonntags nur noch fünf Stunden lang verkaufen. Im Jahr 1900 trat dann das erste Ladenschlussgesetz in Kraft. Es beschränkte die Öffnungszeiten auch an Werktagen. Nun war um 21 Uhr Schluss. Lebensmittelgeschäfte waren von der Regelung allerdings ausdrücklich ausgenommen. Während der Zeit des Nationalsozialismus wurde dann der Ladenschluss an Werktagen auf 18.30 Uhr festgeschrieben, womit viele heute groß geworden sind. Die Regelung hatte bis 1996 Bestand. Seitdem wurde und wird über die Verlängerung – oder besser: Wiederverlängerung – der Ladenöffnungszeiten gestritten.

Schon mit kleinen, alltäglichen Veränderungen tun sich viele schwer

Was sind nicht alles für Argumente gegen eine Liberalisierung ins Feld geführt worden! Das Verkaufspersonal setze seine Gesundheit aufs Spiel. Kleine Läden würden in die Insolvenz getrieben. Außerdem wolle abends um 20 Uhr ohnehin niemand mehr einkaufen. Dabei sollte doch niemals auch nur ein Geschäft gezwungen werden, länger zu öffnen. Sondern lediglich die Erlaubnis dazu bekommen. Mittlerweile ist Ladenschluss in Deutschland Ländersache. Mit der Folge, dass Geschäfte in Berlin oder Hamburg werktags rund um die Uhr öffnen dürfen, in Bayern jedoch um 20 Uhr schließen müssen. Und der Streit geht weiter! So klagten etwa die Kirchen vor dem Bundesverfassungsgericht gegen eine fünfstündige Ladenöffnung an allen Adventssonntagen in Berlin – und bekamen Recht. Immerhin: Als Berufstätige mit vielen Terminen freue ich mich, dass ich jetzt wenigstens auch abends einkaufen kann. Im Supermarkt eines Einkaufszentrums bei uns in der Nähe ist auch nach 20 Uhr immer etwas los.

Die nicht enden wollende Debatte über den Ladenschluss macht eines mehr als deutlich: Selbst kleinste Veränderungen unserer alltäglichen Lebensgewohnheiten können unsere Gemüter in Wallung bringen. Wir diskutieren jahrelang darüber, ob es erlaubt sein soll, nach 20 Uhr eine Packung Toastbrot zu verkaufen. Das Erstaunliche dabei: Wenn Sie Menschen ganz allgemein fragen, ob sie Veränderungen gegenüber aufgeschlossen sind, dann wird die große Mehrheit Ihnen sofort zustimmen. Sobald es aber konkret darum geht, Veränderungen zu beschließen und umzusetzen, muss ich immer an die Debatte um den Ladenschluss denken ...

Irgendetwas »will raus« – und bahnt sich mit Macht seinen Weg

Wenn uns schon minimale Veränderungen anscheinend so unendlich schwerfallen, wie sieht es dann erst mit den großen Veränderungen aus? Wie steht es mit beruflicher Neuorientierung oder dem privaten Neubeginn? So etwas scheint dann für manche kaum zu schaffen. Dummerweise sind solche Lebenswenden aber oft bitter nötig, wenn wir nicht ausbrennen, sondern mit Lust und Leidenschaft etwas Sinnvolles schaffen möchten. Denn wer noch nicht gefunden hat, was »sein Ding« ist, der wird immer unzufrieden sein. Irgendwas will dann raus. Und entweder es wird freiwillig zugelassen – oder es bahnt sich irgendwann mit Macht seinen Weg.

Die Macht des Schicksals: Unfreiwillige Wendepunkte

Alles unterliegt dem Wandel. Er ist natürlich und normal. Ebenso sehr wie Veränderung brauchen wir Menschen jedoch eine relative Stabilität. Würden wir uns jeden Tag vollkommen ändern, wären wir als Persönlichkeiten überhaupt nicht mehr erkennbar. Wenn wir heute schon wieder jemand anderes wären als gestern, bräuchten wir auch nirgendwo Verantwortung zu übernehmen und könnten für nichts haftbar gemacht werden. Hirnforschung und moderne Psychologie versuchen den Menschen explizit in einem Spannungsfeld aus Stabilität und Veränderung zu begreifen. So unterscheidet man etwa verschiedene limbische Ebenen: Die Grundlagen unseres Temperaments entstehen schon ab der siebten Schwangerschaftswoche in unserem Gehirn und sind anschließend kaum noch veränderbar. Die viel später ausgeprägte Ebene des Sozialverhaltens ist demgegenüber einfacher modifizierbar. Ganz ohne Widerstand geht es aber auch hier nicht. Wir können uns die menschliche Persönlichkeit wie einen Baum vorstellen, bei dem sich die frischen Blätter und jungen Zweige recht einfach bewegen und verbiegen lassen. Die dickeren Zweige und Äste lassen sich schon nur noch mit größerem Aufwand und über einen längeren Zeitraum verändern. Man muss dann zum Beispiel Draht zu Hilfe nehmen. An Stamm und Wurzeln lässt sich so gut wie nichts ändern.

Wie erleben wir das Spannungsfeld aus Stabilität und Veränderung? Nun, das feste Fundament der Persönlichkeit verleiht uns zunächst angenehme Stabilität. Mit anderen Worten: Das Vertraute beruhigt uns. Das Neue wirkt demgegenüber bedrohlich, weil wir nicht einschätzen können, welche Gefahren damit verbunden sein könnten. So haben unsere frühen Vorfahren ihr Überleben gesichert. Unser Problem heute ist, dass uns Veränderung meistens gar nicht bedroht, wir sie aber dennoch als bedrohlich empfinden. Was eigentlich eine Schutzfunktion ist, hindert uns dann, einen positiven Schritt zu wagen. Die sogenannte »Komfortzone« entlässt uns nicht aus ihrem Griff. Dadurch entgehen uns große Chancen.

Wir scheuen auch Veränderungen, die uns gar nicht bedrohen

Nicht die Ereignisse sind entscheidend, sondern unser Umgang damit

Der bekannte Schweizer Psychiater und Psychotherapeut Jürg Willi spricht von »Wendepunkten im Lebenslauf«, wenn die Zeit gekommen ist, nicht nur kleine Kurskorrekturen vorzunehmen, sondern ganz neu in die Spur zu kommen. In seinem gleichnamigen Buch grenzt Willi diese *Wendepunkte im Lebenslauf* ab von der heute oft nötigen Anpassung an den beschleunigten Wandel in Alltag und Berufsleben: »Der rasche äußere Wechsel braucht ... noch keine Lebenswende zu sein«, schreibt Willi. Denn: »Der Mensch ist fähig, zum äußeren Geschehen einen inneren Abstand zu schaffen und die Wechsel nicht mehr persönlich an sich herankommen zu lassen. Er kann sich daran gewöhnen, dass in bestimmten Lebensbereichen Stabilität nicht mehr herzustellen ist. Das heißt aber noch nicht, dass im gleichen Tempo auch ein innerer Wandel der Einstellungen, der Werthaltungen und Lebenspläne stattfindet.«

Wirkliche Wendepunkte im Lebenslauf sind selten. Typischerweise ereignen sie sich ein einziges Mal im Leben. Bei einigen passieren sie öfter, bei anderen nie. Nach Jürg Willi gibt es bei so einer Weichenstellung, die das Leben in komplett andere Bahnen lenkt, immer ein subjektiv erlebtes »Vorher« und »Nachher«. Nach dem einschneidenden Ereignis erscheint den Betroffenen vieles nicht mehr so wie zuvor. Entscheidend ist dabei nicht das Ereignis selbst, sondern dessen innere Verarbeitung. Vom äußeren Lebenslauf wird man immer nur bedingt auf die Entwicklung der Persönlichkeit schließen können. Als Coach erlebe ich ständig, wie Menschen von Gedanken und Gefühlen berichten, die man ihnen von außen nicht anmerkt. Selbst Schicksalsschläge werfen nicht alle Menschen aus der Bahn. Der eine lebt sein Leben danach völlig neu, der andere beißt die Zähne zusammen und macht weiter wie bisher.

Wenn das Schicksal unser Coach wird ...

Schicksalsschläge können uns eine Lebenswende abverlangen – doch das ist hart

Die meisten Menschen ändern sich erst grundlegend nach einer Veränderung ihrer Lebensumstände, meint der Experte Jürg Willi. Lebenswenden können seinen Erkenntnissen zufolge entweder »bewusst herbeigeführt« oder »schicksalhaft eingetreten« oder »unbewusst konstelliert« sein. Inwieweit Variante zwei und Variante drei ineinander übergehen, Schicksal also wirklich Schicksal ist, oder wir es unbewusst auf genau dieses Schicksal anlegen, ist eine lebensphilosophische Frage. Manche spirituelle Lehren versuchen, hierauf Antworten zu geben. Gesicherte wissenschaftliche Erkenntnisse gibt es dazu freilich nicht. Auf die Möglichkeit, Lebenswenden aus eigener Einsicht bewusst herbeizuführen, werde ich gleich noch eingehen. Zunächst jedoch ein Blick auf die schicksalhaften Lebenswenden durch sogenannte »kritische Lebensereignisse«. Hierzu gibt es eine umfangreiche Forschung, die als »Life Event-Forschung« bezeichnet wird.

»Life Events« sind entweder Krankheiten beziehungsweise Syndrome, wie Krebs, Aids, Herzinfarkt, Burn-out, oder erschütternde äußere Ereignisse, wie Unfälle, Verlust eines Partners oder Kindes, Wegfall des beruflichen Status, Zerstörung von Haus und Hof durch Naturkatastrophen und so weiter. Immer wieder hat die Forschung zeigen können, dass Menschen solche kritischen Lebensereignisse letztlich als Anstoß für eine positive Entwicklung genutzt haben. Dieser Effekt tritt jedoch selten unmittelbar ein. Dazu noch einmal Jürg Willi: »Oft wird ein belastendes Lebensereignis zunächst als belastendes *Schicksal* erlebt. Man fühlt sich als Opfer eines *Zufalls*. Beide Begriffe beinhalten die Vorstellung, dass einem das veränderungswirksame Ereignis ›von außen‹ geschickt bzw. zugefallen ist. Schicksal meint meist ein leidvolles Geschick, eine Fügung, seltener ein Geschenk.«

Zum »Geschenk« kann das schicksalhafte Ereignis erst dann werden, wenn es seelisch erfolgreich bewältigt worden ist. »Gemeisterte kritische Lebenssituationen tragen zur Persönlichkeitsentwicklung bei«, stellt Jürg Willi fest. Immer wieder wurde der Fall beobachtet, dass Menschen selbst schwere Unfälle oder Erkrankungen mit Abstand von zehn oder noch mehr Jahren geradezu als Glücksfall interpretieren. Der Schmerz ist vergessen – jetzt steht die positive Entwicklung im Vordergrund, die durch das Ereignis angestoßen wurde. »Hätte ich den Unfall nicht gehabt …«, fangen typische Sätze an, mit denen im Rückblick das Positive hervorgehoben wird. Leider gibt es auch Fälle, in denen schicksalhafte Ereignisse nicht bewältigt werden und in eine Abwärtsspirale führen.

Als Fazit lässt sich festhalten: Schicksalhafte Ereignisse sind immer ein Schock. Längerfristig haben wir die Chance, daraus zu lernen und mehr von dem zu leben, was uns wirklich wichtig ist. Trotzdem bleibt der Turning Point durch äußere Schicksalsschläge eine extrem harte Erfahrung. Mit Veränderungen zu warten, bis das Schicksal einen dazu zwingt, ist keine gute Idee.

Auf eigenes Risiko: Selbst gewählte Lebenswenden

»Ein Schicksalsschlag? Eine Veränderung völlig aus heiterem Himmel? Und Sie konnten das überhaupt nicht absehen? Ist das wirklich so?« Diese provokativen Fragen

Wer Vorzeichen erkennt, stellt die Weichen freiwillig auf Veränderung

stellt die Buchautorin Tania Konnerth in einem Online-Beitrag zum Thema Veränderung. Ihre eigene These dazu: »Fast alle Veränderungen haben Vorzeichen. Entscheidend ist nur, ob wir die Vorzeichen wahrnehmen und auch danach handeln. In der Regel haben wir sehr viele Möglichkeiten zu erkennen, in welche Richtung etwas laufen wird. Wir müssen nur die Augen öffnen, uns aktiv darum bemühen, die wichtigen Informationen zu erhalten, und dann entsprechend damit umgehen.« Ich kann Tania Konnerth hier nur zustimmen. Auch mein damaliger Burn-out kam »mit Ansage«. Aber ich habe beide Augen fest verschlossen. Bis es zu spät war.

Wenn wir von Schicksalsschlägen geschockt sind, geht es erst einmal nur um Schadensbegrenzung. Es dauert unter Umständen lange, bis wir wieder mehr das Positive sehen. Wie wäre es, wenn wir durch freiwillige Lebenswenden das Risiko von Schicksalsschlägen drastisch senken könnten? Die ganzheitliche Medizin und Psychosomatik geht schon lange der Hypothese nach, dass manche Erkrankungen möglicherweise die Folge eines Veränderungsstaus in unserem Leben sind. Der Arzt und Psychotherapeut Rüdiger Dahlke spricht sogar von »Krankheit als Symbol«: Eine Krankheit kann uns auf der körperlichen Ebene »spiegeln«, was wir in unserem Leben dringend verändern müssten. Ein einfaches Beispiel: Wenn uns der Job buchstäblich »krank macht«, dann »sagt« uns diese Krankheit: Mache in deinem Beruf nicht mehr so weiter! Verändere etwas!

Die Kunst der bewussten und freiwilligen Veränderung

Bewusstheit und Selbstreflexion sind der Schlüssel zu freiwilliger Veränderung

Freiwillige Veränderungen setzen Bewusstheit und Selbstreflexion voraus. Es gilt, die vielen kleinen Signale zu erkennen und zu deuten, die anzeigen, dass es so nicht mehr weitergehen kann. Es ist dann nötig, selbstständig Alternativen zu entdecken. Wer sich freiwillig verändern will, braucht außerdem den Mut zum Risiko und die Bereitschaft, Fehler zu machen. Gerd Gigerenzer, Psychologe und Direktor des Center for Adaptive Behavior and Cognition am Max-Planck-Institut für Bildungsforschung in Berlin, spricht in diesem Zusammenhang von »Risikointelligenz«. In seinem Buch *Risiko* geißelt der Wissenschaftler eine allgegenwärtige Risikoscheu: »Wer den Risiken einer ungewissen Welt begegnen will, muss bereit sein, Fehler zu machen.

Doch weltweit lernen die Menschen von klein auf etwas anderes: Tu alles, um Fehler zu vermeiden. Das Schulsystem ist in allen Kulturen geprägt von Auswendiglernen.«

Reflexionsfragen

Haben Sie Ermutigung erfahren, Ihren bisherigen Lebensweg zu gehen? Auch beruflich? Was hat Ihre bisherigen Lebensentscheidungen am meisten beeinflusst? Hatten Sie Vorbilder?

Was ist Ihnen im Berufsleben wirklich wichtig? Was möchten Sie mit Ihrer Leistung auf jeden Fall erreichen?

Die Alternative zur Fehlervermeidung lautet für den Psychologen Gerd Gigerenzer: mehr Mut zum Risiko, um im Hier und Jetzt leben zu können, statt das Glück immer wieder auf die Zukunft zu verschieben. Wo der Alltag »durchorganisierte Langeweile« ist, da muss man den »Thrill« künstlich inszenieren, etwa durch Extremsport oder Bungee-Jumping. Alles natürlich TÜV-geprüft und mit vollem Versicherungsschutz, für den Fall, dass etwas schiefgeht. »Spannungsschema« nannte der Soziologe Gerhard Schulze schon vor mehr als 20 Jahren die organisierten Action-Angebote, mit denen sich in der Freizeit ein bisschen Aufregung konsumieren lässt. Das ist auf die Dauer langweilig und macht weder glücklich noch zufrieden. Nur wer echte Lebensrisiken eingeht, wird spüren, dass es ihn innerlich stärkt und zu seiner Lebenszufriedenheit beiträgt. Das kann ich aus meiner Coaching-Praxis nur bestätigen.

Endlich loslassen und zum Kern vordringen

Wenn wir unser Sicherheitsbedürfnis loslassen und endlich bereit sind, zu experimentieren und neu zu entdecken, wo wir wirklich die Lust verspüren, uns zu engagieren und Leistung zu bringen, dann dringen wir zum Kern dessen vor, was uns innerlich antreibt. Wir machen nicht mehr einfach weiter das, was wir immer gemacht haben. Wir verlassen unsere Komfortzone. Wir leben nicht mehr neben uns her, sondern entdecken uns neu und können vielleicht irgendwann voller Überzeugung sagen: Ja, genau! Das ist mein Ding! Das möchte ich jetzt machen. Und morgen möchte ich vielleicht etwas anderes machen. Aber das interessiert mich heute noch nicht. Denn heute ist heute und morgen ist morgen. Ich kenne Menschen, die so leben, und ich erlebe sie als glücklich und zufrieden. Sie sind bei sich selbst – und damit im Hier und Jetzt – angekommen. Sie sind weder leichtsinnig noch übermütig. Sie machen sich nicht mehr so viele Sorgen um die Zukunft wie früher.

Als bestes Beispiel für diese Haltung fällt mir eine sympathische und lebensfrohe Frau ein, die ich im Coaching ein Stück begleiten durfte. Sie war und ist sehr erfolgreich in allem, was sie tut. Dahinter steckt allerdings kein Masterplan ihres Lebens, den sie mit 20 entwickelt hätte. Vielmehr entdeckt sie immer wieder Neues und lässt sich auch auf Dinge ein, die sich »zufällig« ergeben. Ursprünglich ist sie Innenarchitektin und in diesem Job wirklich gut. Sie hätte keinen zwingenden Grund, etwas anderes zu machen. Doch eines Tages wurde sie »entdeckt« – als Sprecherin! Sie hat sich darauf eingelassen und es einfach mal probiert. Heute steht sie im Tonstudio neben bekannten Schauspielern. Gleichzeitig hat sie überlegt, ob sie aus ihrer Passion für gesundes Essen nicht mehr machen kann – und sich zur Expertin für »Detox Food« (Ernährung zum Entgiften) weitergebildet. Irgendwann hatte sie die Idee, ihr Expertenwissen bei Innenarchitektur und gesundem Essen miteinander zu verknüpfen und Hotel-Restaurants bei Gesamtkonzepten für die Sinne zu beraten. Auch das wurde ein Riesenerfolg. Es bleibt bestimmt nicht ihr letztes Projekt.

Das »Meta-Thema« unseres Tuns entdecken

Wer mit seinem inneren Kern verbunden ist, hat viele Möglichkeiten

Wer mit traditionellen Vorstellungen von Beruf und Berufung groß geworden ist, tut sich manchmal schwer mit einer »Karriere«, wie ich sie gerade beschrieben habe. Da taucht dann schnell die Frage auf, ob sich hier nicht jemand völlig verzettelt. Äußerlich betrachtet hat das dann vielleicht wirklich den Anschein. Nicht jedoch, wenn man es in der Tiefe betrachtet. Oft zeigt sich nämlich, dass es bei dem scheinbar so unterschiedlichen Tun eine Art »Meta-Thema« gibt, einen übergeordneten Zusammenhang oder auch Rahmen, den eine Person bei aller Veränderung dann eben doch nicht verlässt. Bei der Innenarchitektin, von der ich Ihnen berichtet habe, zeigte sich irgendwann sehr klar, dass bei ihr immer die Sinne und die sinnliche Wahrnehmung eine Hauptrolle spielen: Es geht ihr um Sehen (Architektur), Hören (Texte sprechen) und Schmecken (Detox Food). Ihr Thema ist Sinnlichkeit und Sinneswahrnehmung. Sie möchte die Welt sehen, fühlen, hören, riechen und schmecken. Sie erfreut sich an Lebendigkeit in jeder Form. Und sie möchte anderen diesen sinnlichen Zugang zur Welt eröffnen. Sie zeigt Menschen, wie sie sich dadurch mehr spüren.

Klingt das nach »verzetteln«? Für mich klingt es eher nach einer Berufung. Ein anderes Beispiel für die unterschiedlichen Facetten einer Berufung ist für mich Coach und Buchautorin Sabine Asgodom. Sie ist ursprünglich Journalistin und hat in diesem Beruf neben dem Schreiben auch gelernt, die richtigen Fragen zu stellen. Treffende Fragen zu stellen ist wiederum ein wesentlicher Schlüssel für erfolgreiches Coaching! Heute ist Sabine Asgodom auch Top-Speaker, leitet ihre eigene Coach-Akademie, hat eine eigene TV-Sendung und blickt auf rund 30 Bücher zurück, darunter etliche Bestseller. Um bei sich selbst die Zusammenhänge zwischen einzelnen Tätigkeiten zu sehen, darf man nicht an der Oberfläche bleiben, sondern muss sich auf die Suche nach etwas machen, was die Fäden zusammenhält. Das hat mit unserem inneren Kern zu tun. Je besser wir mit diesem Kern verbunden sind, desto mehr – scheinbar – unterschiedliche Dinge können wir beruflich machen. Alles speist sich dann aus derselben Kraftquelle.

Wie sehr sind Sie bei Ihrem Kern?

Wer seinen inneren Kern entdeckt hat und das »Meta-Thema« seiner beruflichen Tätigkeit kennt, kann viele Möglichkeiten ausschöpfen und dabei immer »weiterbrennen«. Hier sind einige Merkmale, an denen Sie erkennen, ob Sie mit Ihrem Kern in Verbindung sind:

Mit dem Kern verbunden	Nicht mit dem Kern verbunden
Vielseitigkeit	»Job Hopping«
»Flow«	Gefühl von Überforderung
Talente entdecken und leben	In nichts wirklich gut sein
Leistung macht Spaß	Kein Job bringt Freude
Eines nach dem anderen	Terminstress
Nächsten sinnvollen Schritt gehen	Aussteigerfantasien

Dumm nur, wenn wir irgendwann merken, dass wir mit unserem Kern so gar nicht verbunden sind. Wir mögen unterschiedliche Jobs ausprobiert haben, aber nirgendwo hatten wir so richtig Lust, viel zu leisten. Wir sehen kein »Meta-Thema«. In diesem Fall ist die Zeit gekommen, sich über eine grundlegende Wende Gedanken zu machen. Am besten natürlich eine freiwillige Wende – denn wer möchte schon erst ausgebrannt oder krank sein, um etwas Neues zu wagen?

Am Ende kann dies auch bedeuten, äußerlich gar nicht so viel zu ändern. Das Ergebnis eines Klärungsprozesses kann sein, mehr oder weniger im selben Job zu bleiben, aber die Arbeit zukünftig auf eine andere Art und Weise zu tun – und dadurch neue Lust zu bekommen. Unternehmen sollten also nicht befürchten, reihenweise Mitarbeiter zu verlieren, wenn diese anfangen, über sich selbst nachzudenken. Im Gegenteil: Wo sich Menschen bewusst für »BurnOn« statt Burn-out entscheiden und entdecken, was sie dazu brauchen, profitieren am Ende alle Seiten.

»Alles hinschmeißen«: Das Dilemma der Aussteiger

Lösung der Probleme? Oder doch eher Flucht davor?

Fast jeder kennt einen oder hat schon mal von einem gehört: Aussteiger. Gestern noch Manager, heute Yogalehrer. Gestern Reisebüro, heute Ashram auf Goa. Gestern Marketingchefin, heute Heilpraktikerin. Und so weiter.

Keine Frage: Ich respektiere die Entscheidung von Menschen, komplett andere berufliche Wege einzuschlagen oder in fernen Ländern ein materiell einfacheres Leben zu versuchen. Allerdings bin ich fest davon überzeugt, dass Aussteigen in vielen Fällen keine Lösung ist. Der Wunsch, »alles hinzuschmeißen« und etwas »ganz anderes« zu machen, kann sogar erst dadurch entstehen, dass wir dem positiven Veränderungsdruck über längere Zeit ausgewichen sind. Bevor wir den Drang verspüren, uns komplett auszuklinken, haben wir eine Chance nach der anderen vergeben, innerhalb des bisherigen sozialen Rahmens eine Wende herbeizuführen. Das Aussteigertum hat dann etwas von einer panischen Flucht aus dem bisherigen Leben.

Fernfahrer mit Schweizer Konto: Wer es sich leisten kann ...

Am 1. Mai 2003 hängte der renommierte Schweizer Kardiologe Markus Studer seinen Arztkittel für immer an den Nagel und wurde Fernfahrer. Rund fünf Jahre später schrieb der Autor Markus Maeder ein

Buch über diesen Turning Point: *Vom Herzchirurgen zum Fernfahrer: Der Spurwechsel des Dr. med. Markus Studer*. Die Story bezieht einen Großteil ihres Reizes gleich auf den ersten Blick aus dem enormen Statusunterschied zwischen Herzchirurg und Fernfahrer. Da wechselt also jemand von einem der angesehensten Berufe in einen mit weitaus weniger Prestige. Da geht der Spitzenverdiener freiwillig in den Niedriglohnsektor. Was mögen die Gründe dafür sein?

Autor Markus Maeder gibt die Antwort eher indirekt, indem er den »Spurwechsel« des Dr. Studer in weiten Teilen wie eine Abenteuergeschichte erzählt. Von Fahrten auf leeren Straßen, vorbei an blühenden Apfelbäumen, ist die Rede oder von verschneiten Bergketten am Horizont. Heute die Nordsee, morgen die Alpen und dann wieder zurück. Zwischendurch parkt Dr. Studer ebenso spontan wie illegal an einem See, springt ins Wasser und genießt schwimmend seine Freiheit. Fernfahrerromantik wie aus einem Countrysong.

Christoph Burger, Psychologe, Trainer und Buchautor (*Karriere ohne Schleimspur*), hat einen kritischen Blick auf die Geschichte von Dr. Markus Studer geworfen. Der Karriereexperte findet durchaus plausible Erklärungen dafür, warum dieser ungewöhnliche Spurwechsel offensichtlich geglückt ist: So sei Studer seit jeher fasziniert vom Autofahren, habe sich also einen Jugendtraum erfüllt. Er mache seine Touren freiwillig und sei finanziell abgesichert. Herzchirurg sei außerdem auch nicht in allen Aspekten ein Traumjob. Davon könne man mit 57 durchaus genug haben. Immer unterwegs sein und lange Strecken fahren, habe hingegen regelrecht Suchtpotenzial.

Für mich ist vor allem die finanzielle Absicherung von Markus Studer ein wesentlicher Punkt. Er hat ausgesorgt und braucht nicht mehr zu arbeiten. Das Abenteuer Landstraße kann er sich finanziell leisten. Auf Luxus verzichtet er freiwillig und nicht aus Geldmangel. Auch die Lässigkeit, mit der er sich über Parkverbote und dergleichen hinwegsetzt, lässt die Herkunft aus einem elitären beruflichen Umfeld noch deutlich erkennen. Ein »echter« Fernfahrer steht wohl zu sehr unter Zeitdruck und hat viel zu viel Angst vor Ärger mit dem Chef, um mit dem 30-Tonner Ausflüge zum Baggersee zu unternehmen! So bleibt bei diesem Aussteiger letztlich der Beigeschmack eines Vollkasko-Abenteuers ohne echte Risiken – damit aber auch ohne die Chance auf echte persönliche Weiterentwicklung.

Die Alternative: Aussteigen aus alten Mustern

Sich im gegebenen Rahmen weiterentwickeln, kann sich mehr lohnen als auszusteigen

»Verstehen kann man das Leben nur rückwärts. Leben muss man es vorwärts.« So lautet ein berühmter Ausspruch des dänischen Philosophen Søren Kierkegaard (1813–1855). Das ist ein gutes Argument für das Weitermachen gegenüber dem Aussteigen. Wer innerhalb eines sinnvollen Rahmens die Richtung wechselt, sieht später oft, wie vieles aufeinander aufbaut. In etlichen Berufen ist das sogar für die Außenwirkung wichtig. Letztlich haben wir nur dort Autorität, wo wir Erfahrungen vorweisen können. Wenn ich meine Biografie betrachte, dann geht es mir ganz genauso. Ich bin mehrmals an beruflichen Situationen fast verzweifelt. Aber ich habe nie alles hingeworfen. Und so taten sich immer wieder neue Türen auf.

Ursprünglich wollte ich gar nicht Juristin werden, sondern zum Theater gehen. Durch Beziehungen hatte ich bereits als Schülerin die Chance zu einer Hospitanz bei einer Theaterklasse in der Nähe von New York bekommen. Ich war total fasziniert vom Theater. In Deutschland lernte ich dann einen Intendanten kennen, der studierter Jurist war. Er empfahl mir ein Jurastudium als Sprungbrett für eine Karriere hinter den Kulissen des Theaters. Wegen meines Traumjobs Intendantin begann ich also, in Tübingen Jura zu studieren – und fand die Atmosphäre an der juristischen Fakultät ätzend. Hier überlegte ich zum ersten Mal auszusteigen. Ich machte das allerdings von einem vernunftbezogenen Motiv, nämlich von meinen Noten, abhängig – und die waren sehr gut. Also blieb ich bei Jura. Ich hoffte auf Veränderung innerhalb des Rahmens, den ich mir selbst gesteckt hatte.

Diese Veränderung kam mit dem Wechsel nach Freiburg. Ich entdeckte das internationale Strafrecht als spannendes Rechtsgebiet, qualifizierte mich mit einer sehr guten Arbeit und fand schließlich als studentische Mitarbeiterin am Max-Planck-Institut für ausländisches und internationales Strafrecht ein liberales, weltoffenes Umfeld, in dem ich aufblühte. Plötzlich machte Jura dann doch richtig Spaß! Als ich dann noch die Gelegenheit bekam, als junge Doktorandin neben den Koryphäen des Völkerstrafrechts an den Arbeitskreisen der internationalen Rechtskommission zur Vorbereitung der Ruanda- und Jugoslawien-Tribunale teilzunehmen, hatte ich erstmals eine tiefe Sinnerfahrung bei meiner Tätigkeit.

Es ging hier wirklich um Gerechtigkeit, und wir hatten alle das Gefühl, im besten Sinn an einem Stück Weltgeschichte mitzuschreiben. Ernüchterung und Sinnkrise erfolgten während meines Referendariats in Speyer, wo ich die deutsche Justizbürokratie von ihrer ödesten Seite kennenlernte. Doch auch hier widerstand ich der Versuchung aufzugeben. Nach dem zweiten Staatsexamen kam ich dann in Berlin durch meinen Ehemann zum Energierecht. Er hatte sich wenige Monate zuvor als Rechtsanwalt dieser Materie verschrieben. Das war nun wieder ein Rechtsgebiet, das mich wegen seiner Breite und letztlich wegen seines internationalen Bezugs faszinierte.

Neulich traf ich eine ehemalige Kollegin, die mich fragte, ob es nicht ein »Abstieg« sei, heute »nur Coach« und nicht mehr Juristin zu sein. Ich konnte darüber nur lächeln, denn für mich ergibt rückblickend alles einen Sinn. Ich wollte zum Theater – heute stehe ich auf der Bühne und halte als Keynote-Speaker Vorträge. Ich wollte etwas Sinnvolles tun – heute kann ich als Coach Menschen ganz persönlich weiterhelfen. Außerdem habe ich meine juristischen Wurzeln nie ganz gekappt und publiziere nach wie vor auch zum Energierecht. Meine Lebenserfahrung lautet: Aussteigen ja – aber aus alten Mustern. Neues entdecken ja – aber ohne wegzulaufen und offene Baustellen zu hinterlassen.

Nicht wenige erfolgreiche Menschen machen es ähnlich. Zum Beispiel der Schweizer Rolf Dobelli. Der ehemalige Swissair-Manager ist heute Schriftsteller und Bestsellerautor. Gleichzeitig ist er aber auch unternehmerisch tätig, also dem Business treu geblieben. Und vor Beginn seiner eigenen Autorenkarriere gründete er 1999 mit Freunden die Firma getAbstract. Sie verkauft digitale Zusammenfassungen von Büchern. Für die Zielgruppe Führungskräfte. So radikal, wie es zunächst aussieht, war Dobellis Wechsel vom Manager zum Schriftsteller also doch nicht. Ein schönes Beispiel für eine Wende, die eine gelungene Weiterentwicklung bedeutet und bei der bisherige Fäden zusammenlaufen.

Übung

Wenn wir unserem Kern näherkommen wollen, ist es hilfreich, zunächst besser zu verstehen, welchen Weg wir bisher gegangen sind. Wenn wir über unseren Lebenslauf nachdenken, können wir überraschende Verbindungen entdecken. Die folgende Übung hilft dabei:

Erzählen Sie einer Person Ihres Vertrauens ca. 30 Minuten lang Ihren Werdegang. Die Person kann aus dem Freundeskreis kommen oder ein professioneller Coach sein. Bitten Sie anschließend um Feedback: An welcher Stelle leuchteten Ihre Augen? Wo kam die Erzählung leicht daher und wo stockte sie?

Dann diskutieren Sie gemeinsam: Besteht Veränderungsbedarf? Gibt es bei Ihnen unerfüllte Träume? Haben Sie etwas aufgegeben, das Sie gern weitergemacht hätten? Und falls Veränderungsbedarf besteht: Steht der Veränderung etwas im Weg? Wenn ja, was ist es?

5 Brennfaktor Anerkennung

»Wenn die neurobiologische Grundmotivation des Menschen auf soziale Anerkennung und Zuwendung gerichtet ist, dann ergibt sich daraus: Ohne halbwegs gelingende zwischenmenschliche Beziehungen kann es keine nachhaltige Motivation geben.«

Joachim Bauer, Neurobiologe

In diesem und im folgenden Kapitel geht es um die beiden stärksten persönlichen Antreiber für Lust auf Leistung: Anerkennung und Selbstentfaltung. Ich nenne sie »Brennfaktoren«, weil sie wie die Luft sind, die das Feuer unserer Leistungslust lebendig hält. Ohne sie ist »BurnOn« kaum möglich. Anerkennung bedeutet jedoch nicht irgendein Lob. Worauf es ankommt, lesen Sie auf den folgenden Seiten.

Der Chef klopft dem Mitarbeiter auf die Schulter: »Toll gemacht! Weiter so!« Dieser Mitarbeiter erfährt Anerkennung – richtig? Nun, in gewisser Weise schon. Doch so einfach ist es nicht mit der Anerkennung. Drehen wir zur Verdeutlichung den Spieß einfach einmal um und betrachten wir nicht einen Mitarbeiter, sondern eine Führungskraft. Die Person, die ich gerade im Kopf habe, will ich hier Konrad nennen. Sagen wir, Konrad ist Marketingleiter eines IT-Unternehmens. Am campusartig angelegten Hauptsitz seiner Firma belegt Konrads Team die oberste Etage eines eigenen Gebäudewürfels. Die Räume sind lichtdurchflutet, cooles Design trifft Wohlfühlfaktor. Es gibt sogar eine große, begrünte Dachterrasse. Da lädt Konrad sein Kernteam aus etwa 15 Leuten auch schon mal spontan zum Grillen ein. Auch sonst gibt er sich größte Mühe, ein »guter Chef« zu sein: Mitarbeiter bekommen regelmäßig und zeitnah Feedback. Wenn Konrad unterwegs ist – und er ist oft unterwegs –, meldet er sich per SMS oder ruft an und hält den Kontakt. Für besondere Leistungen bedankt er sich stets bei seinen Mitarbeitern. Und wenn sich jemand nicht wohlfühlt, hat Konrad immer Zeit für ein Gespräch bei einem Espresso in der Café-Ecke.

> Wer dankt dem Chef für seine Leistung?

Eines Tages sitzt Konrad bei mir im Coaching und schaut nachdenklich aus dem Fenster. »Mir dankt ja keiner mal was«, platzt es da aus ihm heraus. »Alles ist selbstverständlich.« Was er für seine Mitarbeiter tue, scheine inzwischen gar nicht mehr aufzufallen. Auch von »ganz oben« bekomme er nie ein Dankeschön. Stattdessen in der letzten Zeit immer mehr Druck. Vorgestern hat er dann auch noch zufällig durch eine offene Bürotür mitgehört, wie ein Mitarbeiter eine abschätzige Bemerkung über Konrads neuen Sportwagen gemacht hat. So nach dem Muster: Den hätte er wohl nötig. Das hat Konrad tief getroffen. Er dachte, seine Mitarbeiter würden ihn wenigstens schätzen und respektieren. Wenn sie ihm schon nicht danken für all die Mühe, die er sich gibt, ein positives Umfeld zu schaffen. Konrads Körperhaltung ist deutlich anzusehen, wie ihm die Puste ausgegangen ist. Er scheint in ein energetisches Loch gefallen zu sein.

Hätten Konrads Mitarbeiter ihn auch einmal zum Grillen einladen sollen? Oder ihn wegen seiner Leistungen als Chef loben müssen? Meine Antwort auf beide Fragen ist ein klares Nein. Es gibt bestimmte Rollen und Erwartungen im sozialen Gefüge eines Unternehmens, über die sich niemand so einfach hinwegsetzen kann. Doch ein Dankeschön für das eine oder andere »Goody«, mit dem er seine Mitarbeiter außer der Reihe verwöhnt, wäre schon drin gewesen. Und hinter seinem Rücken schlecht über ihn zu reden, ist ein absolutes No-Go. Anerkennung, wie wir sie brauchen, um Lust auf Leistung zu haben, hat mehrere Facetten. Es geht nicht nur um Lob oder gar Belohnungen. Sondern es geht auch um Wertschätzung. Konrad spürt zu wenig Wertschätzung und Respekt vonseiten seiner Mitarbeiter.

Anerkennung ist kein Luxus, sondern Grundnahrungsmittel

Vieles im Leben dreht sich um das Thema Anerkennung Der Wunsch nach Anerkennung zählt zu den wichtigsten Bedürfnissen des Menschen überhaupt. Das erkannte nicht nur Abraham Maslow, sondern auch Eric Berne (1910–1970), der große Psychologe und Begründer der Transaktionsanalyse. Zwischenmenschliche Kontakte, egal ob beruflich oder privat, drehen sich nach Berne immer auch um das Thema Anerkennung. Demnach ist Anerkennung eine Art seelisches Grundnahrungsmittel. Das mag zunächst übertrieben klingen. Es wird jedoch verständlicher, sobald wir einmal fragen, was Anerkennung überhaupt ist. Anerkennung umfasst zwar auch Lob, beschränkt sich aber keineswegs darauf. Anerkennung bedeutet zunächst einmal Akzeptanz. Wenn Eltern ein Kind als ihr Kind »anerkennen«, dann heißt das: Wir akzeptieren dich als Teil unserer Familie. Auf der Basis dieser Akzeptanz sorgen wir für dich und schenken dir Zuwendung. Auch Erwachsene wollen als Mitglied einer Gruppe anerkannt werden und Zuwendung erfahren. Sie brauchen das Gefühl der Zugehörigkeit und wollen »gesehen« werden. Wer sich am Arbeitsplatz nicht als Teil des Unternehmens beziehungsweise des Teams anerkannt weiß, der fühlt sich als Außenseiter und leidet darunter. Lob ist eine der emotional stärksten Formen von Anerkennung, allenfalls übertroffen von Bewunderung oder gar Verehrung. Demgegenüber sind Respekt, Fairness und Wertschätzung weniger emotional, haben jedoch ebenso mit Anerkennung zu tun. Respekt, Fairness und Wertschätzung dürfen Vorgesetzte und Mitarbeiter gleichermaßen erwarten. Der Begriff Anerkennung ist also durchaus vieldeutig. In jedem Fall ist Anerkennung keine Einbahnstraße, sondern etwas, das Menschen einander wechselseitig schulden.

Mangelware Lob: Das folgenschwere Knausern mit Anerkennung

In meiner Kindheit in den Siebzigerjahren hatten viele Leute allerlei bunte Aufkleber auf ihren Autos. Auf einem der damals populären Autoaufkleber stand: »Hast du dein Kind heute schon gelobt?« Diese pädagogische Aufforderung wirkt aus heutiger Sicht geradezu drollig. Fehlen noch die Friedenstaube und der Atomkraft-Nein-Danke-Sticker daneben, und das Klischee ist perfekt! Doch während das Wettrüsten zwischen Ost und West heute beendet und die Energiewende eingeleitet ist, sind wir mit dem Loben immer noch nicht viel weiter. Das betrifft nicht nur Kinder, sondern auch Erwachsene. Wenn Sie einmal in den USA unterwegs sind, werden Sie merken, dass Chefs dort noch bei dem müdesten Mitarbeiter irgendetwas »großartig« nennen. In unseren Breiten hingegen finden Chefs noch an der besten Leistung eine Kleinigkeit zu kritisieren. Und das betrifft nicht nur Chefs. Wann zum Beispiel haben Sie zuletzt eine zu 100 Prozent positive Buchrezension gelesen? Möglicherweise ist es lange her. Denn irgendeinen Kritikpunkt finden Rezensenten fast immer.

»Hast du dein Kind heute schon gelobt?«

Reflexionsfragen

Wodurch haben Sie in Ihrem bisherigen Berufsleben Anerkennung erfahren? Was war Ihnen daran wichtig? Gab es Situationen, in denen Sie sich Anerkennung gewünscht, aber keine oder zu wenig erhalten haben?

Wann haben Sie zuletzt einen anderen Menschen für seine Leistung gelobt? Ist Ihnen das Lob schwergefallen? Haben Sie sich schon einmal ein Lob »verkniffen«, weil Sie glaubten, die andere Person habe es nicht so recht verdient?

Mehr als die Hälfte aller Mitarbeiter erfährt selten oder nie Lob — Nach einer Studie der AOK sagen 55 Prozent der deutschen Arbeitnehmer, dass sie von ihrem Chef selten oder nie gelobt werden. Mehr als die Hälfte bekommt so gut wie kein Lob! Wenn es stimmt, dass Anerkennung eines der größten seelischen Bedürfnisse und die Grundvoraussetzung für Motivation ist, dann ist diese Zahl eine Katastrophe. Stellen Sie sich eine Expedition durch die Wüste vor, und der Expeditionsleiter spart an – Wasser! Obwohl genug Wasser für alle Expeditionsteilnehmer da wäre! Gleichzeitig beschwert sich der Führer der Expedition, dass es so langsam vorangehe und die Teilnehmer schlechte Laune hätten. Eine absurde Vorstellung. Doch genau das geschieht auf der seelischen Ebene in Unternehmen, wenn Mitarbeiter selten oder nie Lob erfahren.

Damit wir uns nicht missverstehen: Das Knausern mit Lob und Anerkennung ist kein deutsches Phänomen. Wir haben hier in Deutschland lediglich eine besonders ausgeprägte »Kritikkultur« – oder besser: Kritik-Unkultur –, was die Sache noch schlimmer macht. Grundsätzlich werden im gesamten westlichen Kulturkreis Anerkennung und Zuwendung eher knapp gehalten. Eric Berne entwickelte im Rahmen der Transaktionsanalyse die Theorie der *strokes*. Das englische Wort *stroke* lässt sich hier nur schwer ins Deutsche übertragen, weil es sowohl »Streicheln« als auch »Schlagen« bedeuten kann. Und das ist genau der Punkt: Bereits Eltern beginnen gegenüber ihren Kindern, positive oder negative *strokes* zu verteilen, das heißt, sie »steuern« ihre Kinder über Lob oder Tadel. Dabei galt zu viel Lob lange Zeit als schädlich. Die Kinder könnten ja übermütig werden! Bis moderne Psychologen kamen und aufgeklärte Eltern sich den oben zitierten

Aufkleber aufs Auto klebten. Doch wie gesagt: Genützt hat der Aufkleber bis heute wenig.

Dummerweise verhalten wir uns als Erwachsene oft so, wie wir es als Kinder im Elternhaus gelernt haben. In jedem Team eines Unternehmens geht es ein bisschen zu wie in einer Familie. Und mit Anerkennung wird dann eben oft geknausert. Claude Steiner, ein Schüler von Eric Berne und ebenfalls Vertreter der Transaktionsanalyse, spricht von einer »Stroke-Ökonomie« in unserer Gesellschaft: Anerkennung wird wie ein künstlich verteuertes Wirtschaftsgut bewusst knapp gehalten. Sie wird so von einem selbstverständlichen seelischen Grundnahrungsmittel zu einem kostbaren Luxusgut, das man sich erst einmal verdienen muss. Mal ehrlich: Haben Sie sich jemals ein Lob verkniffen, weil Sie dachten, die andere Person habe es vielleicht nicht »verdient«? Genau das ist »Stroke-Ökonomie«! Wir überlegen uns gut, *wem* wir *wie viel* Anerkennung, Zuwendung und Lob zuteilwerden lassen. Unterbewusst, sagen die Psychologen, wollen wir andere Menschen damit steuern. Weil unsere Eltern uns oft auch so gesteuert haben.

Erwachsene sind nichts anderes als große Kinder

Wenn Sie sich jetzt fragen, was das alles mit dem Unternehmensalltag zu tun haben soll, dann ist die Antwort ganz einfach: Erwachsene sind nichts anderes als große Kinder. Natürlich ist die kognitive Ebene viel höher entwickelt. Sie lässt uns über Jahresziele diskutieren oder komplizierte IT-Architekturen entwickeln. Die Grundstruktur unseres Gefühlshaushalts wird jedoch in der frühen Kindheit geprägt und ändert sich im Erwachsenenalter kaum noch. Wissenschaftler der Harvard-Universität in den USA konnten sogar verblüffende Parallelen zwischen Erziehungsstilen und Führungsstilen in Unternehmen nachweisen. Vereinfacht gesagt: Wie wir von unseren Eltern erzogen worden sind, so führen wir später als Führungskraft unser Team.

Die Harvard-Wissenschaftler haben dabei unterschieden zwischen Verbindlichkeit in der Sache (kognitive Ebene) und Wertschätzung gegenüber der Person (emotionale Ebene). Daraus ergeben sich vier Kombinationsmöglichkeiten. Idealerweise sind Führungskräfte sowohl verbindlich – manchmal auch hart – in der Sache als auch wertschätzend und warmherzig gegenüber der Person. Die Folge: Der erwachsene Ver-

Hart in der Sache, warmherzig gegenüber dem Menschen – das geht!

stand und das »innere Kind« werden gleichermaßen positiv angesprochen. Die »großen Kinder« in den Unternehmen fühlen sich wohl. Fehlt es an der Wertschätzung oder an der Verbindlichkeit oder gar an beidem, kann Mitarbeitern die Lust auf Leistung mehr oder weniger schnell vergehen.

Auch nach der Zwei-Faktoren-Theorie von Frederick Herzberg, die der Arbeitspsychologe ja aufgrund von Forschungen an Erwachsenen entwickelte, steht die Anerkennung ganz oben bei den positiv motivierenden Faktoren. Nur das persönliche Erfolgserlebnis motiviert uns bei der Arbeit noch mehr: wenn wir also sehen, was wir geschafft haben und darüber selbst begeistert sind. Auf Platz zwei folgt die Anerkennung. Anders als ein »Hygienefaktor«, wie beispielsweise Geld, fällt sie nicht erst dann ins Gewicht, wenn sie fehlt. Sie ist vielmehr ein positiver »Brennfaktor«. Anerkennung erhöht unsere Lust auf Leistung. Durch Lob werden wir besser! Da sind wir einfach wie die Kinder: Wenn ein Kind den Eltern etwas vortanzt und dafür kein Lob bekommt, dann war es vielleicht nicht der letzte Tanz – aber die Motivation, beim nächsten Mal noch schöner zu tanzen, bleibt aus. Also: Haben Sie ein »inneres Kind« heute schon gelobt?

Der magische Dreiklang: Anerkennung, Motivation, gute Leistung

Seit 2001 misst das Umfrage- und Beratungsunternehmen Gallup die emotionale Bindung deutscher Angestellter an ihr Unternehmen. Der auf der Basis dieser Erhebungen erstellte »Gallup Engagement Index«, den ich bereits in Kapitel 1 kurz erwähnt habe, fördert dabei Jahr für Jahr wenig Erfreuliches zutage. Das Ergebnis für 2012 sieht so aus:
- 24 Prozent der Beschäftigten in Deutschland haben innerlich bereits gekündigt.
- 61 Prozent machen Dienst nach Vorschrift.
- 15 Prozent haben eine hohe emotionale Bindung an ihren Arbeitgeber und sind bereit, sich freiwillig für dessen Ziele einzusetzen.

»Die Folgen mangelnder Mitarbeiterbindung für die Leistungsfähigkeit der Unternehmen sind erheblich«, erläutert Gallup in der Pressemitteilung zur Studie. »Wer sich emotional nicht an sein Unternehmen gebunden fühlt, zeigt weniger Eigeninitiative, Leistungsbereitschaft und Verantwortungsbewusstsein – und ist häufiger krank.«

Doch woran liegt es, wenn anscheinend 85 Prozent aller Arbeitnehmer lustlos Dienst nach Vorschrift machen oder sogar innerlich bereits gekündigt haben? Nach den Erkenntnissen der Gallup-Studie ist einer der Hauptgründe ein Mangel an Anerkennung. Dazu Gallup wörtlich: »Aus motivierten Leuten werden Verweigerer, wenn ihre Bedürfnisse und Erwartungen bei der Arbeit über einen längeren Zeitraum ignoriert werden. Man fragt sie nicht nach ihrer Meinung, gibt ihnen weder positives Feedback noch eine konstruktive Rückmeldung zur Arbeitsleistung und interessiert sich nicht für sie als Mensch.«

Aus Motivierten werden Verweigerer, wenn ihre Bedürfnisse ignoriert werden

Zwei Jahre zuvor, anlässlich der Veröffentlichung der Studie für das Jahr 2010, war Gallup noch deutlicher geworden: »In vielen Unternehmen ignorieren Führungskräfte nach wie vor die zentralen Bedürfnisse und Erwartungen ihrer Mitarbeiter teilweise oder völlig.« Gallup stellte ebenfalls bereits 2010 fest: Knapp 70 Prozent aller Mitarbeiter fühlen sich menschlich nicht genügend gewürdigt. Wie kann es sein, dass der »Gallup Engagement Index« Jahr für Jahr solche erschütternden Fakten ans Licht bringt und sich trotzdem in den Unternehmen nichts bessert? Im Gegenteil: Der Anteil der »innerlich Gekündigten« stieg von 21 Prozent im Jahr 2010 auf die oben zitierten 24 Prozent im Jahr 2012.

»Love bombing« oder: Von einem Extrem ins andere

Ganz anders geht es offensichtlich in den USA zu. Es gibt amerikanische Unternehmen, die so eine Art »Tag der Anerkennung« ausrufen, an dem dann Chefs ihre Mitarbeiter loben, was das Zeug hält. Die Mitarbeiter untereinander machen selbstverständlich mit und überschütten einander einen Tag lang mit Komplimenten. Und zur Feier des Tages bekommt schließlich auch der eine oder andere Chef von seinen Untergebenen ein Stückchen vom großen Lobeskuchen ab. Für solche und ähnliche »Bombardements« mit Freundlichkeit haben die Amerikaner sogar ein eigenes Wort kreiert: *love bombing*.

Unechtes Lob und aufgesetzte Anerkennung sind wertlos

Doch mal ehrlich: Was würde in Ihnen vorgehen, wenn Ihr Bereichsleiter, der sonst nie Ihr Büro betritt, am »Tag der Anerkennung« hereinkäme und Sie loben würde, wie toll Sie Ihren Schreibtisch aufgeräumt haben? Und wie sauber es hier sei! Und ja, Ihre Arbeit, auf die sei ja auch immer Verlass! »Verschaukelt« drückt wohl noch höflich aus, wie sich sicher die meisten fühlen würden. Nein, von einem Extrem ins andere zu verfallen, ist für mich keine Lösung. Wenn wir uns alle gegenseitig mit aufgesetztem Lob und unechter Anerkennung überschütten, ist niemandem geholfen.

Geradezu vernichtend geht Thomas Vašek in der Zeitschrift *brand eins* mit uns Trainern und Coachs ins Gericht, wenn es um das Thema Lob und Anerkennung geht. Ihm zufolge rede meine Zunft eine »Inflation der Anerkennung« herbei und sei Teil einer »Management-Mode-Industrie«, die Ergebnisse der psychologischen Forschung nach Belieben für eigene Zwecke manipuliere. Vašek schreibt: »Zwar zeigen Studien einen Zusammenhang zwischen Mitarbeiterorientierung und Unternehmenserfolg. Allerdings spielen dabei viele Faktoren zusammen. Lob ist nur einer. Was Menschen bewegt, hängt maßgeblich vom Typ ab: Der eine will unbedingt Mitarbeiter des Monats werden, dem anderen reicht eine interessante Aufgabe. Verordnete Wertschätzung führt zudem leicht zu Harmoniesucht, Unaufrichtigkeit und Heuchelei. Und zu diffusen Erwartungen: Zeigt man Wertschätzung schon, indem man dem anderen zuhört? Verständnis für seine Probleme zeigt? Oder muss man ihm ständig versichern, dass man an ihn glaube?«

Der Job als Psychotherapie? Darum geht es nicht! Ich stimme dem Autor völlig zu, dass »verordnete« Wertschätzung nichts bringt. Es geht um eine Haltungsänderung, sonst bleibt alle Anerkennung an der Oberfläche. Richtig ist auch, dass jeden Menschen im Kern etwas anderes antreibt. Wir alle haben unser persönliches »Meta-Thema«, das für uns das Wesentliche ist – darüber habe ich im vorherigen Kapitel geschrieben. Aber ist es deshalb überflüssig, dem menschlichen Grundbedürfnis nach Anerkennung am Arbeitsplatz stärker Rechnung zu tragen? Autor Vašek hat sich eindeutig festgelegt: »Der Chef als Anthropologe, als Mitarbeiter-Versteher, der in die Hirne und Herzen seiner Leute guckt, der ihre wahren Motive, Ängste und Bedürfnisse kennt: Das ist eine utopische Idee und ein großes Missverständnis.« Lieber Herr Vašek, kann ich da nur erwidern, wünschen Sie sich denn keine Anerkennung für Ihre Artikel? Würden Sie gerne ausschließlich vernichtende Leserbriefe lesen? Ich bezweifle das. Der Einwand, dass wir bei der Arbeit nicht bei einer Psychotherapie sind, ist ja durchaus berechtigt. Doch lässt sich wirklich von einer »Inflation der Anerkennung« sprechen, wenn 55 Prozent aller Arbeitnehmer selten oder nie von ihrem Chef gelobt werden (AOK-Studie) und knapp 70 Prozent sich am Arbeitsplatz menschlich überhaupt nicht ausreichend gewürdigt fühlen (Gallup-Studie)? Ich denke nicht. Und ich fände es deshalb schön, wenn der »Brennfaktor Anerkennung« kein so knappes Gut mehr wäre. Mit dem Holzhammer verabreichen lassen sich Lob und Anerkennung jedoch nicht. Wer das versucht, braucht sich über Hohn und Spott nicht zu wundern. Zum Glück gibt es Alternativen.

In kleinen Schritten zu mehr Anerkennung, Lob und Menschlichkeit

Nachhaltige Veränderung gelingt nur in kleinen Schritten. Das mag eine Binsenweisheit sein, aber sie stimmt trotzdem. Wer in einer »Stroke-Ökonomie« groß geworden ist, in der Lob und Anerkennung schon für Kinder knapp gehalten werden, kann kaum von heute auf morgen umschalten. Einsicht und der Wille, es Schritt für Schritt besser zu machen, lassen sich jedoch bei jedem Menschen mobilisieren. »Wie man mit einer täglichen Dosis Anerkennung sein Unternehmen nach vorne bringt« beschreiben denn auch die Autoren Adrian Gostik und Chester Elton in ihrem Buch *Zuckerbrot statt Peitsche*. Und sie haben Recht! Die kleine tägliche Dosis bringt mehr als die große Geste, die jeder sofort als Inszenierung durchschaut.

Gostik und Elton haben mehr als 10 Jahre lang rund 200 000 Führungskräfte und deren Mitarbeiter untersucht. Das Fazit der Autoren: »Gute Anerkennung richtet sich immer nach den individuellen Bedürfnissen. ... Um eine erfolgreiche Anerkennungskultur aufzubauen, müssen zwei wesentliche Aspekte erfasst werden: Zufriedenheit und Engagement. Lob stärkt beide Aspekte in den Mitarbeitern gleichzeitig – denn weder Zufriedenheit noch Engagement bewirkt für sich allein herausragende Leistungen. Zufriedene und engagierte Mitarbeiter erbringen Spitzenleistungen und tun alles, um die gemeinsamen Ziele

»Gute Anerkennung richtet sich nach individuellen Bedürfnissen«

der Firma zu erreichen.« Wichtig, so ein weiteres Ergebnis, sei vor allem alltägliche Anerkennung.

Doch noch einmal: Diese Anerkennung darf nicht aufgesetzt sein. Sie wirkt nur, wenn sie ehrlich und authentisch ist. Achim Michalke, Professor für Technische Unternehmensführung an der Ostfalia Hochschule Wolfenbüttel, bringt es so auf den Punkt:»Wertschätzung ist keine Führungsmethode, sondern eine persönliche Grundhaltung. Sie kann deshalb nicht trainiert oder gar angeordnet werden. Die Aufforderung ›sei wertschätzend!‹ ist genauso sinnlos wie ›sei glücklich!‹ oder ›sei kreativ!‹. Vorgetäuschte Wertschätzung wird schnell als Manipulationsversuch entlarvt und zerstört genau die Vertrauensbasis, die durch Wertschätzung erweitert werden soll.«

Es stimmt: Wertschätzung an sich lässt sich nicht trainieren. Doch ich bin der Überzeugung, dass wir unsere innere Haltung in kleinen Schritten verändern können. Wir können lernen, eine Haltung einzunehmen, die uns wertschätzender mit anderen Menschen umgehen lässt. Wie kann ein erster Schritt aussehen? Wirksamer als so ein amerikanischer »Tag der Anerkennung« sind hier Workshops und Übungen, die die Teilnehmer innerlich berühren. Eine dieser Übungen für Teams oder Abteilungen sieht so aus: Die Teilnehmer sitzen im Kreis oder teilen sich in kleinere Gruppen auf. Jeder kommt einmal an die Reihe und erhält von den anderen drei bis fünf Minuten lang Komplimente. Die Teilnehmer loben sich gegenseitig. Sie sagen einander, was sie an den anderen richtig gut finden. Wichtig dabei: Ich-Perspektive und keine Vergleiche! Also *nicht*: »Sie sind viel freundlicher als Ihre Vorgängerin.« Sondern: »Mir gefällt, wie freundlich Sie immer zu allen sind.« So eine Übung ist für viele total ungewohnt, und es ist normal, wenn sich erst einmal Verlegenheit bemerkbar macht. Doch am Ende einer solchen »Komplimenterunde« haben alle leuchtende Augen. Probieren Sie es doch einmal aus!

Echte Anerkennung zeigt sich täglich und auch im Kleinen

Anerkennung drückt sich auf vielfache Weise aus

Ich habe während meines gesamten Ausbildungs- und Berufswegs immer wieder viel Anerkennung für meine Leistungen erfahren. Ich wurde häufig gelobt und beispielsweise am Max-Planck-Institut für ausländisches und internationales Strafrecht als »Highspeed-Promovierende« bezeichnet. Später als Managerin und Unternehmensberaterin habe ich immer wieder erlebt, wie Kunden und Geschäftspartner meine Leistungen gewürdigt haben. Rückblickend kann ich ohne Eitelkeit und ohne falsche Bescheidenheit sagen, dass ich mich darüber sehr gefreut habe. Manche Situationen und Worte sind mir heute noch präsent. Sie haben mir damals einen starken positiven Schub gegeben. Ich erinnere mich heute gerne daran zurück. Anerkennung konnte ich immer dankbar annehmen. Als sie einmal ungerechterweise ausblieb, weil ich als Verlagsleiterin für das ganze Unternehmen kämpfte, die entsprechenden Boni aber aus buchhalterischen Gründen an die einzelnen Abteilungen ausgezahlt wurden, spürte ich auch, was es bedeutet, wenn Anerkennung fehlt. Ich lief mit geballter Faust in der Tasche herum und hatte Rachegedanken. Zum Glück war das nur eine kurze Episode in meinem Berufsleben.

So sehr ich Lob immer annehmen und genießen konnte, so bewusst ist mir heute, dass Lob nur das i-Tüpfelchen der Anerkennung ist. Ich rate jedem, ohne Vorbehalte zu loben, wenn die Leistung eines Mitarbeiters oder Kollegen wirklich lobenswert ist. Mit dem nötigen Fingerspitzengefühl können Sie auch Vorgesetzte loben – machen Sie dann sprachlich deutlich, dass Sie Ihre persönliche Meinung äußern und sich keine Leistungsbeurteilung anmaßen. Über einen Satz wie »Es hat mir richtig gut gefallen, wie Sie die Verhandlung geführt haben« freut sich auch ein Vorgesetzter. Doch auch wo alle sich trauen, sich gegenseitig zu loben, bleibt ein von Herzen gespendetes Lob etwas Besonderes. Lob im Stundentakt würde sich schnell abnutzen und kann auch gar nicht mehr ehrlich sein.

Anerkennung ist sehr viel mehr als Lob – und Anerkennung brauchen wir ständig. Im Unternehmensalltag gibt es sehr viele Gelegenheiten, Anerkennung und Wertschätzung zu zeigen. Um Ihnen ein paar Anregungen zu geben, präsentiere ich abschließend eine kleine Liste – ohne Anspruch auf Vollständigkeit: Wo zeigt sich überall Anerkennung?
- **Abwechslungsreiche Arbeit** Schon hier beginnt für mich Anerkennung. Gebe ich als Vorgesetzter dem Mitarbeiter Aufgaben, die seinem menschlichen Bedürfnis nach Abwechslung entgegenkommen und ihn ab und zu Neues entdecken lassen? Damit zeige ich, dass ich in dem Mitarbeiter nicht bloß eine gut geölte Maschine sehe.

- **Positives Fordern** Wenn Sie von einem Mitarbeiter etwas verlangen und ihm Dinge zutrauen, drückt das mehr Anerkennung aus als irgendein floskelhaftes »Wir alle glauben an Sie«. Mitarbeiter, die weder unter- noch überfordert sind, können »Flow«-Erlebnisse haben und mit ihrer Arbeit ganz besonders zufrieden sein.
- **Einsatz nach Fähigkeiten und Interessen** Sobald ein Mitarbeiter spürt, dass er nach seinen besonderen Begabungen und Interessen eingesetzt wird, fühlt er sich automatisch anerkannt. Er merkt, dass er in seiner Einzigartigkeit gesehen wird. Menschen lieben es, ihren ganz eigenen Beitrag zum Ganzen leisten zu können.
- **Gerechte Förderung** Wer gerne etwas leistet, der möchte ständig besser werden. Fortbildung ermöglicht mehr Leistung und mehr Arbeitsfreude. Es ist ein Zeichen von Anerkennung, wichtige Trainings zu genehmigen und sinnvolle Fortbildungen zu erlauben. Wer hier immer nur hört, dafür sei »kein Geld« da, kann sich irgendwann fragen, warum er mit seiner Leistung dem Unternehmen die Kassen füllen soll.
- **Vorschläge ernst nehmen** Betriebliches Vorschlagswesen ist schön und gut. Noch wichtiger ist, dass Mitarbeiter im Alltag mit ihren Ideen und Vorschlägen, aber auch mit ihrer konstruktiven Kritik, ernst genommen werden. Wer Vorschläge von Mitarbeitern annehmen kann und sie wirklich mitreden und mitgestalten lässt, drückt dadurch im höchsten Maß Anerkennung aus.
- **Aufstiegschancen** Der interessanteste Job kann irgendwann reizlos werden, wenn er keine Karriereperspektive bietet. Anerkennung drückt sich auch darin aus, dass man einem Mitarbeiter signalisiert: Wir trauen dir mehr Verantwortung zu. Du kannst dich für eine Führungsaufgabe qualifizieren. Es stehen dir bei entsprechender Leistung alle Türen offen.
- **Wertschätzende Kommunikation** Anerkennung, Respekt und Fairness drücken sich in der Art und Weise aus, wie wir miteinander kommunizieren. Einzeiler-E-Mails ohne Anrede und Gruß oder kommentarlos weitergeleitete Mails mögen dem Chef zwar Zeit sparen, drücken gegenüber dem Mitarbeiter aber aus: Ich sehe in dir gerade nur einen Informationsverarbeiter. Wer in jedem Gespräch, in jeder E-Mail und in jedem Telefonat sachlich, freundlich und verbindlich bleibt, drückt Wertschätzung aus.

- **Ausreichende Information** Mitarbeitern oder Kollegen Informationen bewusst vorzuenthalten ist eine verbreitete Unsitte, die in hohem Maß Geringschätzung ausdrückt. In wenigen Fällen ist wirkliche Vertraulichkeit nötig. In allen übrigen Fällen gilt: Andere gerne und ohne Nachfrage an seinem eigenen Kenntnisstand teilhaben zu lassen, drückt Anerkennung und Wertschätzung aus.
- **Faire Entlohnung** Geld ist keineswegs das wesentliche Instrument, um Anerkennung auszudrücken. Dennoch ist faire Entlohnung sehr wichtig. Menschen sind keine Investitionsgüter. Bei aller notwendigen betriebswirtschaftlichen Vernunft dürfen Menschen niemals das Gefühl haben, einem bloßen Kosten-Nutzen-Kalkül zu unterliegen. Lohndumping ist Ausdruck von Menschenverachtung. In fairer Bezahlung zeigt sich Anerkennung.
- **Respekt vor Grenzen** Der subtile Zwang zur ständigen Verfügbarkeit ist eine heute vielfach zu beobachtende Grenzüberschreitung. Anerkennung drückt sich darin aus, menschliche Grenzen zu respektieren. Wer Mitarbeiter wertschätzt, tastet ihre Pausenzeiten und Wochenenden nicht wie selbstverständlich an, ermöglicht ihnen ausreichenden Urlaub und hat Verständnis für kurzzeitige »Durchhänger«, wie sie jeder Mensch einmal erlebt.
- **Ausreichend Feedback** Anerkennung drückt sich nicht erst in Lob aus, sondern bereits darin, überhaupt regelmäßig und zeitnah Feedback auf Leistungen zu geben. Gerade die schnelle und spontane Rückmeldung signalisiert, dass ich wahrnehme, was der andere tut.
- **Würdigung als Mensch** Laut Gallup-Studie fühlen sich 70 Prozent aller Mitarbeiter als Mensch nicht ausreichend gewürdigt. Anerkennung zeigt sich nicht zuletzt darin, dem Mitarbeiter zu signalisieren: Du bist mit deiner Persönlichkeit, deinen »Ecken und Kanten« hier willkommen. Interesse an Menschen zeigen heißt nicht, ihre Privatsphäre zu verletzen und persönliche Details wissen zu wollen. Leider sind Fragen wie beispielsweise »Wie geht's Ihnen?« oder »Wie war Ihr Wochenende?« mancherorts schon Mangelware. Dabei können es solche scheinbaren Kleinigkeiten sein, die zur »inneren Kündigung« führen, wenn sie fehlen.

Vielleicht nehmen Sie sich ein wenig Zeit, um über die einzelnen Punkte einmal nachzudenken? Und bitte verstehen Sie mich nicht falsch: Was Sie gerade gelesen haben, ist kein Forderungskatalog an die »perfekte Führungskraft«. Ich möchte Ihnen lediglich zeigen, wie viele Facetten Anerkennung hat und wie viele Gelegenheiten es Tag für Tag gibt, anderen Menschen Anerkennung zu zeigen. Machen Sie etwas draus!

Übung

Wir leben in einer Kritikkultur und haben gelernt, schnell zu erkennen, was es an anderen Menschen zu kritisieren gibt. Das Positive sehen wir oft erst auf den zweiten Blick. Mit Übungen lässt sich das schrittweise ändern. Die folgende Übung setzen wir auch an der Asgodom Coach Akademie gerne ein.

Suchen Sie sich in Gedanken eine Person, die Ihnen eher unsympathisch als sympathisch ist. Das kann zum Beispiel ein Mitarbeiter, ein Kollege, ein Kunde oder ein Dienstleister sein. Nehmen Sie nun ein Blatt Papier und schreiben Sie zehn Eigenschaften oder Leistungen auf, die Sie an dieser Person gut finden. Beschränken Sie sich dabei aufs Berufliche. Aussehen, Frisur usw. zählen nicht. Wiederholen Sie die Übung von Zeit zu Zeit mit weiteren Personen.

6 Brennfaktor Selbstentfaltung

»*Die Kraft zur Erzeugung von Lebensqualität liegt in uns – in der Fähigkeit, unseren inneren Kompass zu entwickeln und zu gebrauchen.*«

Stephen Covey, Buchautor

Der zweite unter den beiden stärksten persönlichen Antreibern für Lust auf Leistung heißt Selbstentfaltung. Wie können wir uns gemäß unseren Talenten und Interessen mit Freude im Arbeitsleben einbringen? Selbstentfaltung bedeutet etwas anderes als Selbstverwirklichung. Sie findet niemals auf Kosten anderer statt, sondern ist gemeinsam mit anderen erst wirklich möglich. Wie das gelingt, erfahren Sie hier.

Ein neues Leitbild entwickeln? Wirklich? – Nach Jahren als Strategieberaterin reagiere ich heute skeptisch, wenn ein Topmanager mich beauftragen will, an der Entwicklung eines neuen Leitbilds für sein Unternehmen mitzuwirken. Solche Anfragen bekomme ich erstaunlich oft.

Warum »Leitbildprosa« nicht zünden kann

Wenn es mir darum ginge, als Beraterin mit wenig Mühe viel Geld zu verdienen, dann müsste ich mich über solche Aufträge freuen. Die sprachlichen Versatzstücke der gängigen »Leitbildprosa« hat man schließlich schnell gelernt und kann sie dann in immer neuen Variationen einsetzen. Doch meine Skepsis sitzt mittlerweile tief. Allzu oft habe ich erlebt, wie Unternehmenslenker sich ein Ideal zusammenreimen und dieses dann gerahmt an die Wand hängen möchten. Ohne sich eine Sekunde lang zu fragen: Wer sind unsere Mitarbeiter? Wofür brennen sie? Was steckt in unseren Leuten und worauf hätten sie wirklich Lust? Wenn diese Fragen keine Rolle spielen und die Mitarbeiter überhaupt nicht einbezogen werden, dann habe ich als Beraterin auch keine Lust, an einer Leitbildentwicklung mitzuwirken.

An sich ist die Idee des Unternehmensleitbilds ja keineswegs schlecht. Es geht um das Selbstverständnis eines Unternehmens, seine Prinzipien und die gemeinsamen Ziele aller Mitarbeiter. Statt einfach vor sich hin zu werkeln, will das Unternehmen seiner Vision und Mission Ausdruck verleihen und seine Werte verbindlich festlegen. Von gelungenen Leitbildern verspricht sich das Management, dass sie nach innen Motivation und Ansporn für die Mitarbeiter sind und nach außen ein positives Image gegenüber Kunden, Partnern und Öffentlichkeit vermitteln. Typische Sätze lauten dann zum Beispiel: »Wir leben Fairness, Offenheit und Ehrlichkeit.« Oder: »Bei allen unseren Tätigkeiten steht der Kunde im Mittelpunkt.« Oder auch: »Wir sind uns unserer gesellschaftlichen Verantwortung jederzeit bewusst.« Das ist alles gut gemeint, keine Frage. Doch trägt es wirklich dazu bei, dass Menschen für ihre Aufgabe brennen?

Ein Beraterkollege erzählte mir einmal von einem Mitarbeiter in einem mittelständischen Unternehmen, der ihm gegenüber wörtlich geäußert hatte: »Am liebsten würde ich die Leitsätze von der Wand nehmen und Herrn ... (dem Chef) auf den Schreibtisch knallen.« In dieser Firma hing das Leitbild tatsächlich im Empfangsbereich wie ein Kunstwerk an der Wand. Was machte den Mitarbeiter so wütend? Ich vermute zweierlei: Erstens dürfte er das Verhalten seines Chefs als totalen Widerspruch zu den Leitsätzen erlebt haben. Zweitens – und das ist das Entscheidende – könnte er auch gemerkt haben, dass es sich bei dem Leitbild um die Wunschwelt seines Chefs handelte, in der sein eigener Wunsch nach Selbstentfaltung nicht vorkam.

Was von außen kommt, macht gleichgültig – oder wütend

Wenn Menschen einem Ideal entsprechen sollen, an das sie gar nicht glauben, das vielmehr andere für sie aufgestellt haben und ihnen von außen überstülpen, dann reagieren sie entweder mit Gleichgültigkeit – bis hin zur Resignation – oder mit Wut. Wir können nur für etwas brennen, das mit unserem eigenen Inneren zu tun hat. Wir wollen das Feuer in uns selbst spüren. Alles andere ist letztlich eine Form von Dressur.

»Von innen nach außen«: Das Grundprinzip der Leistungslust

Egal, ob es sich um Mitarbeiter in Unternehmen und deren Führungskräfte, um Selbstständige und Freiberufler oder um Studenten und Auszubildende handelt – die Zielrichtung unserer Entwicklung muss sich »von innen nach außen« ergeben. In Kapitel 4 haben Sie gelesen: »Wo wir wirklich die Lust verspüren, uns zu engagieren und Leistung zu bringen, da dringen wir zum Kern dessen vor, was uns innerlich antreibt.« Und weiter: »Je besser wir mit diesem Kern verbunden sind, desto mehr – scheinbar – unterschiedliche Dinge können wir beruflich machen. Alles speist sich dann aus derselben Kraftquelle.« Um diesen Kern, diese Kraftquelle, dieses innere Feuer geht es auch bei der Selbstentfaltung. Unser *innerer Kern* muss unser »Leitbild« sein! Wie kann jedes Individuum sich bei der Arbeit entfalten? Wie kann ein Team sich gemeinsam entfalten? Wie entfaltet sich schließlich eine ganze Organisation? Die Antwort lautet in jedem Fall: von innen nach außen.

In vielen Lebensbereichen rächt es sich ja, gegen dieses Prinzip zu verstoßen. Nehmen wir beispielsweise einen Arzt, der seinen Sohn drängt, ebenfalls Medizin zu studieren, um eines Tages die elterliche Praxis übernehmen zu können. Wenn sich der Sohn für Medizin interessiert und naturwissenschaftlich begabt ist, hat der Vater vielleicht noch Glück gehabt. Doch was, wenn der Sohn künstlerisch oder literarisch begabt ist? Er wird sich entweder auf der Stelle weigern, Medizin zu studieren. Oder er wird erst ein schlechter Mediziner werden – und dann irgendwann den weißen Kittel an den Nagel hängen und doch noch anfangen zu malen oder Romane zu schreiben.

Wenn wir nicht ausreichend mit unserem Kern verbunden sind, dann setzen wir uns leider sogar selbst Ziele, die gar nicht zu uns passen. Diese Ziele kommen dann nicht wirklich von innen (aus unserem Kern), sondern entspringen mehr dem Wunsch, irgendeinem äußeren Bild zu entsprechen. Da will ein Jugendlicher dann zum Beispiel unbedingt Schauspieler werden, weil er von einer Villa in Hollywood, einem extravaganten Lebensstil und ständiger Aufmerksamkeit und Bewunderung träumt. Mit der eigentlichen Schauspielkunst, der besonderen Leistung von Darstellern, beschäftigt er sich hingegen gar nicht. Schwer vorstellbar, dass so jemand ein berühmter Schauspieler wird. Es fehlt die Leidenschaft für das Schauspiel – aus dem inneren Kern heraus.

Wie wir uns sogar selbst falsche Ziele setzen

Ein weniger glamouröses Beispiel: In den Neunzigerjahren gaben in Umfragen plötzlich sehr viele Studierende als zukünftigen Wunsch-Arbeitgeber den Öffentlichen Dienst an. Hintergrund war eine Debatte über Sozialabbau und Altersarmut. Die Studenten hatten Angst vor dem sozialen Abseits und wollten sich in die Arme von »Vater Staat« retten. Dazu hätte die »Amtsstube« aber auch ihren Talenten und Neigungen entsprechen müssen! Angst ist keine Motivation aus dem inneren Kern, sondern eine Reaktion auf als bedrohlich vorgestellte äußere Umstände. So mancher, der damals allein um der sozialen Sicherheit willen in den Öffentlichen Dienst ging, hat später mit Sinnkrise und »Boreout« für diese Fehlentscheidung bezahlt.

»Ich habe mich positionieren lassen« – Und nun?

Eine besonders schwerwiegende Folge mangelnder Selbstentfaltung aus dem inneren Kern heraus findet sich leider immer wieder bei Selbstständigen und Freiberuflern. Sie beauftragen die Beraterzunft oder spezielle Agenturen, sie zu »positionieren«. Nun ist die sogenannte Positionierung grundsätzlich ein anerkanntes und sinnvolles Instrument des Marketings. Nur in einer lukrativen Marktlücke, die positive Sichtbarkeit gewährleistet, werden Selbstständige auf Dauer Erfolg haben können. Wichtig ist jedoch zunächst einmal, dass Selbstständige wissen, was sie können, was sie wollen und welches Entwicklungspotenzial sie besitzen. Dann können ihnen Marketingprofis dabei helfen, am Markt richtig aufzutreten und sich wirksam zu »verkaufen«.

Sich positionieren »lassen« funktioniert nicht!
Mit Kopfschütteln beobachte ich wieder und wieder, wie Selbstständige von Beratern oder Agenturen erwarten, dass diese ihnen verraten, wofür sie als Selbstständige stehen sollen. Sie wollen »sich positionieren lassen« – im Passiv! Der Marketingberater soll ihnen sagen, was für sie ein lohnendes Erwerbsmodell wäre. Diese Selbstständigen sind mit ihrem inneren Kern nur wenig verbunden oder haben zu wenig Vertrauen in das, was aus ihrem inneren Kern kommt. Deshalb erwarten sie von außen – durch Beratung – die Lösung. Eine solche von außen konstruierte »Positionierung« trägt jedoch genauso wenig zum Erfolg bei wie ein von Topmanagern am grünen Tisch ausgesponnenes Unternehmensleitbild.

Aus dem Kollegenkreis bekomme ich auch hin und wieder mit, wie bestimmte Berater oder Agenturen sich die Unentschlossenheit von Selbstständigen zunutze machen. In Workshops und Beratungsgesprächen stellen sie kaum kritische Fragen und hören anscheinend auch nicht richtig zu. Stattdessen scheinen sie bereits eine fertige Vorstellung von der »Positionierung« des Kunden im Kopf zu haben. Lässt der Kunde sich beschwatzen, geht er am Ende als »Experte« für irgendetwas hinaus, ohne an seinen Expertenstatus wirklich zu glauben, geschweige denn, für sein angeblich so »marktgerechtes« Angebot zu brennen. Und auch diesen Fall habe ich schon mitbekommen: Einer Trainerkollegin wird in der Positionierungsberatung über ihr Expertenwissen autoritär beschieden: »Das ist kein Thema. Dafür gibt es keinen Markt.« Da frage ich mich: War denn »Körpersprache« im Business ein Thema, bevor Samy Molcho kam und es als Trainer und Redner berühmt machte? Erst war es *sein* Thema, dann wurde es *ein* Thema. Von innen nach außen!

Reflexionsfragen

Was hat Sie schon immer fasziniert und begeistert? Falls Ihnen spontan nichts einfällt: Was hat Sie als Kind fasziniert und begeistert? Was wollten Sie immer schon mal gerne sein? Können Sie sich vorstellen, warum?

Konnten Sie in Ihren Träumen manchmal plötzlich etwas besonders gut und wenn ja, was war das? Welche Fächer haben Sie für Ihr Abitur (Ihren letzten Schulabschluss) gewählt und warum?

Sokrates wusste es besser: Die »Hebammenkunst«

Wer sich noch nicht ganz sicher ist, was in ihm steckt, der muss es eben herausfinden! Das gilt für Studenten, Selbstständige, Angestellte und Führungskräfte gleichermaßen. Wer in einem solchen Klärungsprozess feststeckt und nicht richtig weiterkommt, der sollte sich Unterstützung holen. Für alle genannten Gruppen gibt es Beratung und Coaching. Wichtig für echte Lust auf Leistung ist überall, dass niemand von außen etwas übergestülpt bekommt. Berater und Coachs sollten in erster Linie zuhören können und Einfühlungsvermögen haben. Führungskräfte sollten sich Zeit nehmen, um herauszufinden, wie ihre Mitarbeiter »ticken«. Das ist in aller Regel lohnender, als sich mal wieder ein neues Unternehmensleitbild auszudenken! Das Unternehmen der Zukunft entwickelt Individuen statt Prozesse. Es ermöglicht und fördert Selbstentfaltung.

| Kritisch nachfragen, was die Mitarbeiter wirklich antreibt | Für manche Führungskräfte ist es immer noch ungewohnt und bestimmt auch nicht ganz leicht, herauszufinden, was ihre Mitarbeiter wirklich innerlich antreibt und welche Potenziale für das Unternehmen darin schlummern. Der Schlüssel heißt: geduldiges, aber kritisches |

Nachfragen. Die Kunst der entwickelnden Frage geht letztlich auf Sokrates zurück, den antiken Urvater der Philosophie der Aufklärung. Sokrates nannte die kritische Nachfrage seine geistige »Hebammenkunst«. Mit Fragen drang er Schritt für Schritt zum Kern vor. So etwas können auch Führungskräfte lernen. Die »Hebammenkunst« verlässt sich nicht auf Mutmaßungen, was in Mitarbeitern vorgehen könnte, sondern versucht im Gespräch, Bedürfnisse und Motive herauszuschälen. Wer dadurch weiß, was einen Mitarbeiter innerlich antreibt, sollte ihn dann im nächsten Schritt an seinen Überlegungen zur Weiterentwicklung des Teams oder Unternehmens teilhaben lassen. Ziel ist, dass sich alle an einem Platz fühlen, wo sie sich ihren Talenten und Vorlieben gemäß entfalten können.

Selbstentfaltung ist etwas anderes als Selbstverwirklichung

»Geht euch doch selbstverwirklichen, ich geh arbeiten« – diesen Spruch las ich kürzlich in den Social Media. Da war eine Bloggerin offensichtlich genervt von den gut gemeinten Sprüchen eines amerikanischen Psychogurus, der sinngemäß meinte: Höre auf, ans Geld zu denken, tue einfach, wozu du Lust hast, und mache dir keine Sorgen über die Zukunft! Die Vorstellung, alles könnte auch ganz *easy* sein, polarisiert: Die einen sind fasziniert von dem Gedanken, die anderen macht es wütend, so etwas zu hören. Das trotzige »Ich geh arbeiten« soll bei Letzteren dann wohl heißen: Ich komme meinen Verpflichtungen nach, im Gegensatz zu denen, die nur an *sich* denken. Auch von Führungskräften in Unternehmen höre ich oft Sätze wie: »Das Unternehmen kann nicht allein der Selbstverwirklichung der Mitarbeiter dienen.« Das sehe ich ganz genauso. Selbstentfaltung, wie ich sie hier verstehe, ist nämlich nicht dasselbe wie Selbstverwirklichung.

| Bloße Selbstverwirklichung wäre ein Ego-Trip | Selbstverwirklichung bedeutet, ausschließlich oder in erster Linie an sich selbst zu denken. Wer auf dem »Selbstverwirklichungs-Trip« ist, will nur das tun, wozu er Lust |

hat, was ihm Spaß macht und ihm gerade einfällt. Einige halten das für maximale Freiheit. In Wirklichkeit ist diese Einstellung maximal kindlich. Kinder halten sich für den Mittelpunkt der Welt und folgen ihren spontanen Impulsen. Für die kindliche Entwicklungsphase ist das auch in Ordnung. Als Erwachsene wissen wir: Der Selbstverwirklichung sind Grenzen gesetzt. Die wesentliche Grenze sind die anderen Menschen, die es eben auch noch gibt. Im Gegensatz zu Kindern übernehmen Erwachsene Verantwortung für andere Menschen. Sie stehen zu den Verpflichtungen, die sie eingegangen sind. Beispielsweise gegenüber ihren Kindern, ihrem Partner, ihren pflegebedürftigen Eltern – oder einem unterhaltsberechtigten Ex-Partner, für den sie nun einmal mitverdienen müssen, auch wenn es schwerfällt.

Selbstentfaltung bedeutet »Ko-Evolution«: Wachstum gemeinsam mit anderen

Selbstentfaltung ist im Gegensatz zur Selbstverwirklichung nicht auf Kosten anderer möglich. Im Gegenteil: Der Begriff bringt zum Ausdruck, dass wir unsere Talente, Anlagen und Potenziale erst gemeinsam mit anderen überhaupt voll entfalten können. »Arbeiten gehen« mag insofern zwar als das Gegenteil von Selbstverwirklichung verstanden werden, aber nicht von Selbstentfaltung. Denn Selbstentfaltung kann gerade in der Zusammenarbeit mit anderen erst im höchsten Maße stattfinden. Der Mensch ist ein soziales Wesen, das den anderen Menschen braucht, um zu wachsen und sich zu verwirklichen.

Der Religionsphilosoph Martin Buber prägte den Satz: »Der Mensch wird am Du zum Ich.« Buber erkannte schon in den 1920er-Jahren, dass Dialog, Austausch und Kommunikation die größten Chancen für menschliche Entwicklung in der modernen Gesellschaft bieten. Der bereits zitierte Schweizer Psychiater Jürg Willi schuf in den Siebzigerjahren das Konzept der »Ko-Evolution«: Positive Selbstentfaltung ist demnach ohne andere Menschen gar nicht möglich. Der Mensch entfaltet sich gemeinsam mit anderen (»ko-evolutiv«), weil er für seine Entwicklung positive Rückkopplung braucht. Dieses »ko-evolutive« Umfeld finden wir in der heutigen Gesellschaft nicht nur in Familien oder im Freundeskreis, sondern auch und vor allem bei der Arbeit.

| Für 68 Prozent der Absolventen hat Selbstentfaltung Priorität eins | Bei der »Absolventenstudie 2010« der Personalberatung Kienbaum wurde gefragt, was sich Hochschulabsolventen von ihrem künftigen Arbeitgeber am meisten wünschen. Heraus kam: Für 68 Prozent der Studierenden |

sind die persönlichen Entwicklungsmöglichkeiten, die ein potenzieller Arbeitgeber bietet, das Wichtigste. Mit anderen Worten: Die Absolventen streben nach Selbstentfaltung und erwarten von ihrem Arbeitgeber ein Umfeld, das ihnen diese Entfaltung ermöglicht. Das Zweitwichtigste ist den Befragten eine »kollegiale Arbeitsatmosphäre«. Das wünschten sich 51 Prozent. Hohe Vergütung war übrigens noch nie so wenig attraktiv – weniger als ein Drittel der Befragten wollen ihre Entscheidung für einen Arbeitgeber von hoher Bezahlung abhängig machen. Nimmt man die beiden größten Bedürfnisse der Absolventen – Selbstentfaltung und Kollegialität – zusammen, ergibt sich ein klarer Hinweis auf das, was die besten Arbeitgeber heute bieten sollten: Ein »ko-evolutives« Umfeld, in dem Menschen sich selbst entfalten und gleichzeitig in motivierenden Teams gemeinsam überragende Leistungen erbringen können.

Selbstentfaltung in drei Kreisen: Ich – Du – Organisation

Selbstentfaltung hat stets eine soziale Dimension, die in der gegenseitigen Abhängigkeit der eigenen Entfaltung und der Entfaltung der anderen begründet liegt. Die Wechselwirkung von Individuum und sozialem Umfeld können wir im Hinblick auf den Arbeitsplatz auf drei Ebenen betrachten: Ich-Ebene, Du-Ebene und Organisations-Ebene. Die Quelle der Selbstentfaltung ist der innere Kern des einzelnen Mitarbeiters oder auch eines Selbstständigen. Zunächst sollten wir uns mit unseren inneren Wünschen, Vorstellungen und Träumen beschäftigen: Was steckt in unserem inneren Kern und möchte gelebt werden? Was würden wir auch ohne Bezahlung gerne tun? Oder umgekehrt: Was würden wir tun, wenn wir unabhängig von unserer Arbeit immer genug Geld zur Verfügung hätten? Es ist nicht nur erlaubt, sondern wichtig und hilfreich, dass wir zunächst einmal träumen. In Kapitel 7 werde ich darauf noch einmal genauer eingehen.

| Ein System schaffen, das gemeinsames Wachstum erlaubt | Bei dem Traum sollte es nun aber nicht bleiben. Jetzt kommt die Du-Ebene ins Spiel. Wie passen meine Träume zu den Wünschen und Vorstellungen von Kollegen, |

Chefs, Kunden, Familienmitgliedern und so weiter? Kommen wir da zusammen? Wo ergänzen wir uns vielleicht sogar so perfekt, dass jeder auf seine Kosten kommt und wir gleichzeitig gemeinsam etwas schaffen, was für andere Menschen und die Gesellschaft insgesamt einen Wert hat? Die dritte Ebene ist die der Organisation. Wenn Selbstentfaltung auf den ersten beiden Ebenen funktioniert, besteht die Herausforderung auf dieser Ebene darin, ein System zu schaffen und Prozesse zu organisieren, die es Menschen ermöglichen, »ko-evolutiv« immer mehr von ihren eigenen Talenten einzubringen und sich dabei mit anderen immer besser und produktiver zu ergänzen.

Wer will, der mag als vierte Ebene noch Gesellschaft, Umwelt und Verantwortung gegenüber künftigen Generationen betrachten. Welche Auswirkungen hat unsere Selbstentfaltung hier? Ich möchte mich im folgenden Abschnitt auf die dritte Ebene konzentrieren. Was sind Merkmale einer Organisation, in der Selbstentfaltung selbstverständlicher Brennfaktor für den gemeinsamen Erfolg ist?

»Talentegramm« statt Organigramm: Raum für Entfaltung

Selbstentfaltung in der Organisation bedeutet, dass die Mitarbeiter die eigenen Stärken mit den Unternehmenskompetenzen in Einklang bringen. Führungskräfte sollten sich also immer zunächst die Frage stellen: Mit welchen Menschen habe ich es hier zu tun und was können wir gemeinsam erreichen? Wer sich diese Frage stellt, der kommt auch nicht auf die Idee, sich am grünen Tisch ein Unternehmensleitbild auszudenken, das dann für alle gelten soll. Er wird sich vielmehr von den Möglichkeiten der gemeinsamen Entfaltung leiten lassen und diese immer wieder neu entdecken. Wo Selbstentfaltung als wichtiger Brennfaktor gesehen wird, da sehen auch Stellenausschreibungen anders aus. Es geht dann nicht mehr allein um die Frage: Welcher Job muss erledigt werden und wer ist für (möglichst wenig?) Geld bereit, den Job zu machen? Sondern der Fokus lautet: Wohin möchten wir uns gemeinsam entwickeln und welche Person passt mit ihren Vorstellungen von der eigenen Entwicklung dazu?

Lautet das gemeinsame Ziel beispielsweise »Eroberung neuer Märkte«, dann wird das Unternehmen Menschen brauchen, die das Ausleben der dafür nötigen positiv-ag-

Mehr Kommunikation über Perspektiven, Chancen und Ziele

gressiven Seite ihres Charakters als Entwicklungsschritt reizt. Wer sich dagegen gerade nach Harmonie sehnt oder »einen Gang zurückschalten« möchte, wird auch dann nicht in ein solches Umfeld passen, wenn er ein ausgewiesener Vertriebsexperte ist. Wenn der »Brennfaktor Selbstentfaltung« im Unternehmen seine Wirkung entfalten soll, dann ist grundsätzlich mehr Kommunikation nötig, als es früher üblich war und teilweise bis heute üblich ist. Mitarbeiter wollen heute Weiterentwicklung und müssen deshalb auch Gelegenheit bekommen, sich über gemeinsame Perspektiven, Chancen und Ziele klar zu werden. In manchen Firmen gibt es dafür sogar einen »Dreamday«, an dem sich alle einmal in schöner Umgebung treffen, um sich über ihre Wünsche und Ziele für die Zukunft auszutauschen. Solch ein besonderer Tag ergänzt die gute Kommunikation im Alltag, kann sie allerdings auch nicht ersetzen.

Wollen – Können – Dürfen: Der Dreisprung zur Selbstentfaltung

Nach den Erkenntnissen der Arbeitspsychologie wird die Leistungsbereitschaft von Mitarbeitern wesentlich von drei Faktoren bestimmt: Wollen, Können und Dürfen. Dies lässt sich anhand von drei Fragen verdeutlichen:
1. Was, wenn Mitarbeiter viel können, aber nicht wollen?
2. Was, wenn Mitarbeiter viel wollen, aber nichts können?
3. Was, wenn Mitarbeiter können und wollen, aber wegen zu geringer Handlungsspielräume nicht dürfen?

In einem Unternehmen, das »ko-evolutive« Selbstentfaltung ermöglicht, fallen Können, Wollen und Dürfen bei allen Beteiligten zusammen. Ist einer der Faktoren mangelhaft ausgeprägt, leidet die Gesamtleistung. Können zielt auf Wissen und damit auf Personalentwicklung und Weiterbildung. Wollen zielt auf Motivation und Dürfen auf Vertrauen. Auf alle drei Faktoren haben Führungskräfte mal mehr, mal weniger direkten Einfluss.

Individuelle Einstellungsgespräche statt Standard-Interviews
Was Führungskräfte leisten können und sollten: sich um mehr Individualität bemühen. Bereits in Einstellungsgesprächen sollte wesentlich mehr Zeit dafür sein, herauszufinden, was Menschen wirklich innerlich antreibt. Was ich bei Einstellungsprozessen heute teilweise miterlebe, ist ein Trauerspiel: Erst werden Fachkompetenzen regelrecht abgehakt, anschlie-

ßend will man im Interview noch Belege für irgendwelche schematisch definierten »Soft Skills« finden. Mehr aus Nettigkeit fällt dann am Rande vielleicht noch die Frage nach Hobbys und privaten Interessen. Dabei fängt es hier erst an, interessant zu werden! Was ist der Bewerber für ein Mensch? Was treibt ihn wirklich innerlich an?

In den seltensten Fällen werden Bewerber gefragt, was sie schon immer begeistert hat, was ihre Träume sind und was sie einfach gerne tun. Es scheint der Spruch zu regieren: »Das Leben ist kein Wunschkonzert.« Dabei lässt sich von Wünschen und Träumen auf Potenziale schließen. Was steckt in einem Bewerber und wie könnte er das hier im Unternehmen vielleicht schrittweise entfalten? Alle Bewerbungsgespräche sollten sich dahin entwickeln, dass solche Fragen im Mittelpunkt stehen. Aber Achtung: Das funktioniert nur auf Augenhöhe! Ein Bewerber oder ein Personalchef, der den Bewerber mit persönlichen Fragen »löchert«, aber selbst nichts von sich preisgeben will, wird zu Recht auf Widerstand stoßen. Es gibt Unternehmer, die Bewerbern erst einmal ihre eigene, persönliche Geschichte erzählen und berichten, was sie als Unternehmer innerlich antreibt. So bricht man das Eis und kommt ins Gespräch!

Entfaltung jenseits der Stellenbeschreibung

Ich habe einmal eine Mitarbeiterin in der Abteilung Unternehmenskommunikation eines größeren Unternehmens kennengelernt, die wirklich ein Naturtalent der zwischenmenschlichen Kommunikation war. Wo auch immer sie anrief, fand sie sofort einen Zugang zu der Person am anderen Ende der Leitung. Erstkontakte machten ihr ganz besonders Spaß. Während andere in dem Unternehmen eher Scheu vor dem Thema Erstkontakt und erst recht vor Kaltakquisition hatten, stürzte sie sich mit Begeisterung darauf. Nun wäre es ja naheliegend gewesen, diese Mitarbeiterin zur unternehmensinternen Spezialistin für Erstkontakte zu erklären. Sie hätte diese Aufgabe auch liebend gerne übernommen. Doch ihre Stellenbeschreibung gab das nicht her! Sie musste weite Teile ihrer Arbeitszeit mit der Organisation von Messen oder mit Auftragserteilungen für Werbeflyer bei Druckereien verbringen. Beides interessierte sie nur mäßig. Gleichzeitig schwitzten ihre Kollegen und hatten Stress, wenn sie mal wieder Erstkontakte knüpfen sollten, was ihnen ziemlich unangenehm war.

Wenn alle Mitarbeiter nach ihren individuellen Talenten eingesetzt werden ...

Solche Fälle erlebe ich immer wieder: Am Können und Wollen hapert es nicht, aber das Dürfen geht streng nach Organigramm. Da haben Vorgesetzte einmal einen Stellenplan gemacht und entsprechende Anforderungsprofile definiert – und jetzt sollen Mitarbeiter genau diesen Profilen entsprechen. Mit dem Ergebnis, dass der Job mal besser, mal schlechter zu dem passt, was sie als Potenzial zur Selbstentfaltung in sich tragen. Stellen Sie sich nur einmal vor, ein Unternehmen würde kein Organigramm machen, sondern stattdessen so eine Art »Talentegramm« – alle Mitarbeiter sind dort mit ihren besonderen Talenten, Wünschen und Begabungen verzeichnet und können deshalb immer an den Stellen eingesetzt werden, wo sie sich selbst am wohlsten fühlen und das Unternehmen am besten weiterbringen können. Einen Versuch ist es doch wert, so etwas einmal zu entwickeln. Besser jedenfalls, als sich wieder mal ein neues Unternehmensleitbild auszudenken.

Übung

Vielleicht haben Sie das auch schon einmal erlebt: Sie lesen eine Stellenausschreibung und mal nicken Sie, mal legen Sie die Stirn in Falten. Teils scheint der Job zu passen, teils nicht. Mit der folgenden Übung drehen Sie den Spieß einmal um und lernen damit Ihre Bedürfnisse nach Selbstentfaltung besser kennen.

Formulieren Sie eine Stellenanzeige, die ganz auf Ihre Person zugeschnitten ist! Wie müsste Ihr Traum-Unternehmen um Sie werben, um Sie zu begeistern? Wenn Sie nicht auf Anhieb parat haben, was typische Punkte in Stellenanzeigen sind, dann nehmen Sie ruhig eine Stellenanzeige aus der Wochenendausgabe einer überregionalen Zeitung oder aus dem Internet als Vorlage und formulieren Sie diese für sich um.

7 Das Streichholz entzünden

> »Wer sein Gehirn nicht zu einer Kümmerversion dessen machen will, was daraus hätte werden können, der muss seine kindliche Begeisterungsfähigkeit zurückgewinnen.«
>
> Gerald Hüther, Neurobiologe

Das Streichholz, mit dem wir echte Lust auf Leistung entfachen, heißt Begeisterung. Das ist eine schlechte Nachricht für alle Pflichterfüller, die sich mit ihrer Unlust arrangiert haben und Dienst nach Vorschrift machen. Für alle anderen ist es eine gute Nachricht. Denn Begeisterung lässt sich in jeder Lebensphase wecken oder wiederentdecken. Die Erforschung von Kindheitserfahrungen gibt wertvolle Hinweise, wofür wir uns ein Leben lang begeistern können. Die folgenden Seiten wollen inspirieren, wie das gelingen kann.

Als Kind wollte ich Barbra Streisand werden. Ich kann mich noch gut erinnern, wie ich das meinen Eltern erzählt habe. Meine Mutter prustete amüsiert los. Dann sagte sie: »Schon klar. Aber weißt du, jeder Mensch ist einzigartig. Du kannst nicht Barbra Streisand werden. Aber du kannst Sängerin werden.« Darauf erwiderte ich mit voller Überzeugung: »Nein! Ich möchte Barbra Streisand werden!« Der amerikanische Superstar war mein absolutes Vorbild. Ich wollte nicht Sängerin werden. Ich wollte auch nicht Barbra Streisand möglichst ähnlich werden. Nein, ich wollte eines Tages Barbra Streisand *sein*. Kinder können herrlich unbeschwert und unlogisch sein – dafür lieben wir Erwachsene sie ja auch. Doch war es wirklich so dumm, Barbra Streisand sein zu wollen?

Kinder haben die verrücktesten Träume

Jahrzehnte später, während meiner Coach-Ausbildung, ging mir diese Episode aus meiner Kindheit wieder durch den Kopf. Und zwar im Zusammenhang mit dem Thema »Zielsetzung«. Heute ist es allgemein anerkannt, dass wir (hohe) Ziele einfacher erreichen, wenn wir sie möglichst konkret formulieren und dazu entsprechende Bilder im Kopf entstehen lassen. Wenn ich sage: »Ich will Sängerin werden«, dann bleibt das ziemlich abstrakt. Was für eine Sängerin denn: Opernsängerin? Chormitglied? Schlagersternchen? U-Bahn-Musikantin? Das bleibt alles offen. Der Satz »Ich will Barbra Streisand werden« mag demgegenüber zwar unlogisch sein, hat aber einen unschlagbaren

Vorteil: Er löst sofort Bilder und damit Emotionen aus. Eine Wahnsinnsstimme, Gänsehautfaktor, große Bühne, Glamour, lange Kleider! Und dann: Songs, die die Herzen der Menschen berühren. Das ist die Welt der sensiblen Künstlerin und Menschenbotschafterin Barbra Streisand.

So viel steht fest: Kinder sind alles andere als naiv und auch nicht so dumm. Sie pfeifen auf die Logik – denn sie haben noch die Intuition, die die meisten Erwachsenen im Laufe ihres Lebens verloren haben. Sie lassen Verrücktes zu und bringen Emotionen ins Spiel! Sie malen ihre Träume aus, statt wie Erwachsene gleich zu denken: geht nicht, unrealistisch, schaffe ich nicht, kein Talent, kein Geld, keine Chance und so weiter. Wir müssen nicht erst die moderne Psychologie und Hirnforschung befragen, was für das Erreichen von Lebenszielen wichtiger ist: rationale Erwartungen oder Emotionen. Die Antwort kennen wir alle: Es sind die Emotionen! Wie sagt schon der Fuchs zum kleinen Prinzen bei Antoine de Saint-Exupéry: »Man sieht nur mit dem Herzen gut. Das Wesentliche ist für die Augen unsichtbar.« Kind sein heißt, unbeschwert Spaß zu haben. Wir können uns als Erwachsene sehr glücklich schätzen, wenn wir dieses Kind immer noch in uns spüren. Das Kind ist es, das auch uns Erwachsene noch begeistert und uns das anstreben und tun lässt, was uns wirklich Spaß macht.

Das Buch, das Sie jetzt in Händen halten, hat nicht Barbra Streisand geschrieben. Ich muss das wissen. Und ich singe heute zwar hin und wieder auf einer Bühne, gemeinsam mit meiner Freundin Ilona, einer Opernsängerin. Dort bin ich für einen kurzen glamourösen Moment tatsächlich »Barbra«, total in mich versunken, und darf in die angerührten Gesichter des Publikums schauen. Doch verdiene ich damit kein Geld. Vielleicht hat meine heutige berufliche Tätigkeit aber trotzdem etwas mit Barbra Streisand zu tun. Warum? Das werde ich Ihnen später noch verraten.

So viel sei hier schon gesagt: Auch scheinbar unerfüllbare Kindheitsträume können Erwachsenen dabei helfen, sich für die passende Tätigkeit zu begeistern. Lassen Sie uns zunächst jedoch anschauen, warum Begeisterung überhaupt so wichtig für Lust auf Leistung ist. Wer von nichts begeistert ist, der lebt ein langweiliges Leben und hat kaum eine Chance, sein volles Potenzial zu entfalten. Na klar, denken

Sie jetzt vielleicht, das ist doch nichts Neues. Aber warum, darf ich fragen, haben Sie denn dieses Buch gekauft? Vielleicht weil Ihnen unterbewusst etwas in Ihrem Leben fehlt? Die Begeisterung? Das Feuer, das Sie ins Handeln bringt?

Begeisterung – der Zünder für jede sinnvolle Leistung

»Ohne Begeisterung ist noch nie etwas Großes geschaffen worden«, hat bereits der berühmte amerikanische Schriftsteller und Philosoph Ralph Waldo Emerson (1803 – 1882) gesagt. Zugegeben, Emerson gilt als romantischer Schwarmgeist, und nicht jeder Mensch hat das Ziel, berühmt zu werden oder große Werke zu erschaffen. Formulieren wir das Zitat aber einmal etwas um: Ohne Begeisterung lässt sich nichts *Bedeutendes* leisten. In dieser Lesart würden der Aussage nicht nur romantische Schriftsteller, sondern auch moderne Psychologen und Hirnforscher zustimmen. Dass Begeisterung kein zufälliger Ausnahmezustand ist, sondern der Zünder für jede sinnvolle, produktive und befriedigende Arbeit, wurde längst wissenschaftlich belegt.

Nicht Routine, sondern Begeisterung formt unser Gehirn

Gerald Hüther, Professor für Neurobiologie an der Universität Göttingen und als Sachbuchautor vielleicht Deutschland bekanntester Hirnforscher, ist sich sicher: Unser formbares Gehirn wird lebenslang genau zu dem, wozu wir es mit Begeisterung benutzen. Nicht mit Routine, sondern mit Begeisterung! Denn nicht der stete Tropfen höhlt den Stein, sondern Begeisterungsschübe schaffen neue Realitäten im Gehirn. In seinem Buch *Was wir sind und was wir sein könnten* schreibt Hüther dazu: »All jene neuronalen Netzwerke werden ausgebaut und verstärkt, die im Hirn aktiviert worden waren, um genau das zustande zu bringen, was der betreffenden Person ganz besonders am Herzen lag. ... Und deshalb ist auch das, worauf es ankommt, nicht die Umwelt, sondern die subjektive Bewertung, also das, was das betreffende Kind oder der betreffende Erwachsene in dieser jeweiligen ›Umwelt‹ wichtig findet, wofür er oder sie sich interessiert und begeistert.« Demnach wird unser Hirn durch unsere Herzensbildung geprägt. Oder anders ausgedrückt: Unser Leistungsorgan wird durch unser Emotionsorgan gestärkt.

Immer wieder begeistert: Wie kleine Kinder ihre Welt erobern

Die größte Herzensbildung haben für mich kleine Kinder: Sie eignen sich die Welt an, indem sie sich für sie begeistern. Was Mütter immer schon beobachtet haben, kann die Wissenschaft inzwischen neurophysiologisch beschreiben. Zwanzig bis fünfzig Mal am Tag erleben Kleinkinder einen Begeisterungssturm. Sie haben eine Blume entdeckt, ein Tier gestreichelt oder ein neues Spielzeug in die Hand genommen. Jeder Begeisterungsschub führt laut Hüther dazu, dass im Hirn neuroplastische Botenstoffe »wie Dünger mit einer Gießkanne« ausgeschüttet werden. Und diese Botenstoffe sorgen jetzt dafür, dass das Gehirn sich formt. Neuronale Netzwerke wachsen und verzweigen sich und bilden eine einzigartige Struktur heraus. Bevor Kinder in die Schule kommen, lernen sie nicht durch »Pauken«, sondern durch Begeisterung.

Eiserner Wille hilft nichts ohne eine ursprüngliche Begeisterung

Unser erwachsenes Gehirn ist immer noch ein Abbild dessen, wofür wir uns als Kinder begeistert haben. Das erklärt, warum wir uns mit Jobs, die uns frustrieren und langweilen, niemals abfinden können. Unser Gehirn ist einfach aus der Kindheit anders geprägt. Und wenn wir mit noch so viel Willenskraft unsere »Pflicht« erfüllen oder die Zähne zusammenbeißen und »ans Geld denken«, ändert das überhaupt nichts daran. Denn Routine, Pflichterfüllung oder Willenskraft haben kaum Einfluss auf das Gehirn. Für die meisten Erwachsenen beinhaltet das sowohl eine gute als auch eine schlechte Nachricht. Die schlechte Nachricht zuerst: Unser Erwachsenenhirn ist verkümmert. Die gute Nachricht: Wir können unsere Hirnstrukturen auch im Erwachsenenalter verändern! Wir müssen uns lediglich neu für etwas begeistern. Dann wird derselbe Cocktail an neuroplastischen Botenstoffen ausgeschüttet wie in unserer Kindheit.

Wie Begeisterung durch Bedeutung entsteht

Wir begeistern uns für das, was uns subjektiv am Herzen liegt

Gut zu wissen. Aber wie entsteht nun Begeisterung? Welchen Knopf müssen wir drücken? Ich habe es schon angedeutet: Ohne Begeisterung lässt sich nichts Bedeutendes leisten, hieß meine Behauptung in Anlehnung an Ralph Waldo Emerson. Anders gesagt: Bedeutendes entsteht durch Begeisterung. Was genau ist in diesem Zusammenhang etwas »Bedeutendes«? Gemeint ist etwas, das wir als sinnvoll und wichtig empfinden. Etwas, das unser Herz berührt, das Kräfte weckt und das motiviert. Nicht notwendig gemeint ist etwas, das die Gesellschaft als große Leistung ansieht oder das dem sogenannten Fortschritt der Menschheit dient. Was wir als sinnvoll und bedeutend ansehen, ist erst einmal völlig subjektiv. Wir begeistern uns ausschließlich für etwas, was uns ganz persönlich »etwas bedeutet«.

Wer Glück hat, der wird dafür auch von seinem sozialen Umfeld und der gesamten Gesellschaft anerkannt. Aber das ist nicht immer so. Denken Sie beispielsweise an die Maler und Bildhauer, die während der Zeit des Nationalsozialismus als »entartet« diffamiert wurden und Berufsverbot bekamen. Heimlich malten Künstler wie Emil Nolde oder Karl Hofer weiter, was für sie bedeutsam war, auch wenn sie dafür keine öffentliche Anerkennung mehr bekamen und sogar verfolgt wurden. Wofür wir uns begeistern, ist nie automatisch identisch mit dem, was die Umwelt von uns erwartet. Wir begeistern uns für das, was uns am Herzen liegt – und im zweiten Schritt bereichern wir damit unsere Umwelt.

Und genau das ist der Knackpunkt: Die meisten von uns wollen ihre Umwelt bereichern und tun das, was diese Umwelt vermeintlich braucht. Was wir selber brauchen, tritt in den Hintergrund. Das Potenzial für echte Begeisterung sinkt weiter ab. Wir sind als Erwachsene in dieser Hinsicht leider meistens fremdbestimmt oder lassen es vielmehr zu, fremdbestimmt zu sein. Um es mit dem kleinen Prinzen zu sagen: Wir schauen mit den Augen, hören nicht auf unser Herz. Das ist paradox und falsch, weil auch jenseits der Poesie die Arbeitsforschung längst erkannt hat, dass Begeisterung Ausdruck eines Sinnerlebens ist, das aus der Realisierung zentraler eigener Ziele und Motive erwächst. Müssen Unternehmen also doch für unsere jeweilige Selbstverwirklichung herhalten? Ist der Arbeitsplatz dazu da, unsere kindlichen Triebe auszuleben? Keineswegs. Entscheidend ist, dass wir uns für den *Kern* unserer erwachsenen Tätigkeit subjektiv begeistern und immer wieder neu begeistern können.

Reflexionsfragen

Erinnern Sie sich an faszinierende Momente in Ihrem Leben – von Ihrer Kindheit angefangen bis heute? Was hat Sie da jeweils begeistert? Wie haben Sie Ihre Begeisterung erlebt?

Ist Ihnen die Faszination für Dinge, die Sie früher begeistert haben, irgendwann abhandengekommen? Wenn ja, wann war das? Können Sie Gründe dafür benennen? Wenn ja, empfinden Sie diese Gründe als »vernünftig«?

Stellen Sie sich vor, Sie könnten für etwas, das Sie früher fasziniert hat, begeistert sein wie am ersten Tag: Was bräuchte es dazu?

Begeistert zu sein bedeutet nicht die vollkommene Abwesenheit von Frust und Enttäuschung. Natürlich gehören auch Frusterlebnisse zum Leben dazu – auch Kinder erfahren sie bereits, sonst würden sie nicht so oft schreien und weinen. Bloß hinterlassen die Frusterlebnisse kaum Spuren im Gehirn, während die Lusterlebnisse es geradezu formen. Das Problem vieler arbeitender Erwachsener ist, dass sie sich von kindlicher Begeisterung sehr weit entfernt haben und sich dafür umso intensiver ihrem alltäglichen Frust widmen. Bei meinen Beratungskunden sind die »Kantinengespräche« dafür eine wahre Fundgrube: Hier sitzt ständig der Frust mit am Tisch, die Begeisterung hingegen ist ein nicht gekannter Gast. Nie höre ich, wie jemand begeistert über ein neues Projekt oder eine neue Idee berichtet und sein Umfeld damit ansteckt. Wieso eigentlich nicht? Haben Unternehmen eine »Policy«, die Begeisterung am Arbeitsplatz verbietet? Wohl kaum. Eines ist klar: Wer sich bloß auf seinen Frust konzentriert und die Begeisterung irgendwann (fast) verlernt hat, der schneidet sich von vielen Entwicklungsmöglichkeiten ab.

Wie wir neu lernen, begeistert zu sein

Kinder handeln eher spontan als vernunftbezogen. Sie machen sich die Konsequenzen ihrer Handlungen nicht im Voraus klar, ja denken erst gar nicht darüber nach. Sie haben einen Impuls und gehen diesem einfach nach. Folgende Geschichte, die rund 35 Jahre her ist, zeigt das sehr gut: Meine sieben Jahre jüngere Cousine und ihre Sandkastenfreunde beschlossen damals, ihrem Nachbarn einen Streich zu spielen. Dieser Nachbar in der norddeutschen Einfamilienhaussiedlung war so ein richtiger Kinderschreck, der den Kleinen verbot, auf der Straße vor den Grundstücken zu spielen, und sich ständig über den Lärm aufregte. Klar wollten die Kinder diesem »Meckerfritzen« eins auswischen. Das Objekt der kindlichen Rache: ein nagelneuer Mercedes, der ganze Stolz des Nachbarn. Die Kinder holten von einem Baugrundstück einen Eimer voll Schlamm und rieben das ganze Auto lustvoll damit ein. Der Nachbar war außer sich vor Wut, als er das Ergebnis entdeckte. Und leider nicht ganz zu Unrecht: Woran die Kinder nicht gedacht hatten, waren die Sand- und Schmutzpartikel in dem Schlamm, die auf der Lackierung wie Schleifpapier gewirkt hatten. Der Mercedes war vollkommen zerkratzt! Es dauerte lange, bis der Schaden geregelt war und die Wogen sich wieder geglättet hatten.

Warum erzähle ich Ihnen diese Geschichte? Bestimmt nicht, um Sie zu Streichen zu animieren, die Ihre Haftpflichtversicherung aufs Äußerste strapazieren würden. Wichtig ist mir etwas anderes: Kinder sind willensgesteuert. Sie machen oft einfach, was sie wollen. Sie folgen ihrem spontanen Lustempfinden und denken häufig nicht an die Konsequenzen. Als Erwachsene sind wir dagegen verantwortungsbewusst und denken nach, bevor wir unseren Impulsen folgen. Jedenfalls meistens. Das Problem: Irgendwann beim Erwachsenwerden sind wir so vernünftig geworden, dass wir komplett vergessen haben, was unser ursprünglicher Antrieb ist. Nämlich der Wille. Die Lebenslust. Die Begeisterung. Wieso vergessen wir das so leicht?

Arthur Schopenhauer (1788–1860) war ein Philosoph, der bezweifelte, dass der erwachsene Mensch allein durch die Vernunft geführt und geleitet würde. Seine zentrale Frage lautet: »Kann ich wollen, was ich will?« Das Kommando im Gehirn hat für Schopenhauer nicht die Vernunft, sondern der Wille. Das hat Konsequenzen: Vernunftehen werden selten glücklich. Und vernünftige Berufswahl führt kaum zu echter Lust auf Leistung. Ich sage deshalb: Entdecken Sie Ihre kindliche Unvernunft neu! Reanimieren Sie Ihr kindlich unbewusstes Denken, in dem alles möglich ist! Nicht um Streiche zu spielen, sondern um herauszufinden, was Sie wirklich wollen, wofür Sie wirklich brennen. Darin liegt der Schlüssel zur Begeisterung, das ist das Streichholz. Und mit diesem Streichholz können Sie das Feuer Ihrer Lust auf Leistung neu entzünden.

> Einfach etwas wollen heißt, der Lebenslust Raum geben

Faszinationsfähigkeit entwickeln und Begeisterungspotenziale heben

Was glauben Sie: Steckt Begeisterungsfähigkeit in jedem von uns? Besitzen wir alle von Natur aus die Fähigkeit zur Faszination? Oder ist diese Fähigkeit nur den Extrovertierten, den Lauten unter uns, vorbehalten? Ganz und gar nicht, jeder kann sich neu entzünden, sagen Psychologen und Hirnforscher. Wir müssen Begeisterungsfähigkeit nicht erlernen. Wir sollten lediglich aufhören, unsere natürliche Begeisterungsfähigkeit mit dem Verstand vollständig zu ersticken. Dazu noch einmal der Hirnforscher Gerald Hüther: »Wer sein Gehirn nicht zu einer Kümmerversion dessen machen will, was daraus hätte werden können, der muss seine kindliche Begeisterungsfähigkeit zurückgewinnen. Er muss sich einladen, ermutigen und inspirieren lassen, die Welt noch einmal so zu betrachten, wie damals, als er noch ein Kind war: mit all der Entdeckerfreude und Gestaltungslust, die als Anreiz und Dünger für das eigene Hirn gebraucht werden.«

Faszination lässt sich bis ins hohe Alter reaktivieren

Genau das entspricht meiner eigenen Lebenserfahrung: Jeder Mensch kommt mit einem riesigen Rucksack voller Begeisterung auf die Welt, aber bedauerlicherweise wird ihm der oft leergeräumt. Bei dem leeren Rucksack muss es allerdings nicht bleiben. Im Gegenteil, wir können ihn wieder füllen, wenn wir uns dafür entscheiden. Genau das ist ein wesentlicher Baustein meines Coaching-Ansatzes für Führungskräfte, die in einer Sinnkrise stecken oder unter einem Leistungstief leiden. Sich wieder mit der kindlichen Begeisterung zu verbinden, kann Menschen innerlich neu entzünden. Daniel Goleman, der »Vater der Emotionalen Intelligenz«, hat bereits vor Jahren gesagt, dass wir uns verschüttete Emotionen neu antrainieren können. Und sobald wir mit unseren Emotionen, Wünschen und Träumen wieder verbunden sind, lassen sich auch neue Verhaltensmuster erlernen.

Manche Führungskräfte reagieren zunächst überrascht oder sind erst ratlos, wenn ich sie im Coaching nach ihren Kindheitsträumen frage. Ich lasse die Frage dann einfach im Raum stehen. Und ich habe noch nie erlebt, dass nicht nach einer Weile Erinnerungen gekommen wären: Moment, da war doch was ... genau! Ich wollte mal Fußballprofi werden. Oder Schauspielerin. Oder Krankenschwester. Oder zum Mond fliegen. Oder in Afrika ein Krankenhaus bauen. Ich selbst

Anregungen für Führungskräfte

Im Hinblick auf die Begeisterungsfähigkeit habe ich für Führungskräfte einige wichtige Grundsätze entwickelt:

1. **Als Führungskraft müssen Sie selbst von Ihrer Aufgabe begeistert sein. Nur so können Sie andere motivieren.** Fragen Sie sich: Wo stehe ich? Was sind meine Bedürfnisse? Werden meine Bedürfnisse vom Unternehmen erfüllt?
2. **Wertschätzende Kommunikation weckt Begeisterung.** Fragen Sie sich: Spreche ich häufiger über Chancen oder über Probleme? Wie oft verwende ich bei meinen Aussagen die Ich-Form und wie oft sage ich »Wir«? Sprechen Sie regelmäßig über eigene Begeisterung? (Der amerikanische Bürgerrechtler Martin Luther King sagte »I have a dream« und nicht »I have a plan«.)
3. **Inspirieren Sie Ihre Mitarbeiter, indem Sie diese in ihrer Selbstverantwortung und Eigenständigkeit unterstützen.** Fragen Sie sich: Weiß ich etwas über die Herkunft und die Kindheitserlebnisse meiner Mitarbeiter? Sind mir die Emotionen, Wünsche und Träume meiner Mitarbeiter fremd oder vertraut? Ist mir klar, wofür meine Mitarbeiter sich begeistern können?

habe mich erst kürzlich wieder erinnert, dass ich mit 16 Jahren Medizin studieren wollte, um eine Krebstherapie zu entwickeln, mit der alle Krebskranken der Welt geheilt werden könnten. Wir haben ja selten einen einzigen Kindheitstraum, sondern phasenweise mehrere. Versuchen Sie, sich an so viel wie möglich davon zu erinnern! Jeder Kindheitstraum ist ein Indikator für Ihre Begeisterungsfähigkeit. Wenn Sie sich nicht mit einem Coach, sondern alleine auf die Suche machen, dann nehmen Sie sich ausreichend Zeit und halten Sie am besten schriftlich fest, woran Sie sich erinnern können.

Gestern Klassenbeste, heute Hartz IV: Das Dilemma der Multitalente

Talente sind da, Fähigkeiten mehr als genug, aber der Funke will nicht überspringen? Ich spreche hier von den Multitalenten, die sich schwertun mit der Begeisterung, weil sie sich oftmals nicht fokussieren können. In meinem Bekanntenkreis ist eine Frau, die immer Klassenbeste war, fließend sechs Sprachen spricht und heute, mit Mitte 40, von Hartz IV lebt. Diese Bekannte war seit ihrer Kindheit und Jugend ein absolutes Multitalent. Egal, ob Sprachen, Naturwissenschaft, Sport oder Kunst – überall hatte sie mühelos Erfolg. Während andere für die Schule und das Studium paukten, schien ihr das Lernen überhaupt keine Mühe zu bereiten. Als Jugendliche war sie einmal in Italien an einer Sprachenschule und hat nach vier Wochen dort am Empfang gearbeitet. Die vier Wochen reichten ihr, um fließend Italienisch zu sprechen. Die Uni verließ sie dann jedoch ohne Abschluss. Sie schlug sich als freie Journalistin durch, machte noch eine Ausbildung als Fotografin und verdiente zwischenzeitlich sehr viel Geld. Im Moment steckt sie fest, und ich wünsche ihr von Herzen, dass sie sich bald für einen neuen Job begeistern kann.

Wer viele Talente hat, braucht Durchhaltevermögen

Das Dilemma dieser hochbegabten Bekannten, die immer alles konnte, aber nie so recht wusste, was sie wollte, kann ich nur allzu gut verstehen. Auch ich hatte viele Talente und dazu sehr verständnisvolle, unterstützende Eltern. Eigentlich ideale Startbedingungen fürs Leben! Doch da war auch immer ein subtiler Druck, den ich gespürt habe. Alle schienen überzeugt, dass aus mir einmal etwas ganz Besonderes wird. Bloß *was*? Wer viele Talente und dazu ein unterstützendes Umfeld hat, der hat es einerseits gut getroffen. Aber er muss sich auch entscheiden können! Und wenn sich jemand entschieden hat, dann heißt es dranbleiben. Bei Rückschlägen nicht aufgeben. Auch Durststrecken überwinden.

Wenn wir für etwas begeistert sind, dann schaffen wir das. Wenn wir aber alles können, uns für vieles mal interessieren, aber für nichts auf Dauer, dann bekommen wir ein Problem. Ich habe Begeisterung mit einem Streichholz verglichen, das unsere Leistungslust entzündet. Ein Streichholz allein reicht nicht für ein Kaminfeuer. Damit will ich sagen: Unsere Begeisterung bringt uns in Schwung. Um unsere Ziele dauerhaft zu erreichen, müssen Willenskraft, Fokussierung, Geduld mit uns selbst und Durchhaltevermögen hinzukommen.

In seinem Buch *Leidenschaft siegt* hat der Autor Mathias Köthe unter anderem Spitzensportler interviewt, darunter die mehrfache Boxweltmeisterin Regina Halmich. Köthes Fazit: Siegertypen im Sport besitzen auf der einen Seite höchste Begeisterung und Leidenschaft und auf der anderen Seite eisernen Willen und Durchhaltevermögen. Sie sind begeistert – aber auch bereit, die Qualen zu ertragen, die ihre Leidenschaft mit sich bringt. Vor allem: Sie wissen genau, was sie wollen. Tatsächlich haben wohl die meisten Sportstars in ihrer Kindheit eine Reihe von Sportarten ausprobiert. Aber dann haben sie sich irgendwann für »ihren« Sport entschieden und sind dabei geblieben. Das war wichtig, um die Begeisterung in Bahnen zu lenken. Und diese Fokussierung und Willenskraft können wir alle von Spitzensportlern lernen.

Transformation: Wie aus Kindheitsträumen erwachsene Begeisterung wird

In der NDR-Reportage *Traumberuf Polizist?*, die auf YouTube abrufbar ist, geht es um einen der beliebtesten Berufe unter Jugendlichen und jungen Erwachsenen: Polizeibeamter. Die Reporter begleiten Polizeischüler und junge Beamte an ihren Einsatzorten Hamburg und Braunschweig. Dabei werden die Uniformierten auch gefragt, ob Polizist ihr Traumberuf gewesen sei. Die Antworten fallen überraschend eindeutig aus: Fast alle in der Doku porträtierten Männer und Frauen sagen, dass sie schon als Kind unbedingt Polizist werden wollten. Eine junge Frau sagt, es sei ihr zumindest immer klar gewesen, dass sie einen »uniformierten Beruf« ergreifen wolle. Bevor sie auf die Polizeischule kam, war sie bei der Marine. Ihr Berufsziel ist die Wasserschutzpolizei. Ein Polizist aus Braunschweig sagt, er habe als Kind im Fernsehen *Großstadtrevier* geschaut, und seitdem sei sein Berufswunsch klar gewesen. So einfach kann es sein! Die Uniformierten haben sich ihren Kindheitstraum erfüllt oder sind dabei, es zu tun.

Bei den meisten Menschen ist es nach meiner Erfahrung mit dem Traumberuf nicht ganz so einfach. Zu diesen Menschen zähle ich mich selbst. Wie Sie bereits gelesen haben, wollte ich als Kind Barbra Streisand sein. Als Jugendliche wollte ich eine Zeit lang Medizinerin werden. Und nach dem Abitur hatte ich das Theater fest im Blick. Mit dem Jurastudium fing ich an, um später Theaterintendantin werden zu können. Zwischenzeitlich sah es in meiner Karriere nicht so aus, als ob von den Kindheitsträumen irgendetwas übrig geblieben wäre. Eine Verlagsleiterin in der Energiewirtschaft oder eine Unternehmensberaterin haben weder mit Barbra Streisand noch mit einer Krebsforscherin oder Intendantin viel gemeinsam.

Manche hatten schon immer ihren Traumberuf, andere sind sich nicht sicher

Wenn ich mich heute an meine Kindheitsträume erinnere, wird mir klar: Ich bin davon gar nicht so weit weg, wie es auf den ersten Blick aussieht. Als »Professional Speaker« stehe ich regelmäßig auf der Bühne und halte Vorträge vor großem Publikum. Das ist zwar kein Vergleich mit Barbra Streisand, doch auf diesem Wege darf das Showtalent in mir jetzt doch noch zum Zuge kommen. Auch als Keynote Speaker sind Bühnentalent, Wirkung und ein begeisternder Auftritt gefragt. Wir sind Impulsgeber, die berühren müssen. Und als Coach bekam ich neulich von einem Klienten das Feedback: »Sie haben mein Leben verändert.« Das ist zwar nicht dasselbe, wie die ganze Welt von der Geißel der Krebserkrankungen zu befreien. Trotzdem dachte ich: Wow! Ich kann Menschen mit meiner Arbeit wirklich helfen! Merken Sie etwas? Ich habe heute integriert, was ich als Kind und Jugendliche machen wollte. Ich lebe meine Kindheitsträume, jedoch in transformierter Form. Was heißt das? Ich habe keine Kehrtwende im Sinne des Entweder-oder-Denkens eingeleitet. Also nicht in dem Sinne, dass ich meine erfolgreiche Karriere gegen ein Zufriedenheitssurrogat eingetauscht hätte – es gab bei mir kein »von der Managerin zur Sängerin«. Ich mag überdies keine Denkmuster, die von Gegensätzen bestimmt sind, wie Gut und Böse, hell und dunkel, schwarz und weiß. Aber seit Kindheitstagen werden wir genau zu diesem trennendem Denken erzogen. Das beginnt schon mit den Märchen, die zwischen Gut und Böse unterscheiden, wobei dann unrealistischerweise immer das Gute siegt. Wir kommen deshalb erst gar nicht auf die Idee, dass es ein Sowohl-als-auch-Denken geben könnte. Aber genau das ist der Schlüssel – beides haben zu können: Erfolg und Zufriedenheit. Oder sogar: durch Zufriedenheit zu noch mehr Erfolg.

Wenn kleine Schritte eine große Wirkung haben ...

Es bedarf oftmals nur kleiner Schritte. Die großen Schritte machen überdies nur Angst und halten davon ab, überhaupt etwas zu ändern. Aber wie sehen diese kleinen Schritte aus? Eigentlich recht simpel – zumindest in meinem Fall. An einem Sonntag habe ich beschlossen, nicht mehr als Partnerin einer Unternehmensberatung zu arbeiten. Am Montag habe ich mit meinen Partnerkollegen ein gemeinsames Mittagessen vereinbart und ihnen erklärt: »Ich höre auf.« Die Gesichter meiner Kollegen erstarrten zwischen Hauptgang und Dessert. Was folgte, war ein totales Abschneiden von der Firma binnen zwei Stunden – gesperrte IT-Zugangsdaten und andere »Klassiker« des Mobbings. Ich war tatsächlich binnen zwei Stunden zur *Persona non grata* geworden. Ich saß im Gefängnis unseres *Monopoly* und durfte nicht mehr über Los gehen und kein Geld mehr einziehen.

Ein halbes Jahr später fing ich an, mein Einzelunternehmen aufzubauen. Die Basis war simpel: Die Kunden wollten mich, nicht mein altes Unternehmen. Eine Erfolgsstory begann – ich habe bereits im ersten Jahr mehr verdient als je zuvor in meinem Berufsleben. Was war passiert? Ich bin meinem Herzen gefolgt. Ich wollte nicht mehr in systemischen Bremsklötzen verharren, sondern konnte endlich wieder gestalten. Da war ich wieder: innovativ, Power pur, manchmal *Enfant terrible* – dafür hatte mich die Branche einst geliebt. Und da wurde mir klar: Größe beginnt bei dir selbst, es bedarf dazu keines aufgeblasenen Organigramms.

Der zweite Blick: Was ist der Kern unserer Wünsche und Träume?

Zugegeben: Nicht jeder Traum lässt sich erfüllen. Manche Kindheitsträume erledigen sich scheinbar von selbst, weil wir reifer werden und andere Talente und Neigungen an uns entdecken. Manche Träume werden uns von anderen ausgeredet. Zum Beispiel, weil die Eltern sagen:»Schauspieler kannst du vergessen, werde lieber Jurist, das ist ein angesehener Beruf, da kannst du gutes Geld verdienen.« Bei einigen Traumberufen müssen wir vielleicht auch einsehen, dass wir uns doch nicht so sehr dafür eignen: Popstars sollten ja besser auch singen können, die Schauspielschule nimmt nur die Talentiertesten auf – und der eine oder andere Polizeibewerber soll schon an der Sportprüfung gescheitert sein. Dennoch fände ich es in allen diesen Fällen falsch, den Traum einfach zu vergessen. Die Chance liegt vielmehr darin, sich zu fragen: Was steckt in der Tiefe dahinter? Worum geht es *eigentlich*?

Ärzte und Polizisten beispielsweise haben gemeinsam, dass sie anderen Menschen helfen wollen. Wer als Kind einen dieser Traumberufe hatte, sollte sich also fragen: Wie kann ich mit meinem bisherigen Werdegang Menschen mehr helfen? Die Schnittmenge zwischen Polizisten und Juristen wiederum ist zum Beispiel das Thema Gerechtigkeit. Wer einmal diese Träume hatte, kann sich fragen: Wo und wie kann ich mich heute für Gerechtigkeit einsetzen? Vielleicht ja sogar als ganz »normaler« Teamleiter in einer Firma? Wer einmal Schauspieler oder Sänger werden wollte, kann sich fragen: Worum ging es mir dabei? Um die Aufmerksamkeit? Oder den Glamour? Oder darum, die Herzen der Menschen zu berühren?

Wünsche und Träume haben viele Facetten, die es zu entdecken gilt

Bei näherer Betrachtung sind unsere Träume selten eindeutig, sondern haben viele Facetten. In ihnen verbergen sich Hinweise auf das, was uns fasziniert und begeistert. Manchmal ist das offensichtlich, manchmal müssen wir länger nachdenken, um darauf zu kommen, worum es »eigentlich« geht. Je mehr wir dem Kern unserer Träume auf die Spur gekommen sind, desto besser wissen wir, wofür wir uns begeistern können. Möglicherweise erkennen wir dann Chancen für mehr Selbstentfaltung, die wir ohne diesen Reflexionsprozess nicht gesehen hätten. Und wer partout nicht in seiner Kindheit und Jugend forschen möchte, kann auch einfach die besonderen Momente im Berufsalltag einmal etwas genauer unter die Lupe nehmen: Was macht bestimmte Situationen besonders? Was könnte dahinter stehen und wie ließe sich mehr davon integrieren?

Unerfüllte Träume – Hinweise auf fehlende Elemente im Beruf

Im Coaching begegne ich immer wieder Menschen, denen anscheinend etwas fehlt. Allerdings wissen die wenigsten das klar zu benennen. Typischerweise winden sich die Klienten so ein bisschen, und als Coach höre ich Sätze wie: »Eigentlich läuft es ja ganz gut.« Oder: »Sich beschweren wäre Jammern auf hohem Niveau.« Oder auch schlicht: »Es geht schon.« Von außen betrachtet ist die »Diagnose« da oft ziemlich eindeutig: Es fehlt die Begeisterung! Etlichen Menschen mangelt es materiell an nichts, sie haben Familie, Freunde und einen gesellschaftlich angesehenen Beruf – emotional sind sie aber nur noch in einem Überlebensmodus. Sie machen weiter, weil sie nicht wissen, wie sie etwas ändern sollen. Ihr Leben funktioniert, doch die Freude fehlt.

»Du-Sollst-Botschaften« reduzieren uns auf einen Überlebensmodus

Menschen, denen die Begeisterung fehlt und die oft nicht so recht wissen, was sie wirklich wollen, haben typischerweise etwas gemeinsam: Auf subtile Weise »werden sie gelebt«, statt ihr Leben wirklich selbst zu bestimmen. Die amerikanische Autorin und Karriereberaterin Barbara

Sher spricht in ihrem Buch *Ich könnte alles tun, wenn ich nur wüsste, was ich will* von »Du-Sollst-Botschaften«, die wir mit uns herumtragen und die uns steuern. Bei manchen Menschen habe ich den Eindruck, dass diese »Du-Sollst-Botschaften« wie ein Radioprogramm sind, das im Kopf die ganze Zeit im Hintergrund läuft. Es ist dann oft nicht einfach, wirklich zu sich selbst zu finden und sich neu für etwas zu begeistern. Im Coaching frage ich gerne hartnäckig: Was fehlt? Was fehlt *wirklich*? Jeder, der unzufrieden ist und wenig Freude empfindet, sollte sich mit dieser Frage intensiv auseinandersetzen.

Echte Begeisterung aus dem »freien Kind« in uns

Bei der Frage, was fehlt, stößt man bald wieder auf unerfüllte Träume und Sehnsüchte aus der Kindheit und Jugend. Warum das so ist, lässt sich auch wissenschaftlich beschreiben. Die von Eric Berne begründete Transaktionsanalyse beinhaltet ein Persönlichkeitsmodell, das bei jedem erwachsenen Menschen drei Persönlichkeitsebenen unterscheidet: Das Kind-Ich, das (eigentliche) Erwachsenen-Ich und das Eltern-Ich. Keine dieser Ebenen ist besser oder schlechter als die anderen. Sie sind alle einfach da und ergänzen sich. Im Kind-Ich (»K«) sind wir ein Leben lang beispielsweise bei Spiel und Spaß. Nicht umsonst spricht man von »kindlicher Freude«. Im Erwachsenen-Ich (»R«) sind wir nüchtern und rational unterwegs und füllen beispielsweise einen Meldeschein aus. Im Eltern-Ich (»L«) sind unsere Normen und Werte, darunter auch die »Du-Sollst-Botschaften« gespeichert. Aus dem »L« heraus sind wir allerdings auch hilfsbereit und fürsorglich.

Auf der Ebene des Kind-Ich hat Eric Berne nun eine wichtige Unterscheidung getroffen: Es gibt das »rebellische« oder auch »angepasste K« und das »freie K«. Den ersten Modus nennt man umgangssprachlich auch »kindisch sein« – und das ist kein erstrebenswerter Zustand. Wir fühlen uns gegängelt durch »Du-Sollst-Botschaften« und begehren regelmäßig dagegen auf. Leider vergebens. Das »freie K« hingegen ist die kindliche Begeisterung in uns, der Motor unserer Kreativität und die Quelle echter Lebensfreude. Dieser positive kindliche Anteil in uns steht uns lebenslang zur Verfügung. Wir müssen diesen Anteil lediglich zulassen.

Prominente wie die Kinderbuchautorin Astrid Lindgren oder der wohl außergewöhnlichste Unternehmer der Welt, Richard Branson, haben vorgemacht, was es heißt, seinem positiven kindlichen Anteil freien Lauf zu lassen. Mit »Virgin Galactic« bietet Branson kommerzielle Ausflüge ins Weltall an, und mit einem Tiefsee-U-Boot will er die tiefsten Stellen der Weltmeere erforschen – um möglicherweise irgendwann Touristen auf den Meeresgrund reisen zu lassen. Er hat stets seine kindliche Fantasie behalten. Der Titel seiner Autobiografie aus dem Jahre 2012 lautet nicht ohne Grund: *Geht nicht gibt's nicht* (Im Original: *Screw It, Let's Do It*). Astrid Lindgrens kindliche Unbefangenheit wurde zum Leitthema ihrer Bücher und Helden, ja letztlich Basis ihrer Erfolge. »Ich mach mir die Welt, wie sie mir gefällt«, nennt es Lindgrens *Alter Ego* Pipi Langstrumpf. Und als Coach habe ich immer wieder erlebt: Das geht! Jedenfalls viel besser, als manche Leute glauben. Wer sich traut, dem »freien Kind« in sich mehr Raum zu geben, der kann auch wieder begeistert sein – als Streichholz für ganz und gar »erwachsene« Leistungen.

Übung

Wenn wir nicht mehr so recht begeistert sind von dem, was wir den ganzen Tag tun, ist es erst einmal Zeit für Ursachenforschung: Was fehlt? Welche Wünsche und Träume sind abhandengekommen? Oder ist vielleicht doch schon viel mehr da, als wir dachten? Die folgende Übung kann zur Klärung beitragen.

Fertigen Sie ein Bild von dem Menschen an, der Sie sind. Nicht nur im Hinblick auf den Beruf, sondern auch auf ihre Wohnsituation, Familie oder Lebensgemeinschaft, Ihren sozialen Status, Ihre Hobbys und Interessen und so weiter. Mit welcher Technik Sie Ihr Bild gestalten, ist nicht entscheidend: Sie können zeichnen, Fotos ausschneiden bzw. am Bildschirm in PowerPoint zusammenfügen oder auch einfach nur Symbole kritzeln.

Sobald Ihr Bild fertig ist, fertigen Sie ein zweites Bild an. Es zeigt den Menschen, der Sie einmal sein wollten oder vielleicht immer noch gerne wären. Wiederum einschließlich des gesamten Umfelds. Sobald auch dieses Bild fertig ist, legen Sie die beiden Bilder nebeneinander. Markieren Sie Übereinstimmungen mit grünen Kreisen und Abweichungen mit roten. Was überwiegt? Überlegen Sie bei Ihren roten Markierungen: Sind es Vernunftgründe, aus denen Sie nicht das sind, was Sie gerne wären? Was spricht dagegen, diese Bereiche zu ändern? Freuen Sie sich schließlich über alle grünen Markierungen: Hier ist Ihr Wille geschehen!

8 Mehr leisten, mehr leben

»Glücksgefühle widerfahren uns nicht einfach – entgegen dem, was die meisten Menschen glauben. Vielmehr sind sie etwas, das wir geschehen machen und das sich daraus ergibt, dass wir unser Bestes tun.«

Mihály Csíkszentmihályi, Psychologe

Auf der Suche nach »Work-Life-Balance« geraten immer mehr Menschen erst recht in eine Stressspirale: Vor dem Büro noch schnell Yoga und nach dem letzten Termin nichts wie auf die Autobahn und zur Familie, damit die »Balance« stimmt. Doch wer Arbeit als Übel betrachtet und Freizeit als »Gegengift«, der hat schon verloren. Leistung, nicht Leerlauf, macht uns lebendig! Vorausgesetzt, wir wissen, wann es mit Aktivität genug ist und wir Regeneration benötigen. Darum geht es jetzt.

Die Neunziger – das war das Jahrzehnt von Bill Clinton und Boris Jelzin, Jürgen Höller und Jürgen Schneider, Love Parade und Bauchfrei-Top. In der deutschen Wirtschaft standen die Zeichen auf Goldrausch: erst Vereinigungseuphorie, dann Börsenboom, schließlich Internet-Hype. Die Beraterszene florierte, Unternehmensberater wurde zum Wunschberuf von BWL-Absolventen, mit Ende 20 winkte ihnen der Porsche. Doch auch dem Normalbürger versprach Buchautor Bodo Schäfer *In sieben Jahren die erste Million.* Am Ende dieses »Jahrzehnts von Party und Gier« (*Der Spiegel*) folgte der Kater: Börsencrash, Millenniums-Panik und Enron-Skandal. »New Economy« wurde von einer Verheißungsvokabel zum Schimpfwort, und von der »Volksaktie« der Telekom, gerade noch von Publikumsliebling Manfred Krug eifrig beworben, wollte niemand mehr etwas wissen. In dieser Zeit zwischen Euphorie und Absturzangst machte ein wissenschaftlicher Begriff erstmals in den populären Medien die Runde: »Work-Life-Balance«.

Ein Mythos aus den Neunzigern: Work-Life-Balance

Von »New Economy« spricht heute niemand mehr. Doch der Begriff »Work-Life-Balance« hat sich gehalten, ja er scheint weiterhin in aller Munde zu sein. Wir sollen bloß aufpassen, nicht zu viel zu arbeiten und keinen Burn-out zu bekommen – und deshalb müssen wir schön auf unsere Work-Life-Balance achten! Der Begriff suggeriert, dass sich das Leben abseits des Arbeitsplatzes abspielt. Folglich müssten wir bei der Arbeit klinisch tot sein. Doch was ist mit den »fröhlichen Vielarbeitern«, die von ihrem Job gar nicht genug bekommen können?

Und was ist mit denjenigen, die in ihrer sogenannten Freizeit bei der freiwilligen Feuerwehr Dienst tun, sich in ihrer Gemeinde zum Bürgermeister wählen lassen, kranke Angehörige pflegen oder am Samstag mit ihrem Nachbarschaftsverein in einem Park den Müll einsammeln? Was ist hier »Arbeit« und was ist »Leben«?

Den eigenartigen Begriff »Work-Life-Balance« versteht wohl nur, wer sich an die Zeit erinnert, in der er populär geworden ist. »Der Arbeitsplatz wird zum Zuhause, das Zuhause zum Arbeitsplatz«, konstatierte die Soziologin Arlie Russell Hochschild im Jahr 1998. Sie lehrte an der Universität Berkeley in Kalifornien, unweit des Silicon Valley. Im »Valley« selbst fuhr damals kaum jemand vor 22 Uhr den Computer herunter. Nachtschichten im Büro gehörten zum guten Ton. Da man die meiste »Freizeit« ohnehin dem Job opferte, sahen auch viele Büros schließlich aus wie Freizeiteinrichtungen – mit bunten Knautschwürfeln, Fitnessbereich und Massageliegen. Selbst brave deutsche Unternehmensberater drehten auf bis zum Anschlag: Nach dem 12-Stunden-Arbeitstag in München ging es mit der letzten Lufthansa-Maschine noch nach Hamburg zur Party mit den Kollegen. Die Firma zahlte alles. »Work hard, play hard«, lautete das Motto.

Die Zeit der Exzesse ist vorbei - wir brauchen eine zeitgemäße Balance

Die Forderung nach Work-Life-Balance – das war wie ein Hilferuf in einer Zeit der Exzesse. Dieselbe Arbeit, die eben noch Börsengewinner und Internetmillionäre hervorgebracht hatte, drohte plötzlich das Leben aufzufressen. Es war tatsächlich einiges aus der Balance geraten, doch daran war weniger die Arbeit schuld als Gier und Maßlosigkeit. Work-Life-Balance ist für mich ein Mythos, den wir dringend entzaubern sollten. In diesem Kapitel möchte ich Ihnen zeigen, warum es nichts bringt, »Arbeit« und »Leben« gegeneinander abzuwägen. Denn Arbeit *ist* Leben! Das Einzige, wovor Sie sich hüten sollten, sind Exzesse und Übertreibungen bei der Arbeit. Manche Experten empfehlen hier schlicht: »Mach mal Pause.«

Wie das Streben nach Work-Life-Balance uns unglücklich macht

Die Zeit der Management-Popstars, wie Ron Sommer oder Thomas Middelhoff, ist lange vorbei. Das solide Wirtschaften des Mittelstands ist heute gefragter denn je. Anders als in den späten Neunzigern sind auch geregelte Arbeitszeiten nicht mehr Zielscheibe von Hohn und Spott. Im Gegenteil: Für die »Generation Y« beginnt der Feierabend wieder um 18 Uhr. Und über die Möglichkeit eines Sabbaticals wird nicht erst kurz vorm Burn-out verhandelt, sondern bereits beim Einstellungsgespräch. Doch obwohl längst wieder so viel Maß und Vernunft eingekehrt sind, will die Vorstellung einer »Work-Life-Balance« einfach nicht mehr aus den Köpfen weichen! Ich merke das zum Beispiel an vielen Anfragen, die ich von Unternehmen bekomme und die sinngemäß lauten: »Können Sie unseren Mitarbeitern zeigen, wie man mehr für seine Work-Life-Balance tut?« Ich kann das nicht, denn ich halte Work-Life-Balance für ein falsches Konzept und ein irreführendes Leitbild.

Nun könnten Sie einwenden, das sei eine rein akademische Diskussion. Sie könnten mir sogar Wortklauberei vorwerfen, weil ich den Begriff Work-Life-Balance schon vom Wortsinn her für absurd halte. Doch ist dieses Thema alles andere als akademisch und theoretisch. Ständig erlebe ich in der Praxis, wie Führungskräfte und leistungsbereite Mitarbeiter mit ihrer vermeintlichen Work-Life-Balance hadern. Sie meinen andauernd, irgendetwas ausgleichen zu müssen, und kommen auf keinen grünen Zweig. Sie besuchen Yogakurse oder schleppen sich zum Sport, weil sie meinen, den »Ausgleich zu brauchen« – auch wenn ihnen zehn Minuten Pause vom Bildschirm bei einem guten Espresso vielleicht viel mehr bringen würden als Sonnengruß oder Crosstrainer. Statt auf ihren Körper und ihre eigene Vernunft zu hören, haben sie sich dem Konzept »Work-Life-Balance« verschrieben. Leider kann dieses Konzept sie auf Dauer nur unglücklich machen.

»Die Schöne und das Biest« – eine Denkfalle

Wer nach Work-Life-Balance strebt, der hat das *eine* Leben, das er lebt, unbewusst schon in zwei Hälften gespalten. Es ist dann wie im Märchen: »Die Schöne und das Biest«. Das gute Privatleben und die böse Arbeit. Zugegeben: Für einen südamerikanischen Bergarbeiter, der unter menschenunwürdigen Bedingungen in einer Silbermine schuftet, mag diese Polarisierung hinkommen. Dort geht es noch zu wie bei

Böse Arbeit, gutes Privatleben? – Das kommt nicht hin

uns vor 200 Jahren. Doch wie ich in Kapitel 1 bereits dargelegt habe: So etwas kann für unsere Arbeitswelt kein Maßstab mehr sein. Wir »malochen« nicht mehr auf die Rente hin wie unter Bismarck. Deshalb kann es auch nicht mehr das Ziel sein, für eine strapaziöse Arbeit in der Kneipe oder auf dem Sportplatz etwas Ausgleich zu finden. Eine alte östliche Weisheit sagt: »Wenn du liebst, was du tust, wirst du nie wieder arbeiten.« Heute ist das viel weniger Utopie, als noch unsere Großeltern es sich vorstellen konnten. Jeder hat die Chance, eine Arbeit zu finden, die ihm wirklich Freude macht. Nicht als Gegenpol seines wirklichen Lebens, sondern als Teil davon.

Wer sich ständig überlastet fühlt, macht vielleicht einfach den falschen Job

Wer heute auf Dauer seine Arbeit mehr als Belastung denn als Erfüllung empfindet, der macht mit hoher Wahrscheinlichkeit den falschen Job. Sinnvolle Arbeit ist ein wichtiger Baustein, um im Leben Zufriedenheit und Erfüllung zu erfahren. Neben der Familie sorgt heute vor allem der Arbeitsplatz für zwischenmenschlichen Austausch und soziale Kontakte. Verschiedenen Umfragen zufolge haben sich zwischen 30 und 40 Prozent aller Ehepaare bei der Arbeit kennengelernt! Umgekehrt ist Langzeitarbeitslosigkeit oft der Weg in die soziale Isolation. Von den gesundheitlichen und psychischen Folgen des Nichtstuns und der mangelnden Anerkennung ganz zu schweigen.

Haben Sie selbst Verantwortung für Ihr gesamtes Leben übernommen?

Das Konzept der Work-Life-Balance erfreut sich nach meiner Beobachtung nicht zuletzt deshalb anhaltender Popularität, weil sich damit von anderen Problemen ablenken lässt. Wenn wir ehrlich zu uns selbst wären, müssten wir uns oft eingestehen, dass unserem Leben die ganzheitliche Harmonie fehlt. Und das vor allem, weil wir nicht bereit sind, selbst die Verantwortung für unser gesamtes Leben zu übernehmen. Aus Bequemlichkeit verharren wir zum Beispiel in unangenehmen Jobsituationen. Es scheint einfacher, nach mehr Work-Life-Balance zu streben, als grundsätzlich etwas zu verändern! Ich kenne das aus eigener Erfahrung nur allzu gut. Über meinen Job als Partnerin einer Unternehmensberatung habe ich hinter vorgehaltener Hand oft geklagt und ihn dennoch lange – aus heutiger Sicht zu lange – weitergemacht.

Work-Life-Balance führt in die Irre, wenn wir nicht bereit sind, für unser ganzes Leben und Arbeiten die Verantwortung zu übernehmen. Was ich jetzt sage, wollen viele Menschen nicht hören, das weiß ich: Es ist nicht die Aufgabe Ihres Chefs, Ihres Unternehmens oder gar der Politik, alle Ihre Probleme zu lösen. Wenn Sie mit Ihrem Job unzufrieden sind und Ihnen die Arbeit so schwerfällt, dass Sie meinen, dafür ständig einen Ausgleich oder eine Entschädigung zu brauchen, dann übernehmen Sie Verantwortung für Ihr Leben, ändern Sie etwas! Erkennen Sie die Realität der Situation an, in der Sie sich befinden, und gestehen Sie sich ein, dass das Ihre Situation ist, für die Sie die Verantwortung tragen. Ursula von der Leyen wollte sich als Bundesarbeitsministerin für geschützte Ruhezeiten in Unternehmen stark machen. Der Deutsche Gewerkschaftsbund forderte sogar, das Arbeitsschutzgesetz durch eine Anti-Stress-Verordnung zu ergänzen. Wo soll das hinführen? Wer nicht auf sich selbst aufpassen kann, den falschen Job macht oder sich mit manischer Arbeitswut von seinen Problemen ablenkt, dem nützt auch keine gut gemeinte Sozialgesetzgebung.

Die Realität sieht doch oft so aus: Viele übernehmen im Arbeitsleben keine Eigenverantwortung für ihre Situation. Oder es wird ihnen im Unternehmen keine Eigenverantwortung zugestanden. Oder beides »ergänzt« sich auf fatale Weise. Diskussionen über flexible Arbeitszeiten oder Elternzeit oder den »Casual Friday« dienen oft nur dazu, diesen Umstand zu kaschieren. Bestimmte Arbeitsbedingungen sind beispielsweise nach wie vor unvereinbar mit einem lebendigen Familienleben mit Kindern. Ein Einzelner kann dies aber nicht von heute auf morgen ändern. Die Bedingungen sind immer so, wie sie sind. Und da gilt es, Verantwortung zu übernehmen und sich klar zu entscheiden: Will ich diesen Job oder nicht? Ist das »mein Ding« oder nicht? Komme ich mit den Rahmenbedingungen klar oder nicht? Wer sich aus der vollen Eigenverantwortung heraus klar entschieden hat, der braucht keine Work-Life-Balance. Aber was dann?

> Wer Verantwortung übernimmt, entscheidet klar: Will ich den Job oder nicht?

Alles im Lot: Alternativen zu Work-Life-Balance

Harmonie, Balance und Ausgleich sind ein menschliches Grundbedürfnis. »Nichts im Übermaß« lautet eine der berühmten Inschriften des antiken Orakels von Delphi. Der Satz drückt eine Grundüberzeugung der gesamten antiken Philosophie aus. Von Aristoteles über Epikur bis Seneca betonen die antiken Denker die Notwendigkeit von Maß und Mitte für ein gelungenes Leben. »Jählings neigt sich der Genuss zum Schmerz, wenn er nicht Maß gehalten hat«, schreibt der römische Philosoph und Staatsmann Lucius Annaeus Seneca (4 v. Chr. – 65 n. Chr.). In der östlichen Weisheitstradition steht das Symbol von Yin und Yang für Harmonie und Balance. Unsere Welt besteht aus lauter Gegensätzen, doch sind diese Polaritäten aufeinander bezogen und bilden im ständigen Austausch und Ausgleich eine Einheit. Zu viel vom heißen, aufstrebenden Yin braucht sofort wieder das kühle, hinabsinkende Yang.

Wir alle brauchen Ausgleich – aber ganzheitlich! Die chinesische Medizin mit ihren »fünf Elementen« strebt, angelehnt an das Prinzip von Yin und Yang, nach einem harmonischen Ausgleich aller Elemente und Prinzipien des Körpers. Die westliche Schulmedizin wiederum kennt das Prinzip des Ausgleichs der Gegensätze als »Sympathikus« und »Parasympathikus« unseres zentralen Nervensystems. Während der Sympathikus für Leistung, Power und Aktivität steht, ermöglicht der Parasympathikus Regeneration, Schlaf, Erholung, gesunde Abwehrkräfte – aber auch Lust und Kreativität. Was bedeutet dieses körperliche und seelische Grundbedürfnis nach Harmonie und Balance nun für das moderne Arbeitsleben? Darauf lassen sich verschiedene Antworten geben.

Zeit und Energie für unterschiedliche Lebensbereiche

Auch wenn wir »Leben« und »Arbeiten« nicht als polare Gegensätze betrachten, lassen sich dennoch bestimmte Lebensbereiche oder Sphären unterscheiden, denen wir über den Tag, die Woche, den Monat und das Jahr jeweils mehr oder weniger Zeit und Energie schenken. Im konservativen Familienmodell – der Ehemann als »Ernährer«, die Ehefrau als Hausfrau und Mutter – zum Beispiel ist der Mann wesentlich mehr mit dem Lebensbereich »Erwerbsarbeit« beschäftigt und die Frau mit dem Bereich »Familie«. Je moderner unser Lebensstil ist, desto mehr mischen sich bei beiden Geschlechtern die Lebensbereiche. Wir übernehmen eine Vielzahl von Aufgaben und wollen verschiedene Rollen ausfüllen. Damit dabei keine unnötigen »Reibungsverluste« entstehen und wir bei den Rollenwechseln nicht ständig Energie verlieren, kann es sinnvoll sein, die einzelnen Lebensbereiche genauer zu analysieren und jeweils bewusster zu gestalten.

Das Modell der »Life-Domain-Balance«, wie es zahlreiche Experten vertreten und beispielsweise die Autoren Eberhard Ulich und Bettina Wiese in ihrem gleichnamigen Buch beschreiben, soll eine solche bewusste Lebensgestaltung erleichtern. In diesem Modell geht es um mehr als bloßes Zeitmanagement. Ziel ist es also nicht allein, unterschiedlichen Lebensbereichen, wie Beruf, Hausarbeit, Kindererziehung, Partnerschaft oder Hobbys, möglichst gleiche oder ausreichend Zeit zu widmen. Sondern es geht darum, diese Lebensbereiche so aufeinander abzustimmen, dass unterm Strich die Lebensqualität steigt. Dabei ist vor allem eines wichtig: Prioritäten setzen. So banal das klingt, so häufig scheitert Lebenszufriedenheit im Alltag genau daran: Wir wollen alles auf einmal und sofort! Und damit erschaffen wir vor allem eines: Stress.

Aus Zeitmanagement und Coaching stammen Ansätze, die bestimmte Lebensbereiche bereits fest definieren und dabei helfen sollen, sich selbst besser zu organisieren. So unterscheidet beispielsweise das Lebens-Balance-Modell von Lothar Seiwert die vier Bereiche Arbeit/Leistung, Familie/Kontakt, Körper/Gesundheit sowie Sinn/Kultur. Im Sinne eines erfolgreichen Selbstmanagements definieren Sie zu jedem Lebensbereich, was Ihnen dort wichtig ist, und leiten daraus Ziele ab, die Sie aufschreiben und später kontrollieren.

Ich finde diese und ähnliche Modelle hilfreich, wenn es darum geht, in ein ziemlich chaotisches Leben einmal wieder ein wenig Ordnung zu bringen. Wer sich total überfordert vorkommt oder das Gefühl hat, im Stress zu versinken, der kann sich auf diese Weise klarmachen, welche Prioritäten er setzt und wo seine Energie eigentlich bleibt. Letztlich sind aber auch diese Ansätze viel zu schematisch, um auf Dauer zu einer ganzheitlichen Lebenszufriedenheit zu führen. Persönliche Prioritäten, Wünsche und Neigungen sind nun einmal sehr individuell. Wie schon erwähnt, gibt es die »fröhlichen Vielarbeiter«, die keine Familie haben, nicht viel Wert auf Kultur legen und trotzdem glücklich sind! Je konkreter all die Balance-Modelle werden, desto

Die meisten Balance-Modelle sind letztlich zu schematisch

fragwürdiger sind sie auch. Letztlich kommt es meiner Meinung nach nur auf eines wirklich an: die richtige, das heißt »natürliche« Balance aus Anspannung und Entspannung.

Die »Mañana-Kompetenz«: Nicht nur Power, sondern auch Pause

In diesem Sinne argumentieren der Mediziner Gunter Frank und die Psychologin Maja Stroch in ihrem gemeinsamen Buch *Die Mañana-Kompetenz*. Ihre These: »Auch Powermenschen brauchen Pause.« Viele Probleme mit vermeintlicher »Work-Life-Balance« haben demnach schlicht die Ursache, dass wir mit unseren zahlreichen Aktivitäten ständig den Bogen überspannen und nicht mehr zur Ruhe kommen: »Effektivitätssteigerung ist das oberste Gebot«, schreibt das Autorenduo. »Was nach Pause oder Müßiggang aussieht, gilt als ungenutzte Zeitressource, die man besser einsetzen kann. Stress-, Zeit- und Selbstmanagementseminare vermitteln, wie man noch schneller, noch effizienter die Zeit nutzbar macht. Und das derart, dass immer der Sympathikus in Aktion tritt.« Den notwendigen Gegenspieler in unserem zentralen Nervensystem, den Parasympathikus, lassen wir heute oft zu kurz kommen. Auch beim Spielen mit dem iPhone oder dem spätabendlichen E-Mail-Checken bleiben wir nämlich im Modus des Sympathikus.

Reflexionsfragen

Gönnen Sie sich während des Tagesablaufs Pausen und kleine Auszeiten? Wenn nein, wo könnten Sie Zeitfenster schaffen, um zwischenzeitlich einmal zur Ruhe zu kommen?

Wann entspannen Sie sich und bei was? Wie lange brauchen Sie, um nach der Arbeit »herunterzukommen«?

Haben Sie persönliche Lieblingsorte? Einen Park, ein Café, eine Joggingstrecke?

Raus aus dem ständigen »Alarmzustand« – und mal wieder in Ruhe nachdenken

Die Lösung nennen Gunter Frank und Maja Stroch »Mañana-Kompetenz«. Dinge auch mal auf morgen verschieben können, eben: mañana. Und vor allem: Den Parasympathikus bewusst aktivieren lernen. Das Problem ist nämlich: Je länger wir im dauernden »Alarmzustand« des Sympathikus unterwegs sind, desto mehr leben wir für die Ziele anderer. Um zu uns selbst zu kommen und *eigene* Ziele zu definieren, brauchen wir hin und wieder Ruhe. Das geht schlicht nicht, wenn wir gestresst sind. Dazu noch einmal Gunter Frank und Maja Stroch: »Wer keine Mañana-Kompetenz besitzt, hat es sehr schwer, ein zufriedenes Leben zu führen. Denn ohne innere Ruhe kann kein Mensch wissen, was er wirklich will. Sein Selbst kann dann nicht arbeiten.«

Sportler wissen es längst: keine Spitzenleistung ohne ausreichende Regeneration. In den Trainingslagern der Spitzensportler gehört der Mittagsschlaf deshalb zum Programm. Und es wird abends früh schlafen gegangen. Ausruhen ist hier keine Zeitverschwendung, sondern notwendig für konstante Leistung. Und nicht nur für Leistung, sondern auch für Kreativität und Gesundheit. Ich sage deshalb: Wer nicht nur powert, sondern wieder mehr Pause macht, kann eine überraschende Entdeckung machen: Die Powerphasen machen wieder Spaß! Denn Leistung macht lebendig. Solange wir es mit Aktivität nicht übertreiben und den Parasympathikus unterdrücken, solange wir unsere Grenzen wahren, macht mehr Leistung uns sogar immer lebendiger!

Wie mehr und bessere Leistung uns lebendiger macht

Mehr leisten, mehr leben – so heißt mein Gegenprogramm zum Mythos »Work-Life-Balance«. Lustvolles Leisten macht Lust auf noch mehr Leistung. Indem wir etwas leisten, uns beweisen und damit erfolgreich sind, fühlen wir uns quicklebendig. Leistung raubt uns nicht unser Leben, sondern schenkt uns Lebensqualität. Fragen Sie einmal Sportler, wie es ihnen während eines Wettkampfs in einem voll besetzten Stadion geht: Sie vergessen die Zeit, sind vollkommen präsent und so lebendig, wie wir es im alltäglichen Leben selten kennen. Leistung ist kein Gift, das ein Gegengift braucht, sondern ein Lebenselixier.

Der Spaß an guter Leistung ist ein Motor der gesamten Evolution

Der Verhaltensbiologe Felix von Cube hat das schon 1998 in seinem Buch *Lust an Leistung: Die Naturgesetze der Führung* – mittlerweile ein »Klassiker« der Führungsliteratur – wissenschaftlich begründet. Lust an Leistung ist für den Wissenschaftler ein wesentlicher Antrieb der menschlichen Evolution überhaupt. Wir probieren neue Dinge aus und streben nach Verbesserungen, weil es uns Spaß macht! Und tatsächlich: Den Computer, auf dem dieser Text entstanden ist, würde es nicht geben, wenn nicht vor über vierzig Jahren Jugendliche wie Bill Gates, Steve Jobs und Steve Wozniak Spaß daran gehabt hätten, Tag und Nacht an technischen Lösungen zu tüfteln.

In einem Interview mit dem *Tagesspiegel* erklärte Felix von Cube vor einigen Jahren das biologische Prinzip so: »Die Verhaltensbiologie erforscht die evolutionären Verhaltensprogramme des Menschen, analysiert sein Fehlverhalten und sucht nach Lösungen. Ein wichtiges Beispiel ist die Herstellung und Aufrechterhaltung des verhaltensökologischen Gleichgewichts durch Lust an Leistung.« Auf die Frage, was das konkret heißt, antwortete der Wissenschaftler: »Wer zuverlässig und auf Dauer gute Leistung bringen soll, muss an der Arbeit Spaß haben. Von der Verhaltensbiologie wissen wir, wie Lust an der Arbeit entsteht: Wenn die Triebdynamik stimmt, wenn der Neugier- und Aggressionstrieb befriedigt werden, wenn das Bedürfnis nach sozialer Einbindung verwirklicht wird.« Zusammenfassend lässt sich sagen: Wir sind von Natur aus auf Leistung programmiert. Deshalb macht gute Leistung uns lebendig. Und deshalb fühlen wir uns zunehmend matt und niedergeschlagen, wenn wir keine ausreichende Gelegenheit mehr bekommen, uns zu beweisen.

In der Arbeit aufgehen und sich gut fühlen

Seit einigen Jahren bin ich nun als Beraterin, Managementcoach und Keynote Speaker selbstständig – und arbeite noch mehr als früher. Der Spruch »Selbstständige arbeiten selbst und ständig« trifft zwar nicht ganz auf mich zu, da ich mir ausreichend Pausen gönne, doch ich leiste sehr viel und diese Leistung macht mir enormen Spaß. Menschen, die mich lange kennen, unter anderem mein Ehemann, geben mir Feedbacks wie: »Seit du selbstständig bist, strotzt du vor Energie.« Dabei musste ich mir zu Beginn meiner Selbstständigkeit manche kritische Bemerkung von ehemaligen und zukünftigen Kollegen anhören. Ob ich denn statt Juristin wirklich »nur« noch Coach oder Speaker sein wollte, fragten mich einige unverblümt. Für mich war das gar keine Frage, denn es kommt nicht nur auf äußeren Erfolg und Status, sondern genauso auf die innere Zufriedenheit an, wie Sie in Kapitel 11 noch genauer lesen werden. Ich mache heute genau den Job, der mir Spaß macht. Meine Leistung in diesem Job macht mich lebendig. Und der Erfolg ist so zum Selbstläufer geworden.

Von Mihály Csíkszentmihályi, dem ungarisch-amerikanischen Psychologen und Erfinder des Begriffs »Flow«, war in diesem Buch schon mehrmals die Rede. Was Csíkszentmihályi in seinem Buch *Flow im Beruf. Das Geheimnis des Glücks am Arbeitsplatz* beschreibt, entspricht genau dem, was ich erlebe, seit ich mich erneut – und dieses Mal alleine – selbstständig gemacht habe: Wenn ich mich mit ungeteilter Aufmerksamkeit einer Tätigkeit widme, die mir wirklich Spaß macht, dann vergesse ich die Uhr. Ich gehe in meiner Arbeit auf und fühle mich richtig gut. Csíkszentmihályi sagt: Routine, Stagnation und Langeweile zerstören dieses Glück. Wir müssen dafür sorgen, dass wir ausreichend gefordert bleiben. Wenn wir es uns zu leicht machen, dann verspielen wir unser Glück bei der Arbeit. Schließlich gibt es neben dem Burn-out auch den »Boreout« – mit ähnlichen Symptomen. Nicht nur zu viel, sondern auch zu wenig Arbeit macht krank, sagen die Schweizer Buchautoren Philippe Rothlin und Peter R. Werder (*Diagnose Boreout, Die Boreout-Falle*).

Wer »Flow« erleben will, muss gefordert bleiben

Natürlich können wir »Flow« auch beim Sport oder im Urlaub erleben. Der »Flow im Beruf« hat jedoch den zusätzlichen Vorteil, dass wir durch gute Leistungen unseren Lebensstandard erhöhen, an Selbstbewusstsein gewinnen und uns aus eigener Kraft Sicherheiten schaffen. Das schafft positive, befriedigende Gefühle, die uns wiederum zur Leistung motivieren. Was sich gut anfühlt, davon wollen wir mehr – so einfach ist das. Und noch etwas hat Mihály Csíkszentmihályi herausgefunden: Komplexität fördert den Flow! Viele klagen heute über zunehmende Komplexität: immer neue Apps auf dem Smartphone, immer mehr Features im Auto – und nicht mal mehr eine Fahrkarte für die Regionalbahn lässt sich kaufen, ohne sich auf dem Touchscreen des Ticketautomaten durch etliche Menüebenen zu arbeiten.

Die zunehmende Komplexität des Lebens und Arbeitens ist jedoch gut für uns. Wir brauchen neue Herausforderungen! Ohne neue Herausforderungen kämen wir irgendwann nicht mehr in den Flow. Erinnern Sie sich, wie die Sudokus in deutschen Tageszeitungen populär wurden? Nachdem alle wussten, wie man diese Zahlenrätsel löst, wurde der Schwierigkeitsgrad sukzessive gesteigert. Bald gab es in einer Zeitungsausgabe nicht mehr nur ein Sudoku, sondern drei: »Einfach«, »Mittel« und »Schwer«. Sonst wäre den Lesern auch langweilig geworden.

Me-Time – das Geheimnis von Glück und Balance im Alltag

Als ich Partnerin einer Unternehmensberatung war und mir meine viele Arbeit weder Spaß machte noch mich innerlich befriedigte, saß ich beinahe täglich in einem Büro an der Friedrichstraße/Ecke Französische Straße in Berlin. Nur einen Häuserblock weiter, zwei Minuten Fußweg entfernt, befindet sich der Gendarmenmarkt. Dieser Platz in der historischen Mitte Berlins, mit dem imposanten Schauspielhaus von Karl Friedrich Schinkel sowie dem Deutschen und dem Französischen Dom, gilt als einer der schönsten Plätze Europas. Mir blieb die Schönheit des Platzes im Alltag lange verborgen, denn ich habe den Gendarmenmarkt in diesen Zeiten nie betreten.

Es wäre ein Leichtes gewesen, in der Mittagspause oder am Nachmittag eines der zahlreichen Cafés rund um den Platz aufzusuchen und bei einem guten Espresso einfach ein paar Minuten zu verweilen, die Batterien aufzuladen und auf andere Gedanken zu kommen. Tatsächlich kam ich morgens ins Büro, aß zwischendurch schnell einen Happen, trank meinen Espresso am Schreibtisch und marschierte abends nach 12 oder 14 Stunden Arbeit geradewegs zurück zum Auto. Weder der Gendarmenmarkt noch all die anderen schönen Ecken in Berlin-Mitte existierten für mich. Ich hätte genauso gut in einem Industriegebiet in Sindelfingen arbeiten können.

Für »Me-Time« braucht es nicht viel – doch die Wirkung ist enorm

Heute gestalte ich meinen beruflichen Alltag anders. Ich arbeite, wie gesagt, sehr viel. Doch immer, wenn ich geschäftlich in einer anderen Stadt unterwegs bin, gehe ich zwischendurch in ein Café. Ich bin eine Kaffeeliebhaberin und weiß einen guten Espresso zu schätzen. Inzwischen kenne ich in vielen Städten Cafés, die wegen ihres guten Kaffees und einer stilvollen Einrichtung den Besuch lohnen. Dort setze ich mich eine Weile hin, um entweder nur die Menschen zu beobachten oder ein wenig zu lesen. Aber bitte keine schwere Lektüre! Ich habe immer einen Roman dabei. So kann ich hin und wieder mal gedanklich in eine andere Welt eintauchen.

Die Amerikaner nennen diese kleinen Auszeiten im Alltag »Me-Time«. Dieser Ausdruck »Ich-Zeit« gefällt mir sehr gut. Denn darum geht es: jeden Tag immer mal wieder Zeit für sich selbst haben. Innerlich zur Ruhe kommen. Sich für kurze Zeit frei machen von den Wünschen und Bedürfnissen, die andere ständig an einen herantragen. Meine »Me-Time« zwischendurch besteht vor allem aus einem Espresso und möglichst auch einem Café. Andere machen vielleicht einen kleinen Spaziergang oder setzen sich in einem Park auf eine Bank. Ein Bekannter hatte früher immer eine Jahreskarte der Staatlichen Museen und hat oft mittags kurz eines oder zwei seiner Lieblingsgemälde »besucht«. Wenn Sie schon einmal in Zürich waren, dann wissen Sie vielleicht, dass es in der Innenstadt lauter kleine Freibäder gibt, wo die Büroangestellten im Sommer zwischendurch eine Runde schwimmen gehen. Auch so lässt sich herrlich ein wenig »Me-Time« genießen, bevor es zurück an den Schreibtisch geht.

Die neue Lust auf Leistung bedeutet gerade nicht, dass wir alles aus unserer Zeit herausholen, jede Minute verplanen und uns noch bei der kleinsten Kaffeepause vorwerfen, es sei doch eigentlich besser, weiter zu arbeiten. So haben es die Workaholics der letzten 15 Jahre gemacht, bis ihre Kartenhäuser auf den Finanzmärkten zusammengebrochen sind. Nein, Leistung, die lebendig macht, macht auch Lust, an sich selbst zu denken. Je mehr wir geleistet haben, desto mehr sollten wir auch unsere »Me-Time« genießen. Wer freudig für andere etwas leisten kann – vor allem für seine Kunden – und gleichzeitig ohne Skrupel an sich denken und sich etwas gönnen kann, für den ist Leben und Arbeit eins. Und der ist wirklich in der Balance.

Übung

Was macht Sie lebendig – Leistung oder Nichtstun? Mit dem folgenden Selbsttest können Sie einmal die Probe aufs Exempel machen. So manchen »Flow« machen wir uns gar nicht bewusst – denn es ist ja gerade das Merkmal dieses Zustands, dass wir voll und ganz bei der Sache sind.

Scannen Sie über mehrere Tage, am besten fünf Tage lang, den Level Ihrer Lebendigkeit im Alltag. Lassen Sie sich circa alle zwei Stunden (oder wie es Ihnen terminlich möglich ist) von Ihrem Smartphone erinnern. Schätzen Sie dann auf einer Skala von 1 – 10 Ihr aktuelles Gefühl von Lebendigkeit ein. Notieren Sie dahinter kurz, was Sie gerade tun.

Am Ende der Testtage werten Sie Ihre Ergebnisse aus. Wo waren die Spitzen? Was haben Sie getan, als Sie sich besonders lebendig gefühlt haben? Hätten Sie das Ergebnis so erwartet oder sind Sie überrascht?

9 Lustressourcen für mehr Leistung

> »›Lustmanagement‹ ist das, was man als Unternehmen oder Manager tut, um Mitarbeitern Werte zu bieten, und dadurch auch Kunden Werte bieten zu können.«
>
> Salem Samhoud, Unternehmer, Berater und Autor

Lust als Schlüssel zur erfolgreichen Arbeit, darum geht es in diesem Kapitel – und damit tun sich manche immer noch schwer. Wir sind kulturell anders geprägt. »Die Freuden der Pflicht« galt vor Jahrzehnten als typisches Aufsatzthema und wurde von Siegfried Lenz im Roman *Deutschstunde* literarisch verarbeitet. Ein wenig Freude ja – aber Lust? Heute sollten wir uns zugestehen: Doch, es geht wirklich um Lust, Spaß, Emotion! Je mehr wir unsere Lust kultivieren und als Ressource begreifen, desto besser werden auch die Ergebnisse.

Habe ich überhaupt Lust zu dem, was ich gerade tue? – Diese Frage stellte ich mir zum ersten Mal während meiner Studienzeit. Ich hatte mich ins Jurastudium gestürzt, ohne mir groß Gedanken zu machen, wie sich das anfühlen würde. Es schien eine kluge Entscheidung. Ich wollte ja Theaterintendantin werden, und ein angesehener Intendant hatte mir gesagt: »Studiere etwas Gescheites und bleibe deiner Passion treu.« Genauso würde ich es machen. Und deshalb zunächst einmal Juristin werden. Erst als ich jeden Tag das juristische Seminar in Tübingen betrat, wurde mir klar, worauf ich mich emotional eingelassen hatte. Die juristische Fakultät war in verschiedenen Altbauten aus der Zeit des Deutschen Reichs untergebracht. Trotz moderner Einrichtung verströmten diese Bauten die freudlose Schwere autoritärer Zeiten. Ich ging mein Studium mit großem Elan und Fleiß an. Aber ich spürte mich nicht. Manchmal erwischte ich mich bei dem Gedanken: Eigentlich hast du doch gar keine Lust dazu. Meine guten Noten verhinderten jedoch, dass ich aufgab. Denn offensichtlich schien mir Jura zu liegen.

Arbeit als kopfgesteuerte Routine?

Der Wechsel nach Freiburg änderte vieles, ja eigentlich alles. Zwar blieb ich der Rechtswissenschaft treu. Doch in einer anderen Stadt, mit neuen Menschen, in einem weltoffenen geistigen Klima und mit einem spannenden Spezialgebiet – dem internationalen Strafrecht –, in das ich mich mehr und mehr einarbeitete, kam plötzlich wirkliche Lust ins Spiel. Ich war nicht mehr nur in meinem Kopf, sondern spürte bei der Arbeit meinen ganzen Körper und erlebte mich voll von geballter positiver Energie. Jetzt auf einmal ging ich in meinem Studium richtig auf. Ich reflektierte, was ich tat, und begriff es als Teil von mir. Bei der Doktorarbeit steigerte sich das noch. Ich begeisterte mich für die Inhalte. Es hatte mich wirklich gepackt! Endlich kein schablonenhaftes Lernen mehr, sondern mein ganz eigenes Thema. Und auch noch eines, das für die Weltgemeinschaft wichtig war.

Die Ernüchterung folgte prompt während des Referendariats, das alle Juristen zwischen dem ersten und dem zweiten Staatsexamen absolvieren. Bei den Justizbehörden in Rheinland-Pfalz, wo ich die Stationen meines Referendariats durchlief, erlebte ich eine geradezu kafkaeske Stimmung: graue Gänge, muffige Räume und abweisende Gesichter. Ich fühlte mich wie abgeschnitten von meiner Energie. Noch einmal die Schulbank drücken, Dinge lernen, von denen man weiß, dass sie in dieser Komplexität fürs spätere Berufsleben gar nicht von so großer Bedeutung sein werden – allein das war schon anstrengend. Doch dann noch diese Stumpfheit! Unreflektierte, kleinkarierte Menschen, die sich selbst am meisten anzuöden schienen. Mir verging jede Lust. Die Zeit bis zum zweiten Staatsexamen wurde zur Qual. In meinem weiteren Berufsleben habe ich solche Achterbahnfahrten der Gefühle dann leider noch manches Mal erlebt.

Heute als Coach weiß ich, dass es vielen Menschen so geht. Wir sind bei der Arbeit zu sehr verkopft und vergessen zuweilen, dass wir einen Bauch oder gar ein Herz haben, sprich: Wir spüren unseren Körper nicht. Natürlich können einem die Füße wehtun, wenn man den ganzen Tag auf den Beinen war, oder man kann nach Stunden in einer Sitzung Verspannungen im Rücken haben. Aber das meine ich ja nicht mit »den Körper spüren«. Ich meine vielmehr den positiven Energiefluss im Körper und den kraftvollen Atem, den wir auch bei rein geistiger Arbeit deutlich spüren, wenn unsere Arbeit wirklich erfüllend ist. Ich meine die freudige Wachheit, die nicht erst durch jede Menge Kaffee künstlich erzeugt werden muss. Ich meine schließlich ein körperliches Wohlgefühl, ein Getragensein im Hier und Jetzt, das manchmal sogar die fällige Pause vergessen lässt. Das ist wirkliche Lust! Und deshalb ist es so wichtig, Leistung lustvoll zu erbringen: Weil die Lust die positive Verbindung zu unserem Körper ist!

Die Verbindung von Geist und Körper

Im Arbeitsleben überlassen es nach wie vor die meisten Menschen dem Zufall, ob sie sich lebendig fühlen und sich lustvoll spüren oder nicht. Schon in der Schule haben wir gelernt, dass es einen Lehrplan zu erfüllen gibt und jeder Tag dafür im Prinzip gleich gut ist. Das Pensum muss erfüllt werden, unabhängig vom Wetter, vom Biorhythmus oder der Stimmung, die gerade unter den Schülern herrscht. Kaum jemand kommt auf die Idee, dass an einem trüben Tag oder bei gedrückter Stimmung wegen einer schwierigen Situation, die die Schüler belastet, mehr Lustressourcen mobilisiert werden müssen als sonst, damit gute Leistung gelingen kann. Die Schüler haben immer gleich gut zu funktionieren. Mit einer Ausnahme: bei großer Hitze im Hochsommer. Zu meiner Schulzeit gab es eine bestimmte Temperatur, die in den Klassenräumen gemessen wurde, ab der es im Ermessen des Schuldirektors lag, den Schülern Hitzefrei zu geben.

Wenn das Lustgefühl zurück ins Spiel kommt

Natürlich freuten sich die Schüler über Hitzefrei! Oft strömten sie dann ohne Umwege in die Freibäder. Doch was, wenn es zwar heiß war, aber noch nicht heiß genug für Hitzefrei? Dann verlegten manche Lehrer den Unterricht nach draußen. Sie gingen mit ihren Schülern auf eine duftende Blumenwiese oder ließen sich unter einem schattigen Baum nieder. Und das Verblüffende war: Diese Schulstunden machten nicht nur viel mehr Spaß als andere, sondern waren auch die effektivsten. Eigentlich war man nur vor der Hitze »geflohen« – doch durch die Verbindung mit der Natur, der Sonne und dem leichten Sommerwind auf der Haut wurden bei den Schülern Lustressourcen aktiviert! Diese Unterrichtsstunden im Freien waren niemals langweilig. Plötzlich machte Lernen Spaß und fühlte sich wunderbar leicht an.

Die Sinneswahrnehmung schärfen und sich mehr spüren

Als Erwachsene kümmern sich heute viele nicht einmal bei großer Hitze um ihre Lustressourcen. Viele beißen die Zähne zusammen und ziehen ihren Terminplan durch, egal wie heiß es ist. Sie schneiden sich von ihren Gefühlen ab und unterdrücken das natürliche Bedürfnis, an den schönsten Tagen des Jahres Zeit im Freien zu verbringen. In manchen Unternehmen wird bei Hitze einfach die Klimaanlage hochgedreht, während die Sommersonne durch die Fenster knallt. Der Körper gerät so maximal unter Stress, weil er nicht weiß, ob er sich auf die warmen Sonnenstrahlen oder die kühle Luft einstellen soll. Manche Büromenschen sind heute so von ihrem Körper abgeschnitten, dass sie solch ein Dilemma gar nicht bemerken.

Reflexionsfragen

Schauen Sie andere Menschen genau an, wenn Sie mit ihnen sprechen? Beobachten Sie Ihr Gegenüber?

Achten Sie auf Wortwahl und Ton bei Ihren Gesprächspartnern? Oder versuchen Sie, so schnell wie möglich die Sachinformation herauszufiltern?

Spüren Sie bei der Arbeit? Drücken Sie Freude oder Ärger spontan körperlich aus? Was passiert da?

Menschen beobachten und ihnen genau zuhören

Einmal hatte ich eine Coaching-Klientin, die mit ihrem Job als Juristin sehr unzufrieden war. Auf mich wirkte sie sehr »verkopft«, das heißt abgeschnitten von ihren Gefühlen und damit von ihrem restlichen Körper. Ich habe ihr als ersten Coaching-Impuls geraten, ihre Sinneswahrnehmung im Alltag wieder zu schärfen. Ich bat sie, ganz genau hinzuhören, wenn ein Kollege oder ein Mandant mit ihr spricht. Wie klingt die Stimme? Was ist die Sprachmelodie? Was schwingt in den Worten mit? Ich schlug ihr außerdem vor: »Schauen Sie sich Ihre Kollegen in der Sitzung genau an. Beobachten Sie die Menschen, statt nur auf Ihre Unterlagen zu starren und in Ihren eigenen Gedanken gefangen zu sein.« Auch beim Mittagessen in der Kantine sollte sie ganz genau schmecken, was sie gerade isst. Ja, ich bat sie, jeden Espresso, den sie zwischendurch trinkt, deutlich auf der Zunge zu spüren.

Durch diese einfache Übung öffnete sich für die Klientin eine Tür. Sie kam wieder in Kontakt mit angenehmen Sinneswahrnehmungen und damit auch mit ihrer Lust. Indem sie genau beobachtete, zuhörte und spürte, öffnete sie sich neu für das, was ihr bei der Arbeit Spaß machte. Im nächsten Schritt konnte sie dann nachspüren, auf welche Art von Arbeit sie noch mehr Lust hätte. Erst ganz am Schluss stand die nüchterne Überlegung, ob eine berufliche Veränderung nötig war oder ob es genügte, bei der bestehenden Arbeit mehr Lustressourcen zu aktivieren. Wer Lust auf Leistung empfinden will, muss auch in der Lage sein, diese Lust zu spüren. Lust spielt sich nun einmal nicht allein im Kopf ab. Wir können Lust nicht »denken«, sondern allenfalls durch positive Gedanken die Lust verstärken. Gespürt werden will sie im ganzen Körper.

Nur sinnliche Arbeit ist sinnvolle Arbeit

Sinn und Sinnlichkeit sind sprachlich eng verwandt. Ich vertrete in diesem Kapitel die These, dass nur sinnliche Arbeit auch sinnvolle Arbeit sein kann. Diese Behauptung mag einige Leser überraschen. Damit wir uns nicht missverstehen: Mit sinnlicher Arbeit meine ich nicht oder jedenfalls nicht ausschließlich körperliche oder körperbezogene Arbeit. Es geht mir um die sinnliche Erfahrung bei jeder Form von Arbeit – auch und gerade der sogenannten Kopfarbeit! Bereits viele Redewendungen deuten darauf hin, dass uns Sinnlichkeit im Alltag stets begleitet: Wir sagen etwa, dass wir »den Braten riechen«, wenn sich eine unangenehme Situation anbahnt. Manche Manager »sehen schwarz« für das nächste Geschäftsjahr, während andere »frischen Wind spüren«. Ich sage: Schärfen wir täglich unsere Sinneswahrnehmung! So wird mehr Lust an Leistung möglich.

Erst wenn wir sinnlich wach sind, wenn wir zuhören, beobachten, fühlen, riechen, was gerade passiert, können wir auch vollen Zugang zu unseren Lustressourcen bekommen und diese aktivieren. Das Paradoxe: Viele sind heute mit Sinnes*reizen* überflutet und gleichzeitig von ihrer Sinnes*wahrnehmung* abgeschnitten. Computer oder Smartphones geben permanent Töne von sich, Facebook oder Google News überschütten uns mit immer neuen Fotos, und das »Aroma« einer modernen Großstadt ist oft nur noch zu ertragen, wenn wir nicht allzu tief atmen. Reduzieren Sie Sinnesreize, die von außen auf Sie einströmen, damit Sie sich Ihrer eigenen Sinneswahrnehmung wieder mehr öffnen können. Nehmen Sie auch Dinge bewusst sinnlich wahr, denen Sie bisher keine oder nur wenig Aufmerksamkeit geschenkt haben.

Reizüberflutung abschalten und wieder mit offenen Sinnen leben

Diese Rückkehr zu mehr Sinnlichkeit kostet Sie vielleicht ein wenig Geduld und meistens einiges an Übung. Es ist jedoch tatsächlich eine

Rückkehr, denn der Zustand sinnlicher Verbundenheit ist der natürliche Zustand des Menschen, von dem wir uns mehr und mehr entfernt haben. In vieler Hinsicht sehe ich mich hier selbst noch am Anfang und mitten in einem Lernprozess. Kurz vor meinem Burn-out habe ich eklatant erlebt, was es heißt, von der sinnstiftenden Sinnlichkeit abgeschnitten zu sein. Ich lief gebückt und atmete flach. Meine Körperspannung habe ich zeitweise gar nicht mehr gespürt. Heute habe ich wieder einen ruhigen, tiefen Atem. Auch in äußerlich stressigen Situationen. Ich entdecke mehr und mehr Lustressourcen und aktiviere sie. Allerdings habe ich den großen Vorteil, selbstständig zu sein. Werfen wir deshalb als Nächstes einen Blick auf die Rahmenbedingungen in Organisationen. Was hemmt hier die Lustressourcen und wie können sie aktiviert werden?

Standortfaktor Freude: Lustressourcen im Unternehmen

Wie sieht Ihr Traumarbeitsplatz aus? Mein Mann Christian hatte früher seine Anwaltskanzlei an der Köpenicker Straße in Berlin-Kreuzberg. Ich freute mich jedes Mal, wenn ich Christian dort besuchen konnte. Dieses Büro habe ich geliebt! Das Gebäude wurde 1911 im Jugendstil als Wohnhaus und Fabrik errichtet. Es steht auf einem fast 1500 m² großen Wassergrundstück direkt an der Spree. Die Kanzlei befand sich in der ehemaligen Marmeladenfabrik mit freiem Blick bis zum anderen Ufer in Friedrichshain. Durch die Fenster sah man die Touristendampfer auf der Spree vorbeifahren. Manchmal konnte man hören, wie die Reiseführer den Besuchern erzählten, in dieser historischen Fabrik befinde sich heute eine große Anwaltskanzlei. Das loftartige Büro war lichtdurchflutet und ließ mich als Besucherin sofort aufatmen. Hier muss Arbeit Spaß machen, dachte ich.

Als besonderes Highlight stand im Flur ein ausgewachsener Konzertflügel. Und der war nicht bloß Dekoration: Immer, wenn ein Mitarbeiter Geburtstag hatte, versammelten sich hier alle, um dem Geburtstagskind, begleitet vom Klavier, ein Ständchen zu bringen. Dieser Flügel und das Singen zu jedem Geburtstag – das war für mich der Inbegriff von Lebensfreude! Wie trostlos sind dagegen so manche Büros, die ich in den vergangenen Jahren als Unternehmensberaterin besucht habe ... Jetzt höre ich schon den Einwand, das sei ja alles auch eine Geldfrage. Stimmt. Doch ich kenne etliche Unternehmen, denen es wirtschaftlich glänzend geht und die ihre Mitarbeiter trotzdem in trostlosen Betonbunkern mit Resopal-Möbeln unterbringen. Gerade in Großkonzernen fließt oft mehr Geld in eine Flotte von Luxuslimousinen als in eine Arbeitsumgebung, in der Menschen sich wohlfühlen.

Wo wir arbeiten, ist nicht egal: Lustfaktor Arbeitsumgebung

Wer sich von seinen Gefühlen weitgehend abgetrennt hat, dem kann es vollkommen gleichgültig sein, wo er arbeitet. Alle anderen spüren die Besonderheit eines Orts und wie dessen spezielle Energie sie verändert. Kann ich hier aufatmen oder bleibt mir fast die Luft weg? Empfinde ich einen Ort als ästhetisch schön? Lade ich gerne Kunden oder Partner hierher ein? Inspiriert mich diese Umgebung? Kann ich meinen Geist zwischendurch einmal schweifen lassen? Finde ich Möglichkeiten vor, meine Pausen angenehm zu gestalten und mir zwischendurch »Me-Time« zu gönnen? Alles das hat unmittelbaren Einfluss auf die Lust an Leistung und die Qualität der Arbeit. Dabei gilt selbstverständlich auch hier: Menschen sind verschieden. Es gibt nicht *die* ideale Arbeitsumgebung. Vielmehr fühlen sich unterschiedliche Persönlichkeitstypen an unterschiedlichen Orten unterschiedlich wohl.

So gibt es zum Beispiel Menschen, die gerne mitten in der Großstadt arbeiten und es lieben, in der Mittagspause eines der zahlreichen Restaurants aufzusuchen oder nach der Arbeit noch shoppen zu gehen. Anderen ist das viel zu laut und hektisch. Sie würden gerne naturnah mit Blick ins Grüne arbeiten. Moderne Unternehmen diskutieren mit ihren Mitarbeitern über die Standortwahl beziehungsweise mögliche Ortswechsel und versuchen, einen breiten Konsens zu finden. Oft finden sich in einer bestimmten Branche ohnehin Menschen mit ähnlichen Geschmäckern zusammen. Mindestens so wichtig wie der Standort ist die Ausgestaltung des Arbeitsplatzes. Lieblose Arbeitsplätze im Einheitslook, womöglich noch aus Materialien, die gesundheitsschädliche Stoffe ausdünsten, sind immer noch weit verbreitet. Niemand würde so wohnen wollen, wie manche arbeiten müssen. Dabei könnte schon ein kleiner Besuch bei Ikea genügen, um zu sehen, mit welch einfachen und preiswerten Mitteln sich mehr Atmosphäre schaffen lässt.

<small>Lustressourcen im Unternehmen systematisch heben</small> Entscheidend ist, Lustressourcen im Unternehmen systematisch aufzuspüren und zu heben. Es genügt nicht, hier oder da mal einen Blumentopf hinzustellen. Was wünschen sich Mitarbeiter wirklich? Wie lässt sich das Wohlgefühl deutlich steigern? Das gemeinsam herauszufinden, ist ein längerer Prozess. Triste Großraumbüros, die allein dem Gedanken der Effizienz auf kleinstem Raum entsprungen sind, haben in den vergangenen Jahren viel dazu beigetragen, dass Menschen die Lust auf Leistung vergangen ist. In einer Umgebung, die den Stresspegel bereits stark erhöht, ist es extrem schwierig für den Einzelnen, noch persönliche Lustressourcen zu mobilisieren. Wo die Lust aber bereits stimuliert und gefördert wird, da ist es auch leicht, an die persönlichen Lustquellen heranzukommen. In den nächsten Jahrzehnten werden wir vielerorts eine ganz neue Arbeitsarchitektur erleben. Es ist jetzt höchste Zeit, sich darüber Gedanken zu machen.

Sich freudig miteinander austauschen: Lustfaktor Kommunikation

Das bedeutendste Instrument für mehr Arbeitslust in Unternehmen wird häufig übersehen: Kommunikation. Wo der Austausch zwischen Menschen gefördert wird und eine positive Kommunikation herrscht, dort ist es leicht, Lustressourcen für mehr Leistung zu mobilisieren. Wenn ich in Unternehmen komme und mich dort umsehe, dann kann ich an den Kommunikationsstrukturen häufig schon ablesen, wie es um die Unternehmenskultur tatsächlich bestellt ist. Eine hierarchische Kommunikation mit hohen Informationshürden ist oft Unlustfaktor Nummer eins für die Mitarbeiter. Leider ist es in vielen Unternehmen immer noch so, dass die wirklich wichtigen Informationen nur unter den Geschäftsführern und Vorständen, maximal unter den mittleren Führungskräften kursieren. So entsteht Misstrauen. Was ich dann auf den Fluren höre, sind Sätze wie: »Die da oben hecken gerade was aus und wir erfahren es wieder mal als Letzte.« Manchmal werden Mitarbeiter in Unternehmen durch das Abschneiden vom Informationsfluss regelrecht kaltgestellt. Das ist nicht nur ein unmenschlicher Vorgang, sondern auch organisational gesehen völliger Blödsinn und kontraproduktiv.

Dieselben Spitzenmanager, die Informationen gerne für sich behalten, wollen oft Facebook und andere Social Media während der Arbeitszeit verbieten. Bevor wir hier überhaupt über Themen wie Sicherheit und Vertraulichkeit sprechen, möchte ich diese Manager einmal fragen: Was glauben Sie denn, warum Facebook bei Ihren Mitarbeitern so beliebt ist? Dazu fällt manchen gar nichts ein. Dabei ist die Antwort so simpel: Menschen lieben den lebendigen, ungezwungenen Austausch! Das erklärt ja überhaupt erst den Siegeszug von Facebook & Co. Wir suchen die ständige, positive Kommunikation mit allen anderen. Wo diese gefördert wird, da entsteht pure Lust. Ein »Gefällt mir« ist Anerkennung in reinster Form. Gerne kommt jetzt der Einwand, nicht alle Informationen seien für alle Mitarbeiter überhaupt interessant. Das stimmt. Doch entscheidend ist der *Zugang* zu den Informationen.

> Lebendiger Austausch zwischen allen bedeutet pure Lust

Wo alle Mitarbeiter die Gewissheit haben, sich jederzeit über alles informieren zu können, dort herrscht eine wirklich offene Kommunikationskultur. Weltweiter Vorreiter war und ist hier das von Ricardo Semler gegründete brasilianische Unternehmen Semco. In dem Mischkonzern mit über 3000 Mitarbeitern hat jeder Angestellte Zugang zu sämtlichen Informationen, einschließlich der Gehälter und der jeweils aktuellen Geschäftszahlen. Das ist nun schon seit über 20 Jahren so, und Datenpannen oder Missbrauchsfälle hat es noch nie in nennenswertem Umfang gegeben. Heute machen es die neuen Technologien besonders leicht, eine offene Kommunikationskultur zu schaffen. Yammer zum Beispiel, eine Tochter von Microsoft, ermöglicht es Firmen, ein internes soziales Netzwerk – sozusagen ein »eigenes Facebook« – zu schaffen. Und über das Intranet können Informationen für alle bereitgestellt werden, ohne Mitarbeiter zu belasten, die diese Informationen im Moment gar nicht haben wollen. Ziel eines jeden Unternehmens sollte es sein, eine wertschätzende, vertrauenswürdige Kommunikation zu pflegen. In ihr ist dann vielleicht sogar Platz für Humor! Das könnte die Parallelwelten in den Firmen – bestehend aus Toilettensprüchen und Gerüchteküchen – schrittweise beseitigen.

Wie es mir gefällt: Persönliche Lustressourcen

Der »personal touch« im Büro
Als ich Verlagsleiterin eines Fachverlags in Berlin wurde, war eine meiner ersten Amtshandlungen, eine Wand in meinem Büro in einem satten Rot streichen zu lassen. Sofort fühlte ich mich in dem Raum ganz anders als mit einheitlich weiß gestrichenen Wänden. Das Rot knallte richtig und gab mir pure Energie. An eine der weißen Wände stellte ich dann noch ein rotes Samtsofa. Auch dieses Sofa schuf sehr viel Atmosphäre. Man erwartet ja auch nicht unbedingt ein rotes Sofa in einem Büro. Mir hat es Spaß gemacht, Besuchern einen Espresso zu kredenzen und sie einzuladen, es sich auf dem Sofa bequem zu machen. Manche Besucher hoben ein wenig die Augenbrauen, als sie sahen, dass ich auch eine Stereoanlage im Büro hatte. Wenn ich alleine konzentriert arbeiten wollte, schloss ich die Bürotür und hörte leise klassische Musik. Durch die Musik fühlte ich mich inspiriert und arbeitete zügig und konzentriert.

Warum persönliche Freiheiten so wichtig sind

Rückblickend bin ich froh, damals einen Arbeitgeber gehabt zu haben, der mir die Freiheit ließ, Wände neu zu streichen sowie eigene Möbel und elektronische Geräte mitzubringen. Diese Freiheit ließ ich meinen Mitarbeitern im Verlag selbstverständlich auch. Ich habe mich überdies nach schönen und interessanten Kunstwerken umgeschaut und diese von Galeristen ausgeliehen. Für die Galeristen war es eine willkommene Werbeakation, und wir wurden im Büro immer wieder ästhetisch angeregt. Leider ist es in manchen Firmen nicht einmal möglich, die Bürotür hinter sich zu schließen! Natürlich ist das nicht bei Strafe verboten. Aber es herrscht dort ein sozialer Druck, dass die Türen immer offen sein sollen. Weil es dem Chef so gefällt oder weil irgendein Berater gesagt hat, das fördere die Kommunikation. Nun gibt es aber Menschen – und ich zähle, wie Sie bereits gelesen haben, auch dazu –, die sich nur bei geschlossener Bürotür hundertprozentig konzentrieren können. Und wie gesagt: Ich höre gerne klassische Musik bei der Arbeit, möchte mit dieser persönlichen Lustressource aber niemand anderen stören. Hätte mich ein Vorgesetzter zur offenen Tür gezwungen und mir die Stereoanlage verboten, dann wären meine Leistungen garantiert schlechter ausgefallen.

Das Neun-Punkte-Programm von Warr/Clapperton

Die Autoren Peter Warr und Guy Clapperton schlagen in ihrem Buch *Richtig motiviert mehr leisten* (Schäffer-Poeschel, 2011) einen spannenden Weg zu mehr Arbeitsfreude vor, den ich hier als Anregung zitieren möchte. Mir gefällt diese Methode, weil sie eine Möglichkeit bietet, in einem strukturierten Prozess und mithilfe von Fragebögen Lustressourcen für mehr Leistung systematisch zu ergründen.

In den ersten vier Schritten geht es nach Warr und Clapperton darum, die eigenen Gefühle im Verhältnis zur Arbeitssituation zu überprüfen:
- Schritt 1: Jobbezogene Gefühle erkunden (zum Beispiel Freude oder Groll)
- Schritt 2: Die eigene Arbeit betrachten (Was tue ich überhaupt?)
- Schritt 3: Die eigenen Präferenzen ermitteln (Was macht Spaß?)
- Schritt 4: Arbeit und Präferenzen in Einklang bringen

In den nächsten drei Schritten soll analysiert werden, wie die individuelle Sicht auf die Arbeit die eigenen Gefühle beeinflusst:
- Schritt 5: Das eigene Grundniveau in Sachen Glück ermitteln
- Schritt 6: Denkgewohnheiten überprüfen
- Schritt 7: Veränderungspotenzial in den Denkgewohnheiten ermitteln

In den beiden letzten Schritten geht es schließlich darum, Entscheidungen zu treffen und ins Handeln zu kommen:
- Schritt 8: Die Arbeitssituation verändern – oder wechseln
- Schritt 9: Die eigene Sichtweise auf die Arbeit verändern

Den Autoren geht es, wie Sie sehen, nicht allein um die äußere Arbeitssituation, sondern auch um deren Wahrnehmung: Denkgewohnheiten und individuelle Merkmale spielen eine wichtige Rolle. Arbeitszufriedenheit steigern heißt, sowohl innen als auch außen anzusetzen.

Einen krassen Fall von Bevormundung der Mitarbeiter habe ich einmal bei einer Unternehmensberatung in Süddeutschland erlebt. Die Büroräume dieser Firma befanden sich in bester Lage, waren lichtdurchflutet und topschick. Alles war in Weiß, Dunkelgrau und Schwarz gehalten und perfekt aufeinander abgestimmt. Hätte man mir gesagt, man habe noch Steve Jobs persönlich für die Inneneinrichtung gewin-

Bevormundung legt Lustressourcen trocken

nen können, hätte ich es sofort geglaubt. Ich fühlte mich wie in einem Apple-Store. Auch die Kunstwerke passten in diese Umgebung, als wären sie eigens für dieses Büro geschaffen worden. Schön und gut. Allerdings war es den Mitarbeitern verboten, persönliche Gegenstände wie Pflanzen, Bilder oder Vasen mit an ihren Arbeitsplatz zu bringen. Niemand sollte durch »falsche« Kunst oder »falsches« Design die Gesamtwirkung stören. Die Mitarbeiter waren darüber zu Recht wenig begeistert. Hier hatte der Chef auf Kosten aller anderen seinen Geschmack verwirklicht. Er konnte sich nicht vorstellen, wie sehr den Mitarbeitern dadurch die Lust verging. Alles war doch so perfekt! Leider nur aus seiner Perspektive. Die eigene Persönlichkeit ausdrücken zu dürfen, ist nun einmal besser, als in einem Designmuseum zu arbeiten.

Anderen ihre Lustressourcen zugestehen und Toleranz üben

Die Autoren Peter Warr und Guy Clapperton zitieren in ihrem Buch *Richtig motiviert mehr leisten: Konzepte und Instrumente zur Steigerung der Arbeitszufriedenheit* eine Studie, in der deutsche Arbeitnehmer befragt wurden, was ihre Arbeitsfreude im Alltag am meisten steigert. Gemeinsam mit der richtigen Balance aus zu viel und zu wenig Arbeit wurde persönliche Freiheit an erster Stelle genannt. Sein Umfeld individuell gestalten zu können und die Arbeit auf die ganz eigene Weise erledigen zu dürfen, ist eine gigantische Lustressource! Nicht jeder im Unternehmen muss dabei die persönlichen Lustressourcen aller anderen verstehen. Lustressourcen können manchmal bis zur Schrulligkeit gehen. Hier sind Toleranz und ein guter Schuss Humor gefragt!

Ich kenne zum Beispiel eine Unternehmensberaterin, die eine sehr spezielle Methode hat, wenn sie einmal einen längeren Text ausarbeiten muss. Sie kauft sich eine Rückfahrkarte von Düsseldorf nach Berlin und setzt sich acht Stunden lang in den ICE. Denn im Zug kann sie am konzentriertesten schreiben. In Berlin wechselt sie tatsächlich sofort in den Gegenzug. Sie will ja nirgendwohin, sondern nur inspiriert arbeiten. Das ist eigensinnig, keine Frage. So kann man zum Gespött des gesamten Unternehmens werden. Es sei denn, es herrscht ein Arbeitsklima, in dem es auf überragende Ergebnisse ankommt und jeder auf dem Weg dorthin seine Eigenheiten kultivieren darf. Eigensinnig ist auch ein mir bekannter Rechtsanwalt, der hervorragend Klavier spielt und deshalb ein Instrument in seinem Büro stehen hat. Wenn er zwischendurch einmal etwas Bach oder Schubert spielt, dann fordert es seinen Kollegen schon etwas Toleranz ab. Schließlich ist sein Büro kein schallisoliertes Tonstudio. Da alle anderen jedoch ebenso ihre Freiheiten besitzen, bringen sie diese Toleranz gerne auf.

Damit der Individualismus nicht ausufert und den Zusammenhalt im Team gefährdet, sind gemeinsame Lustressourcen wichtig. Was macht allen Spaß und steigert für alle die Freude an der Arbeit? Wie lassen sich gemeinsam genutzte Umgebungen so gestalten, dass alle sich wohlfühlen? In einer Steuerkanzlei in München zum Beispiel haben die Mitarbeiter beschlossen, im Innenhof des Gebäudes gemeinsam einen asiatischen Garten zu unterhalten. Dort draußen gibt es außerdem Tische und Stühle wie in einem Café. Während der Sommermonate kann sich jeder mit seinem Laptop hier hinsetzen, um zu arbeiten. Oder auch, um zwischendurch mit Kollegen einen Kaffee zu trinken. Enorm luststeigernd sind ohnehin gemeinsame Aktivitäten. Hier ist es wichtig, kein verkapptes »Motivationsseminar« zu veranstalten, sondern wirklich ab und zu aus der Routine auszubrechen und gemeinsam Spaß zu haben. Wenn jemand an einem Donnerstag um 17 Uhr plötzlich mit Kinokarten für alle im Büro erscheint, können sich auch Erwachsene freuen wie kleine Kinder.

Nicht nur Individualismus, sondern auch gemeinsame Aktivitäten

Übung

Lustressourcen für mehr Leistung entdecken und nutzen Sie am besten, indem Sie zunächst Ihre sinnliche Wahrnehmung schärfen. Dabei kann es Ihnen helfen, eine Woche lang ein Tagebuch zu führen.

Beobachten Sie eine Woche lang Ihr Umfeld ganz genau und schreiben Sie auf, was Sie sinnlich wahrnehmen. Haben Sie etwas besonders Angenehmes gesehen, gehört oder gefühlt? Oder haben Sie etwas Unangenehmes wahrgenommen und waren deshalb frustriert?

Werten Sie am Ende der Woche Ihre Aufzeichnungen aus und achten Sie besonders auf die positiven Emotionen. Wohinter könnten sich Lustquellen verbergen, die Sie im nächsten Schritt aktiv verstärken?

10 Woher kommt die Luft zum Brennen?

»Die Psychofalle hat uns fest im Griff und es gilt der Dreiklang: ›Mein Coach. Mein Therapeut. Mein Chef!‹«
Regina Mahlmann, Soziologin und Unternehmensberaterin

In den Unternehmen findet ein bizarres Schwarzer-Peter-Spiel statt: Für die einen sind die Führungskräfte an der allgemeinen Lustlosigkeit schuld. Sie sollen am besten den Mitarbeitern deren Wünsche an den Augen ablesen. Für die anderen liegt die Verantwortung ganz beim einzelnen Mitarbeiter: Er soll doch bitte Techniken zur Selbstmotivation und Stressbewältigung erlernen. Dieses Gezerre muss aufhören! Die neue Lust auf Leistung entsteht nur im Zusammenspiel von Führung, Organisation und eigenverantwortlicher Vorsorge.

Wenn ich während der letzten Jahre in den Buchhandlungen durch die Wirtschaftsabteilungen gestreift bin, wurde mir manchmal fast übel. Da scheint sich geradezu ein eigenes Genre an Beschimpfungsliteratur herausgebildet zu haben. Wer beschimpft wird, ist klar: »Die da oben« – die Chefs, die Unternehmer, die Führungskräfte. *Mein Boss, die Memme* ist da noch ein harmloser Titel. Drastischer schon: *Ich arbeite in einem Irrenhaus.* Die derbe Variante: *Der Arschloch-Faktor.* Und mit Titeln wie *Der Feind in meinem Büro* oder gar *Das Chefhasser-Buch* schämen sich Autoren und Verlage nicht, bei den Lesern unverhüllt Ressentiments zu schüren. Vielleicht bin ich altmodisch, aber für mich zielen solche Titel unter die Gürtellinie. Allerdings will ich hier nicht seitenlang moralisieren, sondern lieber der Frage nachgehen: Wie kommt es zu solchen Auswüchsen?

Beschimpfungsliteratur gegen Führungskräfte

Im Prinzip geht es bei diesen zweifelhaften Büchern immer darum, allein die Führungsriege in den Unternehmen dafür verantwortlich zu machen, dass die Mitarbeiter keine Lust mehr haben. Flankiert werden die flott geschriebenen Beschimpfungsbücher von seriösen Studien, die größere Beratungsfirmen – wie Gallup, Kienbaum oder Rochus Mummert – sowie renommierte Universitäten regelmäßig veröffentlichen. Immer öfter scheint der Befund schon auf den ersten Blick klar zu sein: Führungskräfte stehen als neurotische Sozialkrüppel da, die motivierte Mitarbeiter in frustrierte Verweigerer verwandeln. So wird es zumindest in den Massenmedien gerne hingestellt, selbst wenn die Studien bei näherer Betrachtung eine differenziertere Lesart nahelegen. Ich habe in Kapitel 5 selbst eine aktuelle Gallup-Studie zitiert, in der ein eklatanter Schwund von Respekt und Anerkennung gegenüber guten Leistungen von Mitarbeitern zutage tritt. In diesem Buch vertrete ich die Meinung, dass Anerkennung einer der wichtigsten »Brennfaktoren« für lustvolle Leistung ist. In der Beratung ermutige ich Führungskräfte, regelmäßig Feedback zu geben und ehrliche Anerkennung auszudrücken. Ich warne jedoch an dieser Stelle ausdrücklich vor dem anderen Extrem: Der Mitarbeiter als Aufmerksamkeits-Junkie, der von seinen Vorgesetzten ständig bespaßt und belohnt werden möchte, trägt ebenso wenig zu einer neuen Leistungskultur bei wie der ausbeuterische, technokratische Chef, dem seine Mitarbeiter als Menschen gleichgültig sind.

In diesem Kapitel möchte ich Ihnen zeigen, wo die Luft zum Brennen wirklich herkommt: nämlich aus dem guten Zusammenspiel von Führung, Organisationsstruktur und Eigenverantwortung der Mitarbeiter. Wir müssen damit aufhören, Schuldige für den Arbeitsverdruss in den Unternehmen zu suchen. Stattdessen sollten wir herausfinden, was es braucht, damit eine lustvolle Arbeitsumgebung möglich wird. Die Frage ist also: Was etabliert eine Leistungskultur? Ich drücke es auch gerne etwas provokativer aus: Was schafft ein »Lustsystem« für Leistung in den Unternehmen?

Der Vorgesetzte als Vater, Mutter, Freund und Seelsorger?

Vorwürfe als Folge selbst zu verantwortender Enttäuschungen

Blättere ich in den oben genannten Beschimpfungsbüchern, so kommen mir deren Autoren bisweilen vor wie pubertierende 13-Jährige, die gerade herausgefunden haben, dass ihre Eltern doch keine Superhelden sind, sondern ganz normale Menschen. Und die deshalb jetzt gegenüber ihren Facebook-Freunden über die Eltern so richtig ablästern. Vorwürfe und Beschimpfungen haben immer mit Enttäuschungen zu tun. Da ist eine Person nicht dem Bild gerecht geworden, das sich ein anderer von ihr gemacht hat. Allerdings ist an der Enttäuschung im Regelfall nicht die beschimpfte Person schuld, sondern derjenige, der sich das Bild von ihr gemacht hat. Er hatte womöglich falsche oder zumindest überzogene Erwartungen.

Reflexionsfragen

Einmal angenommen, Sie geraten beruflich in eine stressige Situation: Suchen Sie dann die Ursache typischerweise bei sich selbst? Etwa, indem Sie sich selbst Vorwürfe machen?

Oder suchen Sie die Ursache bei anderen Menschen, zum Beispiel Kollegen, Vorgesetzten, Kunden? Üben Sie zum Beispiel unter Stress mehr Kritik an anderen?

Oder neigen Sie unter Stress dazu, sich über Ihre Firma, über Regeln und Abläufe, über unser Wirtschaftssystem und dergleichen aufzuregen?

Wenn Sie sich im Job einmal ärgern: Worüber ärgern Sie sich am meisten?

Können Sie sich ein Arbeitsumfeld vorstellen, in dem Stress und Ärger der Vergangenheit angehören? Oder glauben Sie, dass ein bestimmtes Maß an Stress und Ärger einfach zur Arbeit dazugehört?

Welche Erwartungen haben manche Mitarbeiter heute an Führungskräfte? Die Soziologin und Unternehmensberaterin Regina Mahlmann rechnet in ihrem Buch *Unternehmen in der Psychofalle* mit diesen Erwartungen schonungslos ab. Das Werk trägt den Untertitel *Mein Coach. Mein Therapeut. Mein Chef.* und drückt damit bereits aus, worin die übertriebenen Erwartungen bestehen: Der Vorgesetzte soll nicht nur Leader und Manager, sondern auch ermutigender Vater, fürsorgliche Mutter, bester Freund und möglichst noch Seelsorger in schwierigen Lebenslagen sein. Das kann nicht funktionieren. Die Autorin sieht darin eine »Psychofalle« und interpretiert diese als Folge einer übertriebenen »Psychologisierung« des Arbeitslebens.

Wenn Mitarbeiter ihre Eigenverantwortung beim Pförtner abgeben

Was haben Unternehmer und Manager in den vergangenen Jahren nicht alles für ihre Mitarbeiter getan! In Weiterbildung investierten die Unternehmen im Jahr 2010 allein in Deutschland 28,6 Milliarden Euro. Diese Zahl hat das Institut der deutschen Wirtschaft in Köln ermittelt. Die Arbeitszeiten wurden zugunsten der Arbeitnehmer flexibilisiert. Wer weitgehend im Home Office arbeiten möchte, kann das bei immer mehr Unternehmen tun. Sabbaticals sind nichts Exotisches

Unternehmer und Manager tun bereits sehr viel!

mehr, sondern werden wie selbstverständlich genehmigt. Die Zahl der Firmen, die Kinderbetreuung anbieten, steigt ständig. In der deutschen Niederlassung des italienischen Versicherungskonzerns Generali werden jetzt ausgewählte Führungskräfte zu Gesundheitsmanagern qualifiziert. Sie sollen sich neben ihren eigentlichen Führungsaufgaben um das umfassende körperliche und seelische Wohl der Mitarbeiter kümmern.

Damit wir uns nicht missverstehen: Ich finde diese Entwicklungsrichtung im Großen und Ganzen richtig. Allerdings stimme ich der Soziologin Regina Mahlmann voll zu, dass hier eine große Gefahr lauert: Wenn die Unternehmen nicht aufpassen, dann geben die Mitarbeiter ihre Verantwortung immer mehr ab und delegieren diese an ihre Vorgesetzten. Die Chefs sollen dann »Programm machen« – und die Mitarbeiter lehnen sich zurück und wollen konsumieren. Regina Mahlmann fragt provokant, ob das bedeutet, dass Führungskräfte »einen Haufen Kinder« begeistern sollen? Und das ist der springende Punkt: Solange erwachsene Angestellte in ihrer Eigenverantwortung bleiben und ernst nehmen, wozu sie sich arbeitsvertraglich verpflichtet haben, sind Sabbaticals, Gesundheitsmanager und Betriebskindergärten eine gute Sache. Doch wehe, wenn das Verhältnis von Geben und Nehmen aus dem Lot gerät.

Das Führungskräfte-Bashing an der Wurzel beenden

Klare Absprachen statt Schuldzuweisungen Die Beschimpfung von Führungskräften findet ja nicht nur in Büchern statt. Sondern beispielsweise auch auf Facebook oder in Talkshows. Und überall hat das für mich etwas Infantiles. In sozialen Beziehungen unter erwachsenen Menschen haben alle einen Anteil an der Verantwortung für das Gelingen des Ganzen. Beschimpfungen und Schuldzuweisungen sind kein Nährboden für gemeinsame Lust auf Leistung. Klare Absprachen zwischen Mitarbeitern und Führungskräften sind hier der Weg, Schuldzuweisungen oder gar Beschimpfungen an der Wurzel zu packen und zu beenden. Damit es nicht zu enttäuschten Erwartungen kommt, müssen eben jene Erwartungen geklärt sein. Ich rate allen Beteiligten im Unternehmen, miteinander über ihre Rollen und ihren Beitrag zu sprechen und sich gegenseitig zu verpflichten. Was kann A von B erwarten und was nicht?

Das Dauerfeuer der Beschimpfungen gegen Vorgesetzte hängt schließlich noch mit einem weiteren Problem zusammen: der Überbetonung der Führungskraft als Vorbild. Wie ein roter Faden zieht sich durch Veröffentlichungen der letzten Jahre die Behauptung, Chefs müssten Vorbilder für ihre Mitarbeiter sein. Man erwartet eine Lichtgestalt auf dem Chefsessel – und wenn sie sich dann als Normalmensch mit Stärken und Schwächen entpuppt, ist sie zum verbalen Abschuss freigegeben. Selbstverständlich sollten Vorgesetzte mit gutem Beispiel vorangehen und nicht mit schlechtem. Doch was unter der Rubrik »Vorbild« alles von Führungskräften erwartet wird, sprengt längst jeden vernünftigen Rahmen. Charismatische Leader sollen sie sein, kreative »Inspiratoren« und jederzeit ein Fels in der Brandung. Unternehmerische Ausnahmegestalten wie Steve Jobs, Richard Branson, Götz Werner oder Dietrich Mateschitz werden plötzlich auch für den normalen Mittelstand zum Maßstab erhoben.

Diesen mittlerweile vollkommen überzogenen Erwartungen kann kaum eine Führungskraft mehr entsprechen. Manager verdienen deshalb kein Bashing, sondern eine Korrektur der Erwartungshaltung an sie. Außerdem sollte spätestens seit Bekanntwerden der Systemtheorie klar sein, dass es in Unternehmen niemals allein auf die Führungskräfte ankommt. Niklas Luhmann, einer der Begründer der Systemtheorie, nannte für das Funktionieren von Organisationen drei wesentliche Bausteine: Personen, Strukturen und Kommunikation. Personen sind wichtig, keine Frage. Doch für eine neue Leistungskultur kommt es eben nicht allein auf die Führungskräfte an. Sondern zum Beispiel auch auf die Strukturen.

Spielplätze für Erwachsene: Sehnsuchtsort Googleplex

Dort, wo die Führungskräfte nicht alles richten sollen, werden häufig genug Arbeitsumgebung und Arbeitsorganisation zu einem Allheilmittel für glückliche Mitarbeiter erhoben. Im vorherigen Kapitel haben Sie gelesen, was für eine echte Lustressource eine positive Arbeitsumgebung sein kann. Allerdings muss ich Sie auch bei diesem Thema vor extremen Auswüchsen warnen. So viel habe ich in den vergangenen

Sind Google oder Apple wirklich so menschenfreundlich?

Jahren über den »Googleplex«, die Zentrale des Konzerns Google in Kalifornien, gehört, dass er mir inzwischen fast wie ein mythischer Ort vorkommt. Offensichtlich finden die Mitarbeiter hier alles, was ihr Herz begehrt: Shuttleservice, Kinderbetreuung, kostenloses Bio-Essen, Fitnessräume, Ruheliegen und so weiter. Mitten in dieser bunten Freizeitwelt wird auch gearbeitet, und ich vermute sogar ziemlich hart. Möglicherweise sogar unter einem Leistungsdruck »von oben«, den man auf diesem Spielplatz für Erwachsene auf den ersten Blick nicht erwarten würde.

Der »Googleplex« ist selbstverständlich nicht öffentlich zugänglich. Wenn Sie sich selbst einen Eindruck von der kalifornischen Spielplatz-für-Erwachsene-Kultur verschaffen wollen, empfehle ich Ihnen stattdessen einen Besuch in einem Apple Store. Mit einem Riesenaufwand gestaltet der IT-Riese weltweit seine Filialen. Sie befinden sich überall in bester Lage – in Hamburg an der Binnenalster, in München Ecke Marienplatz oder seit kurzem bei uns in Berlin in einem historischen Prachtbau am Kurfürstendamm. Obwohl ich selbst gerne Apple-Produkte benutze, gestehe ich Ihnen, dass ich mich in den Apple Stores unwohl fühle. Die aufgesetzte Fröhlichkeit der Mitarbeiter erinnert mich an Mitglieder von Sekten. Hier ist alles ansprechend gestylt, die Mitarbeiter sind jung und gutaussehend, doch es herrscht eine gehetzte Aufdringlichkeit. Medienberichten zufolge haben die Verkäufer bei Apple auch nicht allzu viel zu sagen. Alles scheint einstudiert, es gibt angeblich sogar detaillierte Anweisungen, welche exakten Formulierungen im Kundengespräch verwendet werden dürfen und welche tabu sind. Die Mitarbeiter als Marionetten in einem postmodernen Kasperltheater.

In Kapitel 9 habe ich die These vertreten, dass die persönliche Freiheit, sich die Arbeitsumgebung ein Stück nach eigenen Vorlieben gestalten zu können, eine echte Lustressource ist. Studien bestätigen, wie Sie gelesen haben, dass diese Freiheit bei Mitarbeitern hoch im Kurs steht. Genau diese persönliche Freiheit, diese Möglichkeit, seiner Individualität Ausdruck zu verleihen, fehlt mir in der schönen neuen Arbeitswelt der amerikanischen IT-Giganten. Was nützen all die durchgestylten Möbel, der Kindergarten und das Bio-Essen, wenn die Mitarbeiter letztlich genauso dressiert werden wie nordkoreanische Arbeiter beim Morgenappell?

Das Unternehmen als antiautoritäre Kommune?

Das bringt mich geradewegs zum nächsten Extrem. Auch mit der persönlichen Freiheit lässt es sich zu weit treiben. Für die radikale Selbstorganisation gibt es seit einigen Jahren Fürsprecher, die von sich reden machen. Ich halte überhaupt nichts davon, dass Grenzen fließend werden, indem man sein Gehalt selbst bestimmen soll oder sich eigene Titel gibt. Das klingt zunächst witzig und innovativ. Es macht sich auch gut in Wirtschaftsmagazinen. Gleichwohl sehe ich hierbei deutliche Probleme: Selbstorganisation passt nicht zu jedem. Sie setzt eine weit entwickelte Persönlichkeit voraus, die absolut nicht dem Bevölkerungsdurchschnitt entspricht. Die Propheten der Selbstorganisation mögen diese persönliche Reife vielleicht besitzen – oder auch nicht. Im besten Fall schließen sie unzulässig von sich auf andere. Im schlechtesten Fall überschätzen sie auch sich selbst.

Radikale Selbstorganisation überfordert Menschen

Zwei Trommler für radikale Selbstorganisation sind beispielsweise der Amerikaner Gary Hamel und der in Südamerika lebende Deutsche Niels Pfläging. Mit einem seiner Bücher hat Hamel 2008 *Das Ende des Managements* ausgerufen. Pfläging legte 2009 im Campus Verlag nach: *Warum Management verzichtbar ist*. Kurz gesagt geht es bei diesen radikalen Ansätzen stets darum, Führung und Management im klassischen Sinn durch wenige verbindliche Spielregeln (Pfläging nennt diese einen »Kodex«) beziehungsweise freiwillige Vereinbarungen der Mitarbeiter untereinander zu ersetzen. Ein Lieblingsbeispiel von Gary Hamel ist die kalifornische Firma Morning Star, die mit 400 Mitarbeitern frische Tomaten zu Vorprodukten für die Gastronomie verarbeitet. Damit macht sie nach eigenen Angaben 700 Millionen Dollar Jahresumsatz und ist US-Marktführer. Führungskräfte gibt es hier gar nicht, alle sind gleichgestellt. Eine von den Mitarbeitern gewählte Kommission bestimmt die Gehälter. Alle Mitarbeiter müssen ihre Arbeit mit den betroffenen Kollegen absprechen. Da es keine Hierarchien gibt, sind natürlich auch keine Karrieren möglich. Wer etwas anderes machen will als bisher, der muss etwas anderes lernen – und dann seine Kollegen fragen, ob sie ihn das machen lassen wollen.

Die Erfolgsstorys der Businessgurus hinterfragen

Auf den ersten Blick scheint Morning Star eine Erfolgsgeschichte, die über jeden Zweifel erhaben ist: seit mehr als 20 Jahren glänzende Ergebnisse und zufriedene Mitarbeiter! Diesen Erfolg will ich gar nicht schlechtreden. Ein paar kritische Anmerkungen habe ich dennoch. Erstens ist das Geschäftsmodell sehr simpel. Die Tomaten werden mit einer eigenen LKW-Flotte bei den Farmern abgeholt, in den Fabriken zu roter Paste verarbeitet, in Dosen abgefüllt und dann an die Stammkunden ausgeliefert. Das ist alles. Hightech kommt ebenso wenig vor wie hoch komplizierte Logistik. Es müssen auch nicht die unterschiedlichsten Berufe unter einen Hut gebracht werden, wie etwa in der Automobilindustrie Ingenieure, Designer, Bandarbeiter, Vertriebler, Controller und so weiter. Davon abgesehen habe ich überhaupt keinen Zweifel, dass es möglich ist, in Kalifornien 400 »Freaks« zu finden, für die ein solches anarchisches Arbeitsmodell genau das Richtige ist. Zweifel habe ich, ob sich derlei Vorbilder auf alle anderen Branchen, Geschäftsmodelle und Mentalitäten übertragen lassen.

Erfahrene Führungskräfte denken selten radikal

Schließlich fällt mir noch etwas auf, wenn ich mir anschaue, wer typischerweise solche extremen Ansätze wie den von der radikalen Selbstorganisation vertritt. Selten sind es diejenigen, die viele, viele Jahre Erfahrung in Führung und Management gesammelt haben. Diese Leute sind meistens realistisch und pragmatisch. Der radikale Vordenker Gary Hamel dagegen ist Professor und hat selbst nie als Führungskraft in einem Unternehmen gearbeitet. Auch Niels Pfläging hat keine nennenswerte Führungserfahrung. Er war Controller in einem Konzern, bevor er sich als Berater selbstständig machte. Ein bisschen mehr Führungserfahrung würde manchen Radikalen vielleicht lehren, dass Anarchie im Unternehmen in den wenigsten Fällen die Lösung sein kann. Nennen Sie mich konservativ, doch ich befürchte, dass Anarchie immer irgendwann zur Verschwörung der Schwächeren und weniger Leistungsbereiten führt. Das hat die Geschichte mehr als einmal gezeigt.

Mitarbeiter-Yoga reicht nicht: das funktionierende »Lustsystem«

Seit ich als Unternehmensberaterin das Thema »BurnOn« propagiere, erhalte ich immer wieder Anfragen von Unternehmen, die in die »Burn-out-Prävention« für ihre Mitarbeiter investieren wollen. Die anfragenden Manager wirken im ersten Gespräch durchaus betroffen bis alarmiert. »Wir müssen dringend was tun«, heißt es dann sinngemäß, »damit unsere Leute keinen Burn-out bekommen.« Ob sich hier bei einigen angesichts nicht gerade berauschender Arbeitsbedingungen das schlechte Gewissen regt, weiß ich nicht. Jedenfalls scheint es den meisten wirklich ernst zu sein. Und die Maßnahmen dürfen ruhig auch etwas kosten. Was genau geschehen soll, ist oft unklar: »Stressbewältigung und so«, höre ich dann zum Beispiel. Man ist grundsätzlich offen für alle möglichen Ansätze. Selbst Yoga oder Atemarbeit gelten auch bei gestandenen Managern heute nicht mehr als Esoterik. Das Motto lautet: Hauptsache, es bringt was. In einem Punkt ist man sich jedoch häufig einig: Das Problem liegt angeblich bei den Mitarbeitern. Sie sollen lernen, besser auf sich aufzupassen. Bereits daran merke ich, dass ich für solche Unternehmenslenker als Beraterin nicht die Richtige bin – Burn-On verfolgt nämlich einen ganzheitlichen Ansatz, aber dazu später.

Nicht alle gut gemeinten Angebote funktionieren

Spreche ich doch einmal mit den Mitarbeitern in solchen Unternehmen, so geben sie den Schwarzen Peter sofort zurück. Die Stressbewältigungs-Workshops und Yoga-Seminare werden als Augenwischerei abgetan. Schlimmer noch: Die gut gemeinten Angebote bedeuten für einige noch zusätzlich Stress. Einmal habe ich folgende Geschichte gehört: Da war ein Mitarbeiter bei einem Seminar zur Stressbewältigung. Das Seminar fand während der Arbeitszeit statt, was ja an sich löblich ist. Bloß musste der Mitarbeiter die während des Seminartags liegen gebliebene Arbeit abends nachholen. Die »Stressbewältigung« sah dann so aus, dass der Mitarbeiter noch um 21.30 Uhr im Schein seiner Schreibtischlampe E-Mails bearbeitete. Grotesk ist gar kein Ausdruck dafür! Kein Wunder, dass manche Mitarbeiter sagen: Mit Stressbewältigung soll mir keiner kommen, solange hier nicht genügend Leute eingestellt werden, die Abläufe nicht funktionieren, zu viele Aufträge angenommen werden, der Chef zu viel Druck macht und so weiter und so fort.

Das Schwarze-Peter-Spiel in den Unternehmen beenden

Wenn Sie schon einmal in einem Hotel direkt an der Autobahn übernachtet haben, dann wissen Sie, wie laut Autoverkehr sein kann. Ist man selbst auf der Autobahn unterwegs, bei geschlossenen Fenstern und mit leise rauschender Klimaanlage, würde man gar nicht vermuten, dass man einen solchen Krach macht! Wie können Anwohner vor Autolärm besser geschützt werden? Experten sprechen hier von »aktivem Lärmschutz« und »passivem Lärmschutz«. Aktiver Lärmschutz findet an der Störquelle selbst statt. Da werden dann zum Beispiel Lärmschutzwände entlang der Fahrbahn aufgestellt oder es wird sogenannter Flüsterasphalt aufgebracht. Auch die vom Gesetzgeber festgelegten Grenzen für die Geräuschemission von Kraftfahrzeugen zwingen die Hersteller zu aktivem Lärmschutz. Passiver Lärmschutz findet bei den Betroffenen statt. Die verbreitetste Maßnahme sind hier schallisolierende Fenster. Der wirksamste Lärmschutz ist sowohl aktiv als auch passiv.

Ganz ähnlich verhält es sich auch, wenn Lust statt Frust in den Unternehmen regieren soll: Hierfür sind sowohl »aktive« als auch »passive« Maßnahmen erforderlich. Das bedeutet, gleichzeitig beim Individuum *und* auf der Ebene der Organisation anzusetzen. Das Ziel ist eine positive Leistungskultur – oder, wie ich gerne sage, ein leistungsfähiges »Lustsystem«. Seminare zur Stressprävention, Yoga-Workshops, Autogenes Training und Ähnliches sind nicht zu verdammen, aber eben nur eine Seite der Medaille. Das ist lediglich der »passive« Schutz vor Lustlosigkeit, Demotivation und Burn-out. Die andere Seite betrifft die Organisation und die Unternehmenskultur. Wie entsteht Termindruck? Was tötet die Lust auf Leistung? Manche Unternehmen holen sich Therapeuten ins Haus, die nichts von Wirtschaft und Management verstehen. Diese behandeln Mitarbeiter wie private Klienten – und können deshalb die Probleme innerhalb der Organisation nicht lösen. Ihnen fehlt die organisationale Perspektive.

Fokus Organisation: Schritt für Schritt zum »Lustsystem«

Es geht immer um das Beziehungsgeflecht von Menschen

Wie kann die Organisation zur Lust auf Leistung beitragen? Um diese Frage zu beantworten, lohnt es sich, erst einmal einen kurzen Blick auf das zu werfen, was eine Organisation überhaupt ausmacht. Hier findet sich in der

Literatur leider ganz viel Sperriges. Eine der bekanntesten Definitionen stammt von Ansfried Weinert: »Eine Organisation ist ein kollektives Ganzes mit relativ festgelegten und identifizierbaren Grenzen, einer normativen Ordnung, hierarchischem Autoritätssystem, Kommunikationssystem und einem koordinativen Mitgliedssystem; dieses kollektive Ganze besteht aus einer relativ kontinuierlichen Basis innerhalb einer sie umgebenden Umwelt und beschäftigt sich mit Handlungen und Aktivitäten, die sich gewöhnlich auf ein Endziel oder Objektiv hin beziehen oder eine Menge von Endzielen und Objektiven.« Alles klar?

Sagen wir es einmal einfacher: Es geht bei Organisationen um Menschen und Regeln. Die Systemtheorie, die Gruppendynamik und die Humanistische Psychologie betrachten unter der Überschrift »Organisation« vor allem die regelbasierten Beziehungen zwischen Menschen. Und das bringt uns zum Wesentlichen: In meinem Verständnis ist eine Organisation nicht in erster Linie ein kompliziertes Konstrukt, das Geldverdiener beherbergt, sondern ein Beziehungsgeflecht von Menschen, das ein Innenleben hat und im Außen wirkt. Vor allen Dingen ist eine Organisation ein Interaktionssystem, in dem jedem »Mitspieler« ein gleiches Maß an Verantwortung zukommt.

Der Mitarbeiter gibt seine Verantwortung nicht ab, nur weil er einen Chef hat. Schon gar nicht ist »die« Organisation für das Wohlbefinden des Einzelnen allein zuständig. Einzig der Chef ist es auch nicht. Organisation heißt, dass alle mit allen interagieren. Es kommt auf jeden Einzelnen an. Jeder Einzelne verändert mit seinen Handlungen den Charakter des Ganzen. Ich habe das in Kapitel 6 bereits unter dem Schlagwort »Ich-Du-Wir« beschrieben: Die Disposition des Individuums, die Kommunikation untereinander und die Strukturen bzw. Regeln – das alles zählt gleichermaßen. Wenn hier jeder seine Verantwortung begreift und zu positiven Veränderungen beiträgt, kann sich die Organisation Schritt für Schritt zum »Lustsystem« entwickeln.

»Lustabgleich«: Eigene Wünsche und Unternehmensperspektive

Ein »Lustsystem« entwickelt sich nach meiner Überzeugung am besten »von innen nach außen«. Das heißt, jeder Einzelne sollte bei sich anfangen, seine Situation, seine Stärken und seine Vorlieben zu reflektieren. Eine gute Organisation ist immer um die Bedürfnisse der Indi-

Passt Ihre Firma noch zu Ihren Bedürfnissen?

viduen herumgebaut. Besteht sie dann einmal, so wirkt sie mit ihren Regeln und Abläufen selbstverständlich auch auf die Individuen zurück und beeinflusst diese. Leider begegne ich in Unternehmen immer wieder Menschen, die sich gar nicht richtig bewusst machen, ob die Organisation überhaupt – noch – zu ihnen und ihren Bedürfnissen passt. Sie haben sich vielleicht vor längerer Zeit in einer bestimmten Lebensphase einmal für ein Unternehmen entschieden, sich seitdem entscheidend weiterentwickelt, aber sich nie wieder die Frage gestellt, ob sie in ihrer Firma das passende Umfeld für echte Lust auf Leistung vorfinden. Machen Sie doch einmal die Probe aufs Exempel: Würden Sie sich in Ihrer Firma heute noch einmal neu bewerben? Oder, falls Sie selbstständig sind, würden Sie dasselbe Geschäftsmodell heute nochmals verwirklichen?

Checkliste: Individuum und Organisation

Die größte Lust auf Leistung nützt nichts, wenn Individuum und Organisation nicht zusammenpassen. Wenn Sie herausfinden möchten, ob eine Organisation zu Ihren Bedürfnissen passt, hilft Ihnen diese Checkliste:
- Welche Werte dominieren im Unternehmen? Worauf wird das größte Gewicht gelegt? Was zählt bei informellen Gesprächen?
- Gibt es hohe oder flache Hierarchien im Unternehmen?
- Welche Aufstiegschancen bestehen? Gibt es Fort- und Weiterbildungsmöglichkeiten und wenn ja, welche?
- Wie sieht die Arbeitsumgebung aus? Zum Beispiel Bürogebäude mit Großraumbüros oder alte Villa mit Einzelbüros?
- Wie sehen die Leute aus? Wie ist der Dresscode?
- Was verdiene ich – beim Einstieg und später?
- Passt der Job zu meinen anderen Lebensplänen? Gibt es Konflikte mit persönlichen Interessen?
- Welche familienfreundlichen Maßnahmen bzw. Einrichtungen gibt es im Unternehmen?
- Welche Rolle spielt Sicherheit?
- Wie hoch ist meine Reisetätigkeit? Arbeite ich regional, national oder international?

Dass die meisten Menschen lieber in ihrer Komfortzone bleiben, als diese zu verlassen, ist inzwischen fast ein Allgemeinplatz, aber leider trotzdem wahr. Ich bin in den vergangenen Jahren vielen Menschen begegnet, die nur noch aus Gewohnheit oder aus Scheu vor einem Schritt ins Ungewisse an ihrem aktuellen Arbeitsplatz festhielten.

Wenn die Lust auf Leistung in Unlust umgeschlagen ist, dann muss nicht immer gleich ein neuer Job her. Darauf werde ich im nächsten Kapitel noch einmal ausführlich eingehen. Gleichwohl kann es sein, dass die Luft zum Brennen irgendwann einfach fehlt. Gerade Menschen, die »durchgecoacht« sind, wie ich manchmal salopp sage, entwickeln fast zwangsläufig höhere Ansprüche an ihren Arbeitsplatz. Sie sind frustriert, weil sie viel in ihre persönliche Entwicklung investiert haben, ihre Umgebung jedoch nicht »mitzieht«. Manchmal können diese Leute »Change Agents« sein und Entwicklungen im ganzen Team oder der gesamten Organisation anstoßen. Oft reicht ihr Einfluss dazu aber auch nicht aus. In einem solchen Fall sollte ein radikaler Einschnitt kein Tabu sein. Wenn das Zusammenspiel nicht mehr passt, wenn die Luft zum Brennen fehlt und sich das auch nicht absehbar ändern lässt, dann ist es Zeit zu gehen.

Übung

Die Luft zum Brennen für eine berufliche Aufgabe ist dort besonders gut, wo die drei Aspekte Ich, Du, Wir wie Zahnräder zusammengreifen. Sie können dies für Ihre aktuelle Situation einfach visualisieren:

Zeichnen Sie drei Kreise auf ein Blatt Papier, die wie Zahnräder ineinander greifen. Der eine Kreis erhält die Überschrift »Ich« und steht für Ihre persönlichen Plus- und Minuspunkte im Hinblick auf das aktuelle Leistungsklima. Was treibt Sie an, was hemmt Sie? Tragen Sie dies in den Kreis ein. Die anderen beiden Kreise heißen »Du« und »Wir« und stehen für Ihr Verhältnis zu Kollegen und Vorgesetzten bzw. Ihre Wahrnehmung der Organisation. Was trägt für Sie hier jeweils zum Leistungsklima bei und was ist problematisch?

Betrachten Sie am Schluss alle drei Kreise. Ist das Bild ausgewogen oder sind die Plus- und Minuspunkte ungleich verteilt? Was heißt das in der Konsequenz?

Es kann zum Beispiel sein, dass Sie durch Fortbildung und Coaching sehr viel Leistungslust verspüren, aber durch die anderen beiden Kreise (zwischenmenschliche Beziehungen und Organisation) immer mehr gebremst werden, da sich diese nicht ähnlich positiv weiterentwickeln. In einem solchen Fall kann es nötig sein, über einen Jobwechsel nachzudenken – sofern Sie diese beiden Kreise selbst nicht beeinflussen können.

11 Erfolg oder Zufriedenheit? Beides!

»*Der Verlauf eines Urlaubs wird akribisch durchdacht, der Verlauf des Lebens wird der Willkür des Zufalls überlassen.*«
Stefan F. Gross, Erfolgstrainer und Buchautor

Die ersten Jahrzehnte unseres Lebens werden wir darauf getrimmt, äußere Erfolge zu erzielen. Ob uns diese innerlich zufrieden machen, spielt keine Rolle. Zufriedenheit wird in der Schule nicht gelehrt. Es gibt zwar Erfolgspläne und Karriereplanung, aber keine Zufriedenheitsplanung. Das Dilemma: Erfolg, der nicht zufrieden macht, bleibt hohl. Umgekehrt ist die bloße Reise nach innen, ohne äußerlich sichtbare Erfolge, kein sinnvoller Beitrag zum sozialen Miteinander. Für ein erfülltes Leben gehören Erfolg und Zufriedenheit zusammen. In diesem Kapitel lesen Sie, warum.

Zufriedenheit ist ein U – so lautet bildhaft gesprochen das Ergebnis einer 2013 veröffentlichten Studie des Center for Economic Performance an der London School of Economics. Unsere Zufriedenheit ist vom Lebensalter abhängig und folgt einer U-Kurve: Junge Menschen sind relativ zufrieden. Ältere auch. Dazwischen durchwandern wir ein tiefes Tal der Unzufriedenheit. Das Spannende dabei: Die Wissenschaftler haben das in mehr als 50 Ländern der Erde und bei Personen aller Bildungs- und Einkommensschichten untersucht. Immer war das Ergebnis die U-Kurve! Mit 20 sind die meisten Menschen noch vergleichsweise zufrieden mit sich selbst und ihrer Lebenssituation. Dann geht es kontinuierlich abwärts, bis die Midlife-Crisis so zwischen Mitte 40 und Anfang 50 den Tiefpunkt markiert. Danach geht es wieder aufwärts. Die meisten alten Menschen sind zufriedener, als sie es in der Mitte ihres Lebens waren.

In der Lebensmitte macht sich Unzufriedenheit breit

Warum sind ältere Menschen zufriedener als Mittvierziger? Wo doch die Gesundheit bei den Alten oft angeschlagen ist? Die Forscher vermuten: Im Alter ärgert man sich weniger über verpasste Chancen. Man hat sich mit dem abgefunden, was im Leben möglich war und was nicht. Zufriedenheit, so die Wissenschaftler, sei offensichtlich davon abhängig, wie sehr sich unsere Erwartungen erfüllt haben. In einer ergänzenden Befragung wurde deshalb der Zusammenhang zwischen den Erwartungen an das Leben und den Resultaten erforscht.

Das Ergebnis: In der Jugend und in den mittleren Jahren erwarten wir typischerweise viel zu viel.

Wir hoffen auf große Erfolge und denken als Jugendliche noch, dass sie genauso eintreten. Aber dann erreichen wir die Ziele oft nicht und sind frustriert. Dabei ist mancher »Misserfolg« schlicht eine Frage der Logik: Zum Beispiel kann nicht jeder Trainee in einem Konzern einmal CEO werden. Ein Konzern wie Daimler stellt jedes Jahr weltweit mehrere hundert Trainees ein. Konzernchef kann aber immer nur einer sein. Edzard Reuter blieb es acht Jahre und Jürgen Schrempp sogar zehn Jahre. Tausende Mitarbeiter wurden währenddessen irgendwas, aber nicht CEO. Mir ist klar, dass der Sprung vom Trainee zum CEO unrealistisch ist. Mir geht es hier ums Prinzip: Wie viele haben Erwartungen, die unerfüllt bleiben, weil per se schon das Angebot limitiert ist? Dasselbe gilt für persönliche Erwartungen, wie die Suche nach dem Trau(m)partner und den Wunsch nach einer gesunden und harmonischen Familie. Nicht jede Erwartung erfüllt sich.

Die »unzufriedenen Erfolgreichen« lassen sich coachen Mich haben die Ergebnisse der Studie ins Nachdenken gebracht. Als Coach weiß ich: Der Erfolg allein bringt auch nicht die Lösung. Denn es sind die Erfolgreichen, die in meine Coaching-Praxis kommen, nicht die Erfolglosen. Viele unter ihnen sind sogar extrem erfolgreich. Und total unzufrieden! Es sind generell die »unzufriedenen Erfolgreichen«, die sich am häufigsten coachen lassen. Sie sind oft zwischen 40 und Mitte 50 und gerade ganz unten in der U-Kurve angelangt. Das zeigt: Erfolg ist offensichtlich nur ein Baustein von Zufriedenheit. Erfolg ist das, was man außen sieht. Zufriedenheit ergibt sich aus der inneren Bewertung der Situation. Und die kann höchst unterschiedlich ausfallen. An dem äußeren Erfolg lässt sich die innere Zufriedenheit eben nicht ablesen. Sonst gäbe es keine Fußballstars, die vor einen Zug springen, und keine Popstars, die mit einer Überdosis Drogen aus dem Leben scheiden.

Ist dieses Auseinanderklaffen von äußerem Erfolg und innerer Zufriedenheit – über viele Jahre der Lebensmitte – unser Schicksal? Ich behaupte: Nein. Es mag für die Mehrheit der Menschen in den meisten Ländern der Erde zurzeit Realität sein. Aber jeder Einzelne und jede Einzelne kann das bei sich ändern. In diesem Kapitel möchte ich Ihnen zeigen, was Sie dazu erkennen sollten und wie Sie dem Tal der Unzufriedenheit entkommen können. Dazu möchte ich Ihnen zunächst eine typische Geschichte von einem »unzufriedenen Erfolgreichen« erzählen.

Frust auf dem Chefsessel: Wenn der Erfolg nicht zufrieden macht

Der Geschäftsführer eines Unternehmens mit mehr als 3 000 Mitarbeitern hatte mich beauftragt, ihn bei der Umstrukturierung seiner Organisation zu begleiten. Von Coaching war zunächst gar nicht die Rede. Dieser Chef, nennen wir ihn hier einmal Herrn Dr. Genesius, begrüßte mich freundlich zu einem vierstündigen Auftaktgespräch in seiner Firma. Er wirkte auf mich genauso, wie man sich einen erfolgreichen Topmanager vorstellt: souverän im Auftreten und freundlich, aber bestimmt in seinen Umgangsformen. Sein Blick war konzentriert, seine Stimme klar und seine Wortwahl präzise. Ich schätzte sein Alter auf Ende 40 oder Anfang 50. Wir stiegen schnell und gut strukturiert in die Diskussion über sein Change-Projekt ein. Nichts deutete darauf hin, dass dieses Business-Meeting anders verlaufen könnte als erwartet.

»Wissen Sie, Frau Theobald«, sagte der Geschäftsführer nach einer Weile wie aus heiterem Himmel, »ich wollte nie Manager werden.« Ich schaute mich in seinem geschmackvoll eingerichteten Büro um. Wie viele junge Betriebswirte träumen wohl davon, hier zu sitzen und der Chef von Tausenden Mitarbeitern zu sein? Ich hatte auch einen ersten Eindruck von den Interna seiner Firma. Diese war extrem erfolgreich und sollte durch eine Umstrukturierung nur noch erfolgreicher werden. Der Chef war ein exzellenter Manager, der wusste, dass man Veränderungen in guten Zeiten beginnen muss und nicht auf schlechte warten darf. Ich hatte auch schon ein Gefühl für sein Umfeld und die übrigen Mitarbeiter. Das Betriebsklima schien mir gut, der Umgangston zwischen Chef und Assistenz war herzlich und entspannt. Und dann lässt der Chef unter vier Augen plötzlich diese Bombe platzen: »Das hier wollte ich doch alles gar nicht!«

Unerfüllte Träume trotz äußerer Erfolge – was nun?

Ich hätte die Bemerkung von Herrn Dr. Genesius einfach ignorieren können. Aber ich spürte, dass sich hier jemand öffnen und endlich einmal über etwas reden woll-

Mancher Erfolgreiche glaubt, nur eine Rolle zu spielen

te, was er gewöhnlich verschwieg. Ich fragte ihn ein wenig nach seinem Werdegang. Er hatte ein anspruchsvolles Studium mit Bezug zur Wirtschaft absolviert, unter anderem in den USA, und anschließend eine Musterkarriere im Management durchlaufen. Nun saß er schon eine ganze Weile auf dem Chefsessel. Aber er hatte eben nie Manager werden wollen, und das nagte nun an ihm. »Was hätten Sie denn gerne gemacht?«, fragte ich. »Ich wäre gerne Schauspieler geworden«, antwortete er. »Das war mein großer Traum. Aber wissen Sie was, Frau Theobald: Eigentlich schauspielere ich heute den ganzen Tag. Ich spiele den tollen Manager. Das ist meine Paraderolle ...« Ich mochte seinen Humor, trotz des Anflugs von Bitterkeit in seinen Worten.

Doch was sollte ich ihm raten? Selten hatte ich erlebt, dass Erfolg und Zufriedenheit bei einem Menschen so weit auseinanderklafften. Dieser von vielen zu Recht bewunderte Mann fühlte sich wie ein bloßer Darsteller in seinem eigenen Leben. Sollte er den Job als Manager an den Nagel hängen und doch noch Schauspieler werden? Oder zumindest in Zukunft eine Schauspieltruppe statt einer Firma managen? Was würde dann aber aus den über 3 000 Mitarbeitern, die ihn schätzten und die nicht zuletzt dank seiner Leistung einen guten und sicheren Arbeitsplatz hatten? Nein, aussteigen schien mir hier keine Lösung zu sein. Seine äußeren Erfolge waren ja nicht etwa wertlos, sondern ein positiver Beitrag für ganz viele Menschen.

Nicht andere Dinge tun, sondern die Dinge anders tun

Wie viel vom unerfüllten Traum lässt sich in der Realität noch leben? Ich habe in diesem Buch schon einmal anklingen lassen, dass unzufriedene Menschen nicht unbedingt alles anders machen müssen. Oft genügt es sogar, dieselben Dinge auf eine andere Weise zu tun. So schien es mir auch in diesem Fall. Ich griff die humorvolle Bemerkung von Herrn Dr. Genesius auf und fragte ihn, was in seinem Beruf denn tatsächlich an Schauspielerei erinnere. Da fielen ihm sofort Vorträge und Präsentationen ein, die ihm immer großen Spaß machten. Könnte er vielleicht mehr Vorträge halten? Dann kam ihm der Gedanke, an der Spitze eines solchen Unternehmens habe vieles ja auch eine gewisse Dramatik. Und wenn er ehrlich sei, würde er die damit verbundenen Emotionen auch auskosten. Plötzlich sagte er: »Ich verkünde doch ständig im Unternehmen dramatische Wahrheiten – so wie ein Schauspieler auf der Bühne bei Tolstoi!« Sein Gesicht hellte sich auf.

Tatsächlich fanden wir also zwei bis vier Aspekte von Schauspielerei in seinem Job. Das war noch nicht sonderlich viel. Deshalb bat ich Herrn Dr. Genesius zu überlegen, wie er weitere positive Elemente der Schauspielkunst in seinen Alltag integrieren könnte. Mit »positiv« meine ich, dass er aufhören sollte, anderen den tollen Manager vorzuspielen – was ihn sichtlich unzufrieden machte. Stattdessen sollte er anfangen, sich mit seinem schauspielerischen Talent ernsthaft auseinanderzusetzen und es kreativ zu nutzen. Ich wies ihn zum Beispiel auf den Ansatz des sogenannten Unternehmenstheaters hin, den er zwar kannte, aber noch nie für die Firma eingesetzt hatte.

Beim Unternehmenstheater entwickeln professionelle Schauspieler gemeinsam mit den Mitarbeitern und Führungskräften Spielszenen, die Konflikt- oder Veränderungssituationen anschaulich darstellen. Gerade wo viele Emotionen im Spiel sind, wird so häufig gespiegelt, welche Muster ablaufen, und aufgezeigt, welche Handlungsalternativen es gibt. Ich habe beim Unternehmenstheater immer wieder erlebt, wie Chefs auch herzlich über sich selbst lachen können. Für das anstehende Change-Projekt von Herrn Dr. Genesius war Unternehmenstheater als Methode nicht nur geeignet, sondern sogar das probate Mittel im »Change«. Und wenn das sein Faible immer noch nicht ausreichend befriedigen würde, gäbe es ja noch Laientheatergruppen, in denen er sich aktiv einbringen könnte. Oder er könnte gemeinsam mit befreundeten Managern ein Business-Kabarett gründen. Möglichkeiten gab es viele.

Reflexionsfragen

Würden Sie sich als erfolgreich bezeichnen? Was macht für Sie Erfolg aus? Wie wirkt sich Erfolg auf Ihre Zufriedenheit aus? Wären Sie bereit, für mehr Erfolg ein Stück Zufriedenheit aufzugeben?

Sehen Sie sich als »erfolgreich, aber unzufrieden«? Falls ja: Wer oder was macht Sie unzufrieden? Steht es in Ihrer Macht, an der Situation etwas zu ändern? Was kann (schlimmstenfalls) passieren, wenn Sie »abstellen«, was Sie unzufrieden macht?

Schritt für Schritt der Zufriedenheit Raum geben

Zufriedenheit muss wachsen wie eine Pflanze

Zufriedenheit lässt sich nicht auf Knopfdruck herstellen. Sie muss wachsen. Es ist jedoch nötig, diesem Wachstum Raum zu geben. Der erste Schritt ist dabei immer das Eingeständnis der eigenen Unzufriedenheit. Gerade erfolgreichen Menschen fällt dies oft ungeheuer schwer. Kein Wunder, denn ihr soziales Umfeld signalisiert ihnen ständig, dass sie alles richtig gemacht haben. Die Anerkennung, die sie täglich erfahren, und ihr materieller Wohlstand rufen viele Bewunderer und manchmal auch Neider auf den Plan. Ich weiß nicht, wie oft ich im Coaching bereits diesen Satz gehört habe: »Eigentlich müsste ich ja zufrieden sein.« Ich erwidere dann meistens: »Das *Eigentlich* vergessen wir jetzt mal. Sie *sind* unzufrieden. Für Zufriedenheit oder Unzufriedenheit zählt nur Ihre subjektive Perspektive.«

Auch ich weiß, dass Kinder in Afrika hungern und Menschen in Bürgerkriegen leiden, und auch ich möchte diese Zustände abstellen. Deshalb engagiere ich mich dafür unter anderem durch Spenden. Als Coach sage ich meinen Klienten trotzdem immer, dass das Elend anderer niemals als Vorwand herhalten darf, um die eigene Unzufriedenheit zu leugnen. Nur wer sich ehrlich eingesteht, dass Erfolg und Zufriedenheit bei ihm weit auseinanderklaffen, kann im nächsten Schritt Lösungen finden. Selten ist es dann nötig, das bisherige Leben vollkommen auf den Kopf zu stellen. Wobei in subjektiv unerträglichen Situationen selbstverständlich auch ein radikaler Einschnitt eine Option sein kann. Der ehemalige Stadtkämmerer und stellvertretende Oberbürgermeister von Frankfurt, Thomas Koenigs, spendete mit 28 Jahren sein gesamtes Familienerbe, eine enorme Summe. Er litt unter der Vorstellung, seine Vorfahren hätten das Geld unrechtmäßig durch Ausbeutung erworben. Manche Menschen scheinen solche Befreiungsschläge zu brauchen. Aber das ist alles andere als die Regel.

Wie wir auf Erfolg fixiert sind – und die Zufriedenheit vergessen

Im ersten Kapitel dieses Buchs habe ich Ihnen die kritische These des Soziologen Sighart Neckel von der »Erfolgsgesellschaft« vorgestellt.

Neckel konstatiert: »In unserer Gesellschaft zählt nicht Leistung, sondern Erfolg. Egal, ob der Erfolg auf Leistung basiert oder nicht.« Dem Soziologen zufolge dominiert bei uns zunehmend ein, so wörtlich, »Leitbild des schnellen und mühelosen Erwerbes von Reichtum und Ruhm, das in unteren Schichten und in der jüngeren Generation als Hoffnung auf die plötzliche Entdeckung in Medien-, Mode- und Popkultur, als Schicksalsglaube über sozialen Aufstieg und als moderne Magie medialer Glücksspiele die Alltagskultur durchdringt«. Alles, was Sighart Neckel hier aufzählt, hat mit dem Außen zu tun. Es ist eine zunehmende Fixierung auf den äußeren Erfolg, die die Frage nach der inneren Zufriedenheit gar nicht mehr aufkommen lässt. Es wird unterstellt, dass Erfolg per se zufrieden macht – und genau das stimmt nicht.

Die Folge, gerade für jüngere Menschen, ist eine Erfolgsplanung und eine Karriereplanung, die typischerweise die Innenseite einer Karriere – also die gefühlte Zufriedenheit – kaum noch berücksichtigt. Bei vielen Jugendlichen und jungen Erwachsenen – gerade solchen aus prekären Milieus, jedoch bis weit in die Mittelschicht hinein – bleibt es ohnehin bei bloßen Erfolgsfantasien. Der sehnliche Wunsch nach Erfolg ist da. Es fehlen jedoch die Voraussetzungen, ihn tatsächlich zu erreichen. Mangelnde Bildung, nie eingeübte Selbstdisziplin, fehlende soziale Kompetenzen oder eine viel zu schwache Zielorientierung lassen den Erfolg irgendwann wirklich zu etwas werden, das nur noch durch »moderne Magie« erreichbar wäre. Doch vielen, die dank guter Startvoraussetzungen und entsprechender Selbstdisziplin den gewünschten Erfolg erzielt haben, geht es am Ende kaum besser. Sie haben ihren Erfolg geplant, aber nicht ihre Zufriedenheit. Man kann das niemandem vorwerfen, denn unsere Kinder und Jugendlichen werden in Lebenszufriedenheit nie unterrichtet.

»Schulfach Glück« – die Abkehr von der bloßen Berufsqualifikation

Ernst Fritz-Schubert wollte sich nicht damit abfinden, dass Kinder und Jugendliche in der Schule lustlos und widerwillig einen Stoff pauken, der ihnen später vielleicht einmal zu Karriere und Erfolg, aber nicht zu Lebensglück verhelfen kann. Er ist Oberstudiendirektor an einem Heidelberger Gymnasium und führte dort im Jahr 2007 das Unterrichtsfach »Glück« ein. Unter dem Titel *Schulfach Glück* hat er darüber ein

Bildung muss wieder mehr als Ausbildung sein

viel beachtetes Buch geschrieben. Es gehe ihm nicht um »pädagogischen Zuckerguss«, sondern um »Bildung im ursprünglichen Sinn«, erklärte Fritz-Schubert gegenüber *Spiegel online*. Tatsächlich war das antike und humanistische Bildungsideal nie nur auf äußere Erfolge aus. Es ging bei Bildung stets um mehr als die Fähigkeit, materiellen Reichtum zu erwerben. Nämlich um ein inneres Wachstum, das dem äußeren entspricht und letztlich ein Garant für Zufriedenheit ist. Ähnlich sieht es der Schulleiter, dessen Vorstoß vom baden-württembergischen Kultusministerium unterstützt wird. Allerdings möchte man in Stuttgart lieber von »Lebenskompetenz« als von »Glück« sprechen.

»Wir haben dafür gesorgt, dass aus Bildung Schulbildung wird«, kritisiert Ernst Fritz-Schubert. Junge Menschen würden beruflich qualifiziert – mehr nicht. Reflexionsvermögen, körperliche und seelische Gesundheit und eben »Lebenskompetenz« kämen nicht vor. Dafür glaube man in der Schule keine Zeit zu haben. Meiner Meinung nach betrifft das bei weitem nicht nur die Schule. Die ersten vier Jahrzehnte unseres Lebens verbringen wir praktisch mit Erfolgsplanung. Es geht um Qualifikationen und Karrieren, aber auch um den privaten »Erfolg«. Aus dem Coaching kenne ich eine ganze Reihe junger Frauen um die 35, die in ihrem bisherigen Leben nur darauf getrimmt waren, Erfolge zu erzielen und dann »abzuhaken«: Abitur, Studienplatz, Praktika, Auslandsaufenthalte, Diplom und eventuell Promotion, dann Berufseinstieg und möglichst schnelle Karriere. Parallel die Suche nach dem Traumpartner und potenziellen Vater gesunder und intelligenter Kinder. Mit 35 dann immer noch oder schon wieder Single, aus dem Kinderwunsch nichts geworden und der Job quälend langweilig. Manche dieser Frauen können es im Coaching selbst kaum fassen: Nirgendwo auf ihrer Karriereleiter ist Zufriedenheit bisher ein Thema gewesen.

Zufriedenheitsplanung statt bloßer Karriereplanung: Geht das?

Fairerweise muss man sagen, dass es selbstverständlich wesentlich einfacher ist, mit äußeren Tatbeständen umzugehen als mit inneren Vorgängen. Erfolg ist messbar, Zufriedenheit eher nicht. Menschen können sich subjektiv auf einer Skala der Zufriedenheit einschätzen. Überprüfbar sind solche Aussagen kaum. Jedenfalls nicht in derselben

Weise, wie sich Qualifikationen, Positionen oder Einkommen darstellen lassen. »Zufriedenheitsplanung« meine ich deshalb auch eher programmatisch als konkret. Zufriedenheit an sich ist nicht exakt planbar oder methodisch herstellbar. Aber wir alle können systematisch an den Faktoren arbeiten, die jeweils unsere individuelle Zufriedenheit begünstigen. Ich plädiere nachdrücklich dafür, damit möglichst früh im Leben zu beginnen. Also nicht erst mit Ende 40, wenn der Tiefpunkt der »U-Kurve« erreicht ist. Am Ende dieses Kapitels finden Sie eine Übung dazu.

Ein wesentlicher Schlüssel zur Zufriedenheit heißt Achtsamkeit. Vor allem gegenüber sich selbst gilt es achtsam zu sein. In einer Gesellschaft, die äußere Erfolge überbetont, werden Selbstreflexion und Selbstbeobachtung innerer Vorgänge kaum noch gelehrt und eingeübt. Gerade diese ständige Selbstreflexion muss jedoch das Ziel sein. Haben Sie sich bis heute bei jeder Karriereentscheidung wirklich gefragt, wie es Ihnen innerlich damit gehen wird? Die meisten Menschen tun das nicht. Auch die meisten Unternehmen fragen nicht, ob eine Beförderung einen Mitarbeiter innerlich zufriedener machen würde. Täten sie das, so könnten sie sich viele Enttäuschungen, Fehlbesetzungen und auch finanzielle Verluste ersparen.

Achtsamkeit und Selbstreflexion als Schlüssel zur Zufriedenheit

Wenn Erfolg wie ein Haus ist, das ich planen und errichten kann, dann ist Zufriedenheit eher wie ein zartes Pflänzchen, das ich kultivieren muss. Ich sollte immer wieder schauen, ob genug Wasser, Wärme, Licht und Nährstoffe da sind. Ich kann aber auch nicht mehr tun, als für diese Bedingungen zu sorgen. Wachsen muss das Pflänzchen von allein. Im Coaching bin ich in den meisten Fällen eine »Zufriedenheitshelferin«. Erfolg haben meine Kunden ja bereits. Zufriedenheit können sie nirgendwo kaufen, und auch ich kann sie ihnen nicht einfach einimpfen. Mein Verständnis von Coaching besteht darin, Menschen an ihre unentdeckten Möglichkeiten heranzuführen. Leider warten die meisten, bis sie unzufrieden sind, bevor sie achtsamer mit den Bedingungen ihrer Zufriedenheit umgehen. Initiativen wie das »Schulfach Glück« sind da ein Lichtblick.

Zukunftsperspektiven: Die Generation Y und Erfolg

Seit einiger Zeit spricht man von der jüngeren Generation der nach 1980 Geborenen auch als Generation Y. Der Begriff knüpft an eine Bezeichnung des amerikanischen Autors Douglas Coupland für meine Generation an. Er nannte die zwischen 1960 und 1979 Geborenen die Generation X. Spricht man »Generation Y« englisch aus, so klingt das »Y« wie das Wort »Why«. Tatsächlich sucht diese in den Zeiten von Internet und Globalisierung aufgewachsene Generation stärker als die Älteren nach einem »Warum« für ihr berufliches Tun. Die Generation Y ist leistungsbereit, will aber genau wissen, wofür sie sich anstrengt. Individuelle Entwicklungsmöglichkeiten sind ihr, Studien zufolge, wichtiger als Statussymbole. Die herkömmlichen Insignien des Erfolgs – Dienstwagen mit sechs Zylindern, Büro mit zwei Fensterkreuzen, Vielfliegerstatus usw. – haben als Anreize zunehmend ausgedient. Karriere heißt auch nicht mehr zwingend Aufstieg, sondern kann auch »seitlich« verlaufen. Der Karriereberater Christoph Burger hat dafür das Wort »Kwerkarriere« geprägt. Andere sprechen von »Mosaikkarrieren«. Jobwechsel finden weniger durch äußere Zwänge statt, sondern folgen dem Wunsch, Neues auszuprobieren und sich weiterzuentwickeln. Mit dieser Flexibilität geht ein hohes Maß an räumlicher Mobilität einher. Man geht beispielsweise als Arzt für zwei Jahre nach Neuseeland und arbeitet anschließend eine Zeit lang als Unternehmensberater für das Gesundheitswesen in Osteuropa. Die Generation Y sucht immer wieder Abwechslung und neue Herausforderungen. Die persönlichen Bedürfnisse stehen dabei stets obenan. Aufopferung für die Firma ist dieser Generation fremd.

Ganz ohne Erfolge gibt es auch keine Zufriedenheit!

Manche Menschen kommen scheinbar komplett ohne äußere Erfolge aus. Da ist zum Beispiel der Bettelmönch, der Armut, Ehelosigkeit und Gehorsam gelobt, den weltlichen Dingen weitgehend entsagt und sich in den Dienst der *caritas*, der tätigen Nächstenliebe, gestellt hat. Oder da ist eine Mutter Teresa, die niemals das Ziel hatte, international bekannt zu werden, sondern einfach etwas für Arme, Obdachlose und Sterbende in ihrer Heimatstadt Kalkutta tun wollte. Oder denken Sie an einen spirituellen Guru, der in einem Ashram seine Anhänger unterweist und von deren Spenden und Zuwendungen lebt. Natürlich gibt es auch selbsternannte Gurus, wie es beispielsweise Bhagwan war, die ihre Anhängerschaft aufs Äußerste gefleddert haben und sogar in kriminelle Geschäfte verstrickt waren. Davon rede ich aber nicht. Vielmehr habe ich jene spirituellen Lehrer vor Augen, die sich ganz der Meditation und der Lehre widmen. Sie scheinen keinen »Erfolg« zu brauchen. Doch das stimmt nicht.

Erfolg heißt ja nicht bloß Reichtum und Ruhm. Wir Juristen definieren Erfolg ganz formal als das, was auf eine Handlung als Ergebnis er-*folgt*. Juristische Laien schauen manchmal betreten, wenn sie hören, dass für den Strafrechtler eine Leiche ein »Erfolg« sein kann – nämlich das Ergebnis einer Straftat. Nun, der Tod ist dann eben das, was auf eine Tötungshandlung »erfolgte«. Für den alltäglichen Sprachgebrauch klingt es makaber, hier von »Erfolg« zu sprechen. Der juristische Sprachgebrauch kann uns aber auf die richtige Spur bringen, um den Begriff »Erfolg« weit genug zu fassen. Erfolg ist eine Wirkung im Außen. So gesehen wird klar, warum es ganz ohne Erfolge auch keine Zufriedenheit geben kann. Der Mensch ist ein soziales Wesen und will auf seinem Lebensweg auch bei anderen Menschen etwas auslösen.

> Erfolg ist eine Wirkung im Außen, bei anderen Menschen

Ein neues und umfassenderes Verständnis von Erfolg muss her

Auch Bettelmönche, Sozialarbeiterinnen oder spirituelle Gurus können entweder erfolgreich oder erfolglos sein: Ist es ihnen gelungen, bei anderen Menschen das auszulösen, was sie sich zur Aufgabe gemacht haben? Konnten sie helfen? Einen sinnvollen Beitrag zur Gesellschaft leisten? Der »erfolgreiche« Franziskanermönch hat viele Menschen seelsorgerisch und lebenspraktisch begleitet. Die »Erfolge« von Mutter Teresa bestehen in der Linderung von Leid und in dem Trost, den sie für Menschen hatte. Und der Guru ist dann »erfolgreich«, wenn seine Schüler wirklich etwas von ihm lernen konnten. Wir brauchen ein neues und umfassenderes Erfolgsverständnis. Erfolg hat immer mit Resonanz bei anderen Menschen zu tun. Wenn jemand als Berater, Trainer oder Coach einen hohen Stundensatz erzielen kann, Menschen ihm also viel Geld für seine Leistung bezahlen, dann ist das zweifellos ein Erfolg. Wenn er anschließend ein kostenloses Konzert gibt und viele Zuhörer kommen, dann ist das auch ein Erfolg. Und wenn er dann mit einer Initiative für Obdachlose Menschen helfen kann, dann ist es ebenfalls Erfolg.

Wer definiert, was Erfolg ist? Dahinter steckt die Frage: Wer definiert, was Erfolg ist? Definiert das Ihre Bank oder Ihr Steuerberater anhand Ihres Einkommens? Definieren das die Medien, indem sie uns ständig Bilder von erfolgreichen Menschen präsentieren, mit denen wir uns vergleichen? Definieren das Freunde, Familie oder Nachbarn mit ihren Erwartungen an uns? Oder definieren wir das weitgehend selbst, aus unserer subjektiven Perspektive? Ich sage: Erfolg ist sozial. Es ist unser individueller Beitrag in der Außenwelt in einem gesellschaftlichen Kontext. Ohne diesen gesellschaftlichen Kontext ist Erfolg gar keine sinnvolle Kategorie. Als soziale Wesen brauchen wir Erfolge im Sinne von Ergebnissen im gesellschaftlichen Kontext, um zufrieden zu sein. Der bloße »Trip« nach innen, der totale Rückzug ins Private, ist für mich deshalb auch keine Alternative zu einer einseitigen Erfolgssuche.

Erfolg und Zufriedenheit – plus gesellschaftliches Engagement

Anlässlich der Bundestagswahl 2013 sah ich eine der abendlichen, politischen Talkshows im Fernsehen. Gast war unter anderem eine junge Frau, die als bekennende Wahlverweigerin eingeladen worden war. Sie war davon überzeugt, es sei das Beste, sich politisch und gesellschaftlich einfach aus allem herauszuhalten. Erfolg, Glück und Zufriedenheit haben für diese junge Erwachsene ausschließlich mit ihrem privaten Umfeld zu tun. Im Verlauf der Sendung tat mir die junge Frau fast leid, denn die ebenfalls eingeladenen prominenten Politiker und Journalisten ließen kein gutes Haar an ihrem Standpunkt. Einer hielt ihr eine regelrechte Moralpredigt. Bei aller Sympathie für die junge Frau und ihre mutige Position: Ich würde ihr ebenfalls ins Gewissen reden. Der Rückzug ins Private und Unpolitische, die totale Ignoranz gegenüber dem, was mit anderen Menschen in unserer Gesellschaft geschieht, kann für mich weder für Erfolg noch Zufriedenheit eine Basis sein.

Soziales Mitgestalten macht zufrieden Für mich erwächst Zufriedenheit nicht zuletzt auch aus dem Mitgestalten. Wir leben nicht mehr in einer Monarchie, wo der König für alle seine Untertanen sorgen soll.

Sondern in einer Demokratie, in der es auf jeden Einzelnen und jede Einzelne ankommt. Wenn die »unzufriedenen Erfolgreichen« zu mir ins Coaching kommen, dann frage ich gerne auch einmal danach, wie es mit dem gesellschaftlichen Engagement aussieht. Nicht wenige engagieren sich hier eher lustlos und eher über Geldspenden, weil »man« das eben so macht. Sie unterschätzen, wie sehr es zu ihrer Zufriedenheit beitragen könnte, sich mehr für die Gemeinschaft einzusetzen. Je nach persönlichen Neigungen und Interessen gibt es dazu ja viele Möglichkeiten: Hilfe für Bedürftige, Kulturförderung, politische Ehrenämter, kirchliche Initiativen, interkultureller Dialog, Menschenrechtsgruppen und vieles mehr. Erfolg und Zufriedenheit gehören für mich zusammen. Und gesellschaftliches Engagement gehört für mich einfach noch dazu.

Übung

Zufriedenheit ist nicht genauso planbar wie äußere Erfolge es sind. Zufriedenheit muss wachsen. Trotzdem ist es eine sinnvolle und hilfreiche Übung, einmal eine Art »Zufriedenheitsplanung« aufzustellen. Dabei können Sie sich an den folgenden Schritten orientieren:

1. Finden Sie zunächst heraus, was Ihre Zufriedenheitsdefizite sind. Womit sind Sie unzufrieden?
2. Priorisieren Sie, welches das größte bzw. das störendste Zufriedenheitsdefizit ist. Welche folgen als Nächstes?
3. Setzen Sie jedem Zufriedenheitsdefizit ein »Zufriedenheitssurrogat« gegenüber. Was würde Sie an dieser Stelle zufrieden machen?
   Das »Zufriedenheitssurrogat« ist ein Ziel im Sinne der SMART-Formel:
   S – spezifisch (also kein vager Wunsch)
   M – messbar (Testfrage: Woran genau merke ich, dass ich das Ziel erreicht habe?)
   A – attraktiv (Ziel soll positiv formuliert sein)
   R – realistisch
   T – terminiert (Bis wann will ich das Ziel erreicht haben?)
4. Überlegen Sie, ob Sie Menschen haben, die Sie in Ihrer Zielerreichung unterstützen können.

12 BurnOn – stetig und freudig weiterbrennen

»Bei allem, was man tut, das Ende zu bedenken – das ist Nachhaltigkeit.«
Eric Schweitzer, Unternehmer und DIHK-Präsident

BurnOn bedeutet, sein inneres Feuer zu entfachen statt auszubrennen. BurnOn ist das Gegenteil von Burn-out. Einmal entfacht, brennt das Feuer der Begeisterung stetig weiter, sofern es richtig genährt wird. Die persönliche Arbeitsfreude (»Ich«), die duale Arbeitsfreude (»Du«) und die organisationale Arbeitsfreude (»Wir«) sind im ständigen Zusammenspiel das Brennmaterial für BurnOn. Die neue Lust auf Leistung führt zu Klarheit über die persönliche Identität bei der Arbeit und ermöglicht eine gesunde Identifikation mit Aufgabe, Team und Organisation. Darum geht es zum Schluss.

Kennen Sie schon die neueste Trend-Diät? Nein? Dann haben Sie wahrscheinlich nichts verpasst. Neulich blätterte ich in einer Frauenzeitschrift, in der sage und schreibe 15 aktuelle »Trend-Diäten« vorgestellt wurden. Irgendwie kamen mir alle diese Programme zur Gewichtsreduktion bekannt vor. Mal sind Kohlenhydrate strikt verboten, dafür steht bergeweise Fleisch auf dem Speiseplan. Bei der nächsten Diät gibt es mittags und abends Salat. Und bei wieder einer anderen Diät wird so lange täglich Kohlsuppe gekocht, bis der Partner ins Hotel zieht, weil er den Geruch in der Wohnung nicht mehr erträgt. Männerzeitschriften sind übrigens nicht wirklich besser. Das Thema »Sixpack« scheint in kaum einer Ausgabe fehlen zu dürfen. Je nach angepriesener Methode soll mal in acht Wochen, mal in sieben Wochen und mal in sechs Wochen der »Waschbrettbauch« da sein. Immer wieder tauchen auch extreme Varianten auf, etwa das »12-Tage-Sixpack-Workout«.

Maßnahmen, so kurzfristig wie eine Diät

Wie sehen nun die Frauen und Männer ein Jahr nach der Trend-Diät beziehungsweise dem Extrem-Workout aus? Meistens genauso wie vorher! Das Problem bei praktisch allen Diäten ist der sogenannte Jo-Jo-Effekt. Nach dem schnellen Gewichtsverlust nimmt man ebenso schnell wieder zu. Wer dann immer wieder die nächste Diät anfängt, bei dem geht der Zeiger auf der Waage wie bei einem Jo-Jo auf und ab. Ursache für den Jo-Jo-Effekt sind hoch komplizierte biologische Regelkreisläufe im Körper, die wir mit einer kurzfristigen Veränderung des Ernährungsverhaltens nicht so einfach aushebeln können. Einer amerikanischen Studie aus dem Jahr 2008 zufolge sind regelmäßige Bewegung und langfristige Umstellung der Lebensgewohnheiten für das Abnehmen viel wichtiger als die Beachtung strenger Diätregeln.

Was bringt mich an dieser Stelle auf Diäten und Workouts? Vieles, was in den Unternehmen unter der Überschrift »Burn-out-Prävention« oder »betriebliches Gesundheitsmanagement« stattfindet, erinnert mich an Trend-Diäten und Sixpack-Workouts. Es zielt auf den kurzfristigen Effekt. Aber es ist nicht nachhaltig. Um eben diese Nachhaltigkeit im Sinne einer stetigen und freudigen Leistungslust über viele Jahre geht es mir in diesem abschließenden und zusammenfassenden Kapitel. Wo man weiterhin »Burn-out-Prävention« betreiben will, da wird sich langfristig kaum etwas bessern. Auf Probleme zu starren, löst sie nicht. Im Gegenteil, die Probleme werden eher noch größer, weil die ständige Aufmerksamkeit sie nährt. Unser Hauptaugenmerk muss den positiven Gewohnheiten gelten, nicht den akuten Störungen.

Wir müssen aufhören, unsere Energiereserven zu blockieren

Wir sind, wie bereits gesagt, alle »Energiearbeiter« – egal, in welchem Mischungsverhältnis wir unsere körperlichen und geistig-seelischen Energien bei der Arbeit jeweils einsetzen. Deshalb müssen wir endlich aufhören, unsere Energiereserven zu blockieren und zu verbrauchen. Wir brauchen Individuen, die sich zunächst selbst in der Balance halten können. Und die dann auch im Umgang mit ihrem jeweiligen Gegenüber eine ausgeglichene »Energiebilanz« haben, statt anderen Energie abzusaugen oder selbst ausgesaugt zu werden. Wir brauchen außerdem Strukturen und Organisationen, die das innere Feuer der Individuen anfachen statt es auszulöschen. Wie diese drei Ebenen »Ich«, »Du« und »Wir« untrennbar zusammenspielen, werde ich in diesem Kapitel nochmals anhand eines Beispiels aus meiner Beratungspraxis veranschaulichen.

Auf lange Sicht wird auch das Betriebliche Gesundheitsmanagement (BGM), wie es heute noch vielerorts verstanden wird, weder die Burnout-Problematik lösen noch bei den Mitarbeitern echte Leistungslust fördern. Noch einmal: Ich bin absolut kein Gegner der betrieblichen Gesundheitsvorsorge! Ich kritisiere lediglich die heute verbreiteten

Alibimaßnahmen nach dem Gießkannenprinzip: Je nach Budget werden dabei allerlei mehr oder weniger gesundheitsfördernde Nettigkeiten über die Mitarbeiter ausgegossen – von der Rückenschule über die Büromassage bis hin zum Vollwert-Essen in der Kantine. Unternehmen können sich damit leicht aus ihrer Verantwortung für das ganze »Lustsystem« zurückziehen. Sie geben Mitarbeitern ein paar gute Ratschläge zum persönlichen Stressabbau und damit hat es sich. Ich habe Unternehmen erlebt, bei denen Rückenschulung zum Alltag gehört, aber Rückendeckung für die Mitarbeiter ein Fremdwort ist.

Arbeit ist Leben. Wir brauchen endlich mehr als bloßen Aktionismus angesichts von viel zu vielen Menschen, die über Leere und Lustlosigkeit bei der Arbeit klagen. Wir brauchen größere Veränderungen und müssen neue Wege beschreiten, um wieder an unsere verschütteten Kraftreserven zu kommen. Das gilt im Kleinen wir im Großen. Es gilt beim Individuum, in seinen Beziehungen zu anderen Individuen und genauso auf der Ebene von Organisation und Gesellschaft. Sind Sie bereit dazu? Dann freuen Sie sich auf BurnOn!

Größere Veränderungen und neue Wege statt punktuellem Aktionismus

Lustförderung und Weiterbildung »von innen nach außen«

Egal, ob es um Gesundheitsmanagement oder Weiterbildung geht – der Ansatz der Unternehmen ist heute noch weitgehend derselbe: Erst werden Unternehmensziele definiert und dann »Kernkompetenzen« herausgearbeitet. Hoffentlich unter Berücksichtigung der Ressourcen! Anschließend wird im Organigramm nachgeschaut, welche Personen aufgrund ihrer Position – also »funktional« – dafür zuständig sind, für die Zielerreichung zu sorgen. Im letzten Schritt erhalten diese Personen dann die nötigen Weiterbildungsmaßnahmen. Und wenn die Ziele anspruchsvoll sind, was zunehmend der Fall ist, dann erhalten sie vielleicht auch noch ein wenig Unterstützung zur persönlichen Stressbewältigung. Etwa in Form eines Gutscheins für einen Kurs in autogenem Training.

Das alles klingt vielleicht zunächst durchaus logisch. Die Krux dabei ist die rein funktionale Perspektive: Wo sitzen unsere Mitarbeiter und was brauchen sie noch, damit sie die vom Management vorgegebenen

Ziele erreichen können? Die Blickrichtung geht hier bisher »von außen nach innen«: Ziel, Organigramm, Mensch. Was das Individuum zu leisten vermag und vor allen Dingen, was in diesem innerlich vorgeht, steht ganz am Schluss der Kette. Und das ist das Problem. Wenn ein einzelner Mitarbeiter auf eine Aufgabe gar keine Lust hat, weil sie nicht seinen Talenten und Neigungen entspricht, dann gilt das eben nach heutiger Lesart nicht als Systemfehler. Sondern als Problem- oder Störfall. Mit den richtigen Maßnahmen der Weiterbildung beziehungsweise des Gesundheitsmanagements lässt sich angeblich alles richten. Bloß funktioniert es bestenfalls kurzfristig und niemals nachhaltig. Weil da eben doch ein Systemfehler ist!

Die Blickrichtung ändern: Bedürfnis statt Funktion

Mitarbeiter bedürfnisgerecht einsetzen und dann weiterbilden

Es ist dringend nötig, die Perspektive zu ändern und »von innen nach außen« zu denken: Was sind die Talente, Neigungen und Bedürfnisse des einzelnen Mitarbeiters? Und wo in der Organisation gehört dieser Mitarbeiter dann hin, um die Unternehmensziele zu erreichen? Es ändert sich dadurch nicht alles, sondern es ändert sich dieser entscheidende Punkt. Weiterhin werden aus den Unternehmenszielen die Kernkompetenzen abgeleitet und definiert. Doch an die Stelle der funktionalen Zuständigkeit für die Zielerreichung tritt die bedürfnisgerechte Zielerreichung. Die beiden entscheidenden Fragen lauten: Was kann und will das Unternehmen? Und: Was kann und will jeder einzelne Mitarbeiter? Erst wenn jeder Mitarbeiter wieder neu und »bedürfnisgerecht« eingesetzt ist, folgen passgenaue Weiterbildung sowie zielgerechte und langfristige Maßnahmen, um das innere Feuer zu erhalten.

Ich plädiere also weder dafür, dass Mitarbeiter sich ihre Ziele einfach selbst setzen, noch sehe ich das Unternehmen als Spielplatz für Erwachsene, auf dem jeder unbegrenzt seine egoistischen Wünsche anmelden soll. Es geht mir um die richtige Balance aus Effizienz und Menschlichkeit – zum langfristigen Nutzen aller. Zielsetzung »von oben« ist wichtig und in Ordnung. Genauso wichtig ist es, »von unten« Bedürfnisse anzumelden. Das Ergebnis ist kein Kompromiss, sondern ein »Lustsystem«, in dem Ziele durch Mitarbeiter erreicht werden, die mit innerer Begeisterung ihre Arbeit machen. Dabei gibt es selbstverständlich keinen fixen Endzustand im Sinne einer einmal erreichten, perfekten Balance. Die produktive Harmonie zwischen Effizienz und Menschlichkeit ist vielmehr ein Ideal, dem sich die Organisation immer wieder neu annähern muss.

Organisatorische Stresspuffer einbauen

Ein deutscher Arbeitgeberpräsident hat kürzlich behauptet, die Ursachen psychischer Erkrankungen lägen außerhalb des beruflichen Umfelds, weshalb auch der Einfluss der Unternehmen darauf begrenzt sei. Eine solche Aussage ist in mehrfacher Hinsicht fatal. Erstens stehlen sich damit Unternehmen schnell aus der Verantwortung dafür, was bei den Mitarbeitern während der Arbeitszeit innerlich passiert. Selbstverständlich haben sämtliche inneren Vorgänge auch sehr viel mit den Arbeitsbedingungen zu tun! Zweitens liegt damit der Schwarze Peter wieder bei den einzelnen Mitarbeitern, die maximal darauf hoffen dürfen, dass es ein paar nette Seminare »geschenkt« gibt. Unternehmer und Topmanager sollten hier ihre Verantwortung begreifen. Sie müssen an der Organisation ansetzen und dort echte Veränderungen einleiten. BurnOn muss Teil der Unternehmens- und Führungskultur werden! Das Mindeste, was Mitarbeiter brauchen, sind zunächst organisatorische Stresspuffer. Es ist schlicht nicht möglich, mit immer weniger Mitarbeitern immer mehr Waren und Dienstleistungen zu produzieren. Irgendwann ist eine Grenze erreicht.

In den heutigen Unternehmen sind wir dieser Grenze schon sehr nahe. Die Effizienzpotenziale sind weitgehend ausgeschöpft und wir müssen aufpassen, dass das Effizienzstreben nicht in gegenteilige Effekte umschlägt. Eine Warnung sollte uns allen das sogenannte »S-Bahn-Chaos« sein, unter dem die Berliner jahrelang leiden mussten. Ursache der nicht enden wollenden Ausfälle von S-Bahn-Zügen in der deutschen Hauptstadt war eine Unternehmenspolitik der Bahn, die im Sinne maximaler Kosteneffizienz sämtliche Sparpotenziale bei Personal und Wartung bis zum Anschlag ausreizte. Gestrichen wurden dabei auch die letzten Puffer! Schließlich brach alles wie ein Kartenhaus zusammen. Die vernachlässigte Wartung konnte nicht einfach schnell nachgeholt werden, weil dafür längst das Personal fehlte. Und so dauerte es tatsächlich Jahre, den Wartungsstau aufzulösen. Im Er-

Die Effizienzpotenziale sind ausgereizt – jetzt ist Augenmaß gefragt

gebnis sind der Bahn durch das »S-Bahn-Chaos« viel mehr Kosten entstanden als anfangs eingespart wurden. Von frustrierten Mitarbeitern, enttäuschten Kunden und einem gigantischen Imageschaden ganz zu schweigen. So weit darf es in keinem Unternehmen kommen!

Wenn auch das beste Coaching nichts nützt

Ich arbeite leidenschaftlich gerne als Coach und erlebe immer wieder, wie frustrierte oder ineffektive Mitarbeiter durch das richtige Coaching innerhalb kurzer Zeit erneut zu Leistungsträgern werden. Ihr Job macht ihnen dann entweder wieder Spaß – oder sie wechseln den Job. Auch bei Kollegen und Kunden sind jene, die ein Coaching erfahren haben, beliebter und erfolgreicher als jene, die in ihren alten Mustern stecken. Coaching ist allerdings nicht der Schlüssel für alles. Jede Beratung eines Individuums kann nur dann helfen, wenn das wesentliche Verbesserungspotenzial auch beim Individuum liegt. Wo auf der organisationalen Ebene Dinge im Argen liegen, nützt auch das beste Coaching alleine nichts. Doch diesen Teil blenden Unternehmenslenker oftmals aus. Mittlerweile wird im Coaching eine Art Allheilmittel gesehen. Wenn es irgendwo hakt, findet sich garantiert ein Schuldiger, der »einen Coach braucht«. Es kann dann sein, dass hier tatsächlich jemand von Coaching sehr profitieren kann. Aber oft reicht das allein eben nicht, wie das folgende Beispiel aus meiner Praxis veranschaulicht.

»Durchgecoacht« und dennoch chancenlos?

Ein sehr erfolgreicher Vertriebler sollte zum Geschäftsführer einer Niederlassung befördert werden. Der Chef der Unternehmensgruppe hielt große Stücke auf diesen Vertriebsmann, glaubte aber, dass dieser für seine neue Aufgabe noch ein wenig Coaching brauchen würde. Tatsächlich galt der angehende Niederlassungsleiter als »harter Hund« und überzeugter Einzelkämpfer im Vertrieb. Im Kollegenkreis war er respektiert, aber wegen seines manchmal rüden Umgangstons auch ein wenig gefürchtet. Sein Chef glaubte zu Recht, dass ein Geschäftsführer da etwas mehr Feinschliff und soziale Kompetenz benötigen würde. Schließlich würde er nicht nur die Geschäfte führen, sondern auch die Mitarbeiter. Ein Coaching sollte das Problem lösen.

Der Vertriebsmann stürzte sich mit großem Elan in seine neue Aufgabe als Geschäftsführer. Wie sich herausstellte, war er sein Image als »Lonesome Rider« und gefürchteter Schurke an der Vertriebsfront längst leid. Er sehnte sich selbst nach mehr menschlichem Miteinander in einem verlässlichen Team. Das Coaching rannte bei ihm offene Türen ein. Er war bereit, sich selbst zu reflektieren und dazuzulernen. Passende Weiterbildungsmaßnahmen, die er ehrgeizig und gewissenhaft absolvierte, taten ein Übriges für seine persönliche Veränderung. Irgendwann war der neue Geschäftsführer aus meiner Sicht »durchgecoacht«. Es gab nichts, was noch an das Raubein aus dem Vertrieb erinnerte. Trotzdem kam er in seiner Firma auf keinen grünen Zweig. Denn an den vorhandenen Strukturen konnte er nichts ändern.

Schlechte Organisation als Bremse für Top-Jobber

Innerhalb kurzer Zeit lernte der neue Niederlassungsleiter so manches kennen, was es in keinem halbwegs organisierten Unternehmen geben dürfte. So gab es im gesamten Unternehmen praktisch überhaupt keine verbindlichen Kommunikationsregeln. Wer was wann erfuhr, folgte mehr oder weniger dem Zufallsprinzip. Es gab kein Intranet, wo strukturierte Informationen abrufbar gewesen wären. Ja, es gab nicht einmal regelmäßige Meetings, in denen man sich abgestimmt hätte. Immer wieder überging der Chef seine Niederlassungsleiter und rief einzelne Mitarbeiter einfach direkt an. Umgekehrt konnte auch jeder Mitarbeiter an seinem Niederlassungsleiter vorbei zum Chef kommen und sich dort eine Entscheidung abholen. Es gipfelte darin, dass der Chef einmal sogar den Empfang beauftragte, eine heikle Mitteilung mündlich an den Niederlassungsleiter weiterzuleiten. Mit dem Ergebnis, dass es die ganze Niederlassung vorher schon wusste und es einen Aufschrei gab.

Dieser Fall zeigt mehr als deutlich die Grenzen einer rein individuellen Vorsorge gegen Lustlosigkeit und Leistungsschwäche. Denn mal Hand aufs Herz: Wer würde in einem solchen Umfeld nicht nach kürzester Zeit sein inneres Feuer verlieren? Natürlich heißt das nicht gleich, dass einer ausbrennt. Aber nachhaltiges inneres Feuer und anhaltende Begeisterung für den Job sind eben nicht möglich, wenn die Strukturen das nicht unterstützen. Oder wenn es Kollegen oder Vorgesetzte gibt, die mit ihrem Rollenverständnis und ihrem Verhalten im Alltag eine positive Identifikation mit einer Aufgabe immer wieder sabotieren. Ich plädiere deshalb für eine Systematik, mit der Leistungslust auf Dauer gelingt. Abschließend möchte ich Ihnen mein BurnOn-System vorstellen, bei dem die Fäden der bisherigen Kapitel nochmals zusammenlaufen.

Die BurnOn-Systematik: Leistungslust auf Dauer

Noch herrschen eindimensionale Ansätze vor

Halten wir fest: Selbst Unternehmen, die das Lustprinzip bereits für sich entdeckt haben und unterstützen wollen, was ich BurnOn nenne, gehen in der Praxis bisher äußerst eindimensional an die Sache heran: Entweder die einzelnen Mitarbeiter rücken ganz in den Fokus und man appelliert an deren Eigenverantwortung. Oder man will die Führungskräfte in die Pflicht nehmen und erwartet von ihnen Heldentaten. Hin und wieder wird schließlich auch die Organisation in den Blick genommen. Für alle drei eindimensionalen Ansätze findet sich reichlich Literatur. Die eigenverantwortliche Herangehensweise wird unterstützt durch regalmeterweise Motivationsliteratur mit Titeln wie *Weck den Sieger in dir!* oder *Glücklich im Job*. Führungskräfte finden mindestens ebenso viele Bücher, die ihnen zeigen sollen, wie sie Mitarbeiter entwickeln und begeistern. Sie heißen *Leading simple* oder *Motivaction* (sic!). Schließlich sehen einige Autoren auch die organisationale Verantwortlichkeit. Das bekannteste Beispiel dürfte *Fish* sein, das »ungewöhnliche Motivationsbuch« von Stephen Lundin.

Lediglich die niederländischen Autoren Salem Samhoud, Hans van der Loo und Jeroen Geelhoed nähern sich in ihrem Buch *Lust und Leistung* einer ganzheitlichen Sicht. Leider verlieren sie die Eigenverantwortlichkeit des Mitarbeiters letztlich doch aus dem Blick und hoffen meiner Meinung nach zu sehr auf das »perfekte Unternehmen«. Wie bereits in Kapitel 7 gezeigt, entsteht ein ganzheitliches Lustsystem nur dort, wo Ich-Ebene, Du-Ebene und Wir-Ebene wie Zahnräder zusammengreifen und für nachhaltiges Wohlbefinden plus hohe Effizienz sorgen. Ganz entscheidend ist hierbei, dass es drei Verantwortlichkeiten gibt: eine individuelle, eine inter-individuelle und eine organisationale. Nur gemeinsame Verantwortung, die auch die gemeinsame Sorge und angemessene Strukturen und Abläufe umfasst, beendet das Schwarze-Peter-Spiel.

Über die persönliche Arbeitslust haben Sie in den bisherigen Kapiteln einiges gelesen. Mit den folgenden drei Leitfragen können Sie jederzeit testen, wo Sie gerade stehen:
- Was genau will ich bei der Arbeit?
- Wird meine Leistung anerkannt?
- Kann ich mich selbst entfalten?

Die erste Frage zielt auf das Meta-Thema, eine Art von Berufung, die mehr ist als ein bloßer Beruf. Einigen ist dieses Meta-Thema ihres Tuns klar und war es schon immer. Andere entdecken es über die Jahre, indem sie berufliche Erfahrungen machen und daraus lernen.

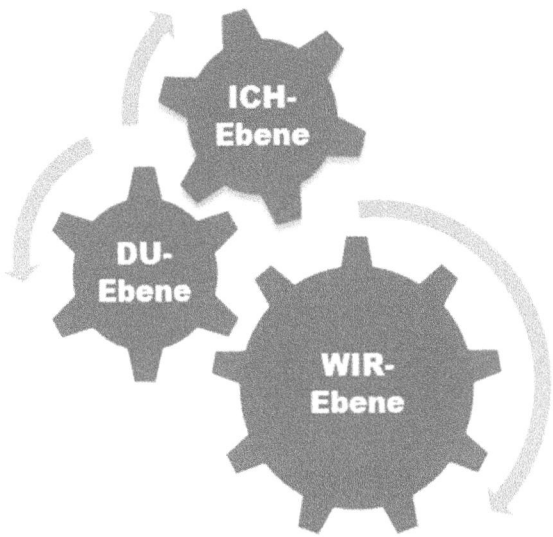

In der BurnOn-Systematik greifen persönliche Arbeitslust (ICH-Ebene), duale bzw. interpersonale Arbeitslust (DU-Ebene) sowie organisationale Arbeitslust (WIR-Ebene) ineinander.

Bei der dualen Arbeitslust sind wir bei den großen Themen des Miteinanders im Alltag angekommen: Darf ich gegenüber den anderen so sein, wie ich bin? Haben meine Kollegen ein ähnliches Werteverständnis wie ich? Herrscht gewaltfreie Kommunikation oder unterschwellige Aggressivität? Diese Fragen führen zum Kern dieses Bereichs. Auf dieser Ebene ist auch alles angesiedelt, was Führungskräfte für anhaltende Lust auf Leistung tun. Sie sind hier gefordert, sollten sich aber auch nicht überfordern. Sie dürfen ganz normale Menschen bleiben und müssen sich nicht mit den in einschlägigen Businessbüchern als

Heilsbringer gepriesenen Helden messen. Auf der organisationalen Ebene geht es schließlich um lustfördernde Leitlinien, Strukturen und Kulturen, die das individuelle Wollen berücksichtigen. Gibt es zum Beispiel ein starres Organigramm? Oder vielleicht meinem Vorschlag aus Kapitel 6 entsprechend ein flexibles »Talentegramm«?

<small>Stets entscheidet die Verbindung aller drei Ebenen</small> Wichtig ist immer die Verbindung aller drei Ebenen! Ob Sie sich ein Dreieck oder Kreise oder Zahnräder bildlich vorstellen, ist letztlich egal. Fehlt jemandem die persönliche Arbeitslust, dann kann er das Unternehmen dafür nicht verantwortlich machen. Versagt jemand als Vorgesetzter, dann sind nicht unbedingt die Regeln und Strukturen daran schuld. Und tötet eine chaotische Organisation den Mitarbeitern den letzten Nerv, dann lässt sich Leistungslust auch nicht mehr individuell »herbeicoachen«. Bleibt die Frage: Wer bringt das System in Schwung? Das sind dann in der Regel die Individuen mit Lust auf Neues. Es sind die Vorreiter und First Mover. Sie gehen allerdings immer ein Risiko ein, wenn sie vorpreschen, aber sich dann auf den anderen Ebenen zu wenig tut. In der nachhaltigen Perspektive gibt es immer entweder Fortschritt auf allen Ebenen oder Langsamkeit oder gar Rückschritt überall. Wer mit seinen Initiativen nicht willkommen ist, der wechselt irgendwann lieber den Arbeitgeber oder verabschiedet sich in die Selbstständigkeit.

Der BurnOn-Manager: Leistungslust fördern und durchsetzen

<small>Ein eigener Beauftragter für BurnOn</small> Unternehmen können immer darauf warten, dass sich »informelle Leader« mit Ideen und Initiativen hervortun. Oder sie können, besser gesagt, darauf hoffen. Der erfolgversprechendere Weg ist es, BurnOn nicht dem Zufall zu überlassen. »Anstifter« zu echter Leistungslust kann eine Rolle sein, die das Unternehmen bewusst vergibt. Entweder in Form eines eigenen Beauftragten – das ist die konsequenteste Variante. Oder zumindest so, dass bestimmte Manager sich BurnOn zu einer Aufgabe machen, für die sie zuständig sind. Wenn ich in meinen Vorträgen den BurnOn-Beauftragten ins Spiel bringe, sind die Reaktionen oft gespalten. Die einen schauen skeptisch. Bei den anderen zeichnet sich ein

Strahlen im Gesicht ab. Der eine oder die andere kommt dann nach dem Vortrag zu mir und sagt: »Genau das brauchen wir im Unternehmen!«

Tatsächlich gibt es ja in mittelständischen und großen Unternehmen inzwischen Beauftragte für alles Mögliche – Gleichstellung, Gesundheit, Umwelt und so weiter. Bloß um das, was letztlich die ganze Organisation zusammenhält, nämlich Lust, Begeisterung und Zufriedenheit aller Mitarbeiter, kümmert sich noch keiner. Ich denke, hier ist es an der Zeit für mutige Ansätze. Es macht Sinn, eine unabhängige Instanz zu schaffen, die im Unternehmen dafür zu sorgen hat, dass die Leistungs- und Lustpotenziale der Mitarbeiter gehoben, genutzt und gepflegt werden. Und am besten gibt es dafür einen Betriebsbeauftragten mit besonderen Rechten, ähnlich den heute üblichen Gleichstellungs- oder Umweltbeauftragten. Der Beauftragte stößt dann Initiativen für mehr Lust auf Leistung an, schreitet aber auch ein, wenn das Leistungsklima akut gefährdet ist. Es ist eine Vertrauensperson für alle Mitarbeiter, die im Idealfall auch als Erste erfährt, wenn ein Mitarbeiter keine Lust mehr auf seine Arbeit hat und über eine Veränderung nachdenkt. Gemeinsam können dann die »Lustkiller« analysiert und mögliche innerbetriebliche Lösungen gefunden werden.

Führungskräfte, die BurnOn vorleben und dazu anstiften

Wo es keine eigenen Beauftragten für BurnOn gibt, dort sollten sich ausreichend Führungskräfte finden, die sich systematisch um das Thema Leistungslust kümmern. Heute werden in Konzernen bereits geeignete Führungskräfte, die sich dafür bewerben, zu Gesundheitsmanagern fortgebildet. Ähnlich lassen sich BurnOn-Manager bestimmen. Sie sollten in positiver Psychologie und Coaching geschult sein und sich mit den Zusammenhängen von Leistungslust und Mitarbeiterzufriedenheit auskennen. Wichtig ist außerdem zweierlei: Erstens muss ein BurnOn-Manager für diese Aufgabe ausreichend freigestellt sein. Gestresste Manager unter permanentem Zeitdruck können den Gedanken des BurnOn kaum glaubwürdig repräsentieren! Zweitens müssen sie selbst leben, was sie anderen nahebringen wollen.

Niemand muss Stimmungskanone sein, um BurnOn vorzuleben	Ich bin schon mehrfach auf die Rolle der Führungskräfte eingegangen. Auch wer nicht offiziell für BurnOn zuständig ist, trägt als Vorgesetzter eine besondere Verantwortung für die Leistungslust aller. Niemand muss dazu

Businessguru oder Stimmungskanone sein! Aber wir benötigen lustvoll agierende Führungskräfte. Je mehr davon, desto besser. Jeder kennt ja noch aus der Schule die »guten« und die »schlechten« Lehrer. Die guten haben uns für ihr Fach begeistert. Bei den schlechten hatten wir keine Lust. Ich zum Beispiel mochte nie Mathe, weil ich in diesem Fach immer mies gelaunte Lehrer hatte, die Dienst nach Vorschrift machten. Im Unternehmen ist es nicht viel anders. Begeisterte Führungskräfte, die BurnOn vorleben, machen auch ihren Mitarbeitern Lust. Selbst introvertierte Menschen schaffen das – ganz ohne Show, einfach durch die Freude an ihrer Aufgabe, die sie Tag für Tag ausstrahlen.

Identität + Identifikation = Leistungslust

Hier kommt nun gleich wieder die Eigenverantwortung der Mitarbeiter ins Spiel. Einen Mitarbeiter, der seine Stärken nicht kennt und überhaupt nicht weiß, was er will, kann auch die begeistertste Führungskraft nicht erreichen. Zunächst einmal sind alle Mitarbeiter dafür verantwortlich, ihre eigenen Talente zu erforschen und sich zu entscheiden, in welche Richtung es für sie gehen soll. Das Unternehmen kann sie hierbei jedoch durchaus unterstützen. So gibt es zum Beispiel Seminare, in denen Menschen sich unabhängig von ihrer aktuellen beruflichen Situation mit ihren Träumen, Talenten, Antrieben und Zielen befassen und diesen auf die Spur kommen. Es wäre schön, wenn Unternehmen nicht befürchten würden, dass nach einem solchen Seminar alle Mitarbeiter kündigen und sich selbstständig machen. Erstens wird das nicht der Fall sein. Zweitens ist es enorm wichtig, dass Mitarbeiter an ihrer persönlichen Identität arbeiten und sich fragen, wo im Unternehmen und bei welcher Aufgabe sie sein können, wie sie wollen.

Erst wenn die Firma zur eigenen Identität passt, entsteht Identifikation mit der Aufgabe und dem Unternehmen. Auch beim Thema Identifikation gibt es viele Übertreibungen. So wurde vor einigen Jahren der Fall bekannt, Coca-Cola habe einen LKW-Fahrer entlassen, weil dieser in seiner Pause beim Genuss einer Pepsi Cola erwischt worden sei. Solche Vorfälle sind lächerlich. Das Unternehmen bekommt sektenhafte Züge, wenn es absolute Gefolgschaft einfordert. Andererseits sollte jeder Mitarbeiter wissen, dass es nicht in Ordnung ist, auf Facebook über den Arbeitgeber zu lästern. Positive Identifikation folgt ganz selbstverständlich aus der Lust, gemeinsam mit anderen etwas Sinnvolles zu schaffen, das den eigenen Neigungen und Bedürfnissen entspricht. Sie ist Ergebnis von BurnOn und muss nicht erst durch Regeln erzwungen werden.

Mein Wunsch zum Schluss

Neulich war ich im Flugzeug auf dem Weg zu einem Kunden. Wir hatten unsere Reiseflughöhe erreicht und glitten durch die Lüfte. Ich saß auf einem Fensterplatz und schaute hinaus. Der Himmel zeigte sich an diesem Sommertag in einem satten Blau. Unter uns reihten sich weiße Wolken wie Wattebäusche aneinander. Plötzlich hatte ich das alte Lied von Reinhard Mey im Ohr: »Über den Wolken muss die Freiheit wohl grenzenlos sein …« Ich musste schmunzeln. Grenzenlose Freiheit, genau das spürte ich, hier und jetzt. Und mir wurde klar, dass das nicht nur über den Wolken so ist. Sondern dass ich seit nunmehr fünf Jahren überhaupt frei war. Frei, genau das zu tun, wofür ich brenne! Ich habe die Fesseln meines Arbeitsfrusts gesprengt und erlebe jetzt die pure Lust an meiner Leistung. Nach meinem Burn-out dachte ich, »die Arbeit« hätte mich krank gemacht. Doch zu viel Arbeit war überhaupt nicht mein Problem. Heute weiß ich, dass mir das Wesentliche fehlte. Mir fehlte es an Bewusstheit meiner Identität und daraus resultierend an Identifikation mit meinen Jobs. Heute bin ich eine »fröhliche Vielarbeiterin«, die bei sich selbst angekommen ist und jeden Arbeitstag in vollen Zügen genießt. Nun ja, fast jeden …

Falls Sie von sich selbst noch nicht aus vollem Herzen das Gleiche behaupten können, wünsche ich Ihnen, dass auch Sie die neue Lust auf Leistung für sich entdecken. Dazu beizutragen war das Anliegen meines Buchs. Arbeit kann eine Quelle großen Glücks sein. Ich wünsche Ihnen, dass Sie dieses Glück erleben dürfen. Auf die Ihnen gemäße, ganz einzigartige Weise. Es gibt Sie nur einmal. Und auch Ihre Leistung gibt es nur einmal. Hören wir endlich auf, mit dem Finger auf andere zu zeigen! Lernen wir alle miteinander und voneinander, was Freude an der Arbeit wirklich ausmacht. Das ist mir ein Herzensanliegen. Den Unternehmen wünsche ich, dass es ihnen gelingen möge, ein ganzheitliches Lustsystem zu schaffen. Machen Sie die Lust auf Leistung zum Teil Ihrer Mission!

»Wer liebt, was er tut, wird im Leben nie arbeiten«, hat Konfuzius gesagt. Er meinte damit, dass sich Arbeit nie wie eine Last anfühlt, wenn wir mit vollem Herzen und ganzer Begeisterung das tun, was wirklich uns selbst entspricht. Arbeit ist Leben – also leben Sie!

Quellen

1. Bücher

Bei englischsprachigen Büchern ist die deutsche Ausgabe angegeben.

Asgodom, Sabine: *Raus aus der Komfortzone, rein in den Erfolg – das Programm für ihre persönliche Unabhängigkeit*; Campus, 2008.
Asgodom, Sabine/Brockert, Siegfried: *Das Glück der Pellkartoffeln – vom Luxus der Zufriedenheit*, Kösel, 2009.
Badura, Bernhard, Antje Ducki, Helmut Schröder, Joachim Klose und Markus Meyer (Hrsg.): *Fehlzeiten-Report 2012. Gesundheit in der flexiblen Arbeitswelt: Chancen nutzen – Risiken minimieren.* Springer, 2012
Bauer, Joachim: *Arbeit. Warum unser Glück von ihr abhängt und wie sie uns krank macht.* Blessing, 2013
Böhme, Gernot (Hrsg.): *Kritik der Leistungsgesellschaft.* Edition Sirius, 2010
Brockert, Siegfried: *Du sollst dich lieben. Das neue Menschenbild der Positiven Psychologie*, Bertelsmann 2002.
Csíkszentmihályi, Mihály: *Flow im Beruf. Das Geheimnis des Glücks am Arbeitsplatz.* Klett-Cotta, 2004
Cube, Felix von: *Lust an Leistung. Die Naturgesetze der Führung.* Piper, 1998
Frank, Gunter und Maja Storch: *Die Mañana-Kompetenz. Auch Powermenschen brauchen Pause.* Piper, 2010
Fritz-Schubert, Ernst: *Schulfach Glück. Wie ein neues Fach die Schule verändert.* Herder, 2012
Gigerenzer, Gerd: *Risiko. Wie man die richtigen Entscheidungen trifft.* C. Bertelsmann, 2013
Goleman, Daniel: *EQ. Emotionale Intelligenz.* Deutscher Taschenbuch Verlag, 1997
Gostik, Adrian und Chester Elton: *Zuckerbrot statt Peitsche. Wie man mit einer täglichen Dosis Anerkennung sein Unternehmen nach vorne bringt.* FinanzBuch, 2008
Gross, Werner: *... aber nicht um jeden Preis. Karriere und Lebensglück.* Herder spektrum, 2013
Hamel, Gary: *Das Ende des Managements. Unternehmensführung im 21. Jahrhundert.* Econ, 2008
Hüther, Gerald: *Was wir sind und was wir sein könnten. Ein neurobiologischer Mutmacher.* S. Fischer, 2011
Jerich, Lisbeth: *Burn-out. Ausdruck der Entfremdung.* Leykam, 2008
Köthe, Mathias: *Leidenschaft siegt. Von den Besten lernen: Prominente verraten ihr Erfolgsgeheimnis.* Kösel, 2006
Lohmann-Haislah, Andrea: *Stressreport Deutschland 2012. Psychische Anforderungen, Ressourcen und Befinden.* Bundesanstalt für Arbeitsschutz und Arbeitsmedizin, 2012
Maeder, Markus: *Vom Herzchirurgen zum Fernfahrer. Der Spurwechsel des Dr. med. Markus Studer.* Wörterseh, 2008
Mahlmann, Regina: *Unternehmen in der Psychofalle. Wege hinein. Wege hinaus. Mein Coach. Mein Therapeut. Mein Chef.* BusinessVillage, 2012
Neckel, Sighard: *Flucht nach vorn. Die Erfolgskultur der Marktgesellschaft.* Campus, 2008
Pfläging, Niels: *Warum Management verzichtbar ist.* Campus, 2009
Rautenberg, Werner und Rüdiger Rogoll: *Werde, der du werden kannst. Persönlichkeitsentfaltung durch Transaktionsanalyse.* 17. Aufl., Herder, 2009
Rothlin, Philippe und Peter R. Werder: *Diagnose Boreout, Die Boreout-Falle.* Redline, 2007
Samhoud, Salem, Hans van der Loo und Jeroen Geelhoed: *Lust und Leistung. Mitarbeiter motivieren in schwierigen Zeiten.* Wiley, 2005

Seiwert, Lothar J.: *Life-Leadership. Sinnvolles Selbstmanagement für ein Leben in Balance.* Campus, 2001
Seligman, Martin: *Flourish. Wie Menschen aufblühen. Die positive Psychologie des gelingenden Lebens.* Kösel, 2012
Sher, Barbara: *Ich könnte alles tun, wenn ich nur wüsste, was ich will.* Deutscher Taschenbuch Verlag, 2005
Ulich, Eberhard und Bettina S. Wiese: *Life Domain Balance. Konzepte zur Verbesserung der Lebensqualität.* Gabler, 2011
Warr, Peter und Guy Clapperton: *Richtig motiviert mehr leisten. Konzepte und Instrumente zur Steigerung der Arbeitszufriedenheit.* Schäffer-Poeschel, 2011
Weinert, Ansfried: *Organisations- und Personalpsychologie.* Beltz, 2004
Willi, Jürg: *Wendepunkte im Lebenslauf. Persönliche Entwicklung unter veränderten Umständen.* Klett-Cotta, 2007

2. Artikel

Kuhn, Lothar: »Was ist … Work Life Balance?« In: *Harvard Business Manager Karriere*, 07.05.2009
Lotter, Wolf: »Mythos Leistung«. In: *brand eins*, Nummer 09/2008
Martens, Andree: »Loben lernen. Anerkennung im Business«. In: *manager-Seminare* Nummer 173, August 2012
Meller, Simone und Antje Ducki: »Tätigkeitsbezogene Begeisterung in der Erwerbsarbeit: Theoretische Überlegungen und empirische Exploration«. In: *Arbeit*, Nummer 2/2002
Vašek, Thomas: »Inflation der Anerkennung«. In: *brand eins*, Nummer 05/2011

3. Online-Quellen

Amrhein, Marie: »Fertigmachen zur Selbstausbeutung« http://www.cicero.de/berliner-republik/fertig-machen-zur-selbstausbeutung/53291
Bayer, Karlheinz: »Burn-out – eine offenbar überall vorhandene, schwer zu definierende und kaum therapierbare Krankheit, die im Grunde genommen nicht einmal eine Krankheit ist. Der Versuch der Näherung an ein Phänomen« http://www.aerztekammer-bw.de/10aerzte/20fortbildung/15laek/dokumentation/081011/bayer.pdf
Burger, Christoph: »Vom Herzchirurgen zum Fernfahrer« http://www.christophburger.de/?p=206
Knipp. Kersten: »Die Finanzkrise als Sinnkrise« http://www.dw.de/die-finanzkrise-als-sinnkrise/a-16188828
Konnerth, Tania: »Einführung in das Thema Veränderung« http://www.zeitzuleben.de/2189-einfuhrung-in-das-thema-veranderung/
Michalke, Achim: »Unterschätzt? Die Bedeutung von Wertschätzung in der Arbeitswelt« https://www.ostfalia.de/cms/de/pws/michalke/unternehmensfuehrung/Wertschaetzung.pdf
Nefzger, Andreas: »Studie zur Zufriedenheit: Das Glück ist ein U« http://www.faz.net/aktuell/lebensstil/leib-seele/studie-zur-zufriedenheit-das-glueck-ist-ein-u-12292441.html
N. N.: »Existenzminimum« http://www.cecu.de/existenzminimum.html
N. N.: »Felix von Cube im Gespräch: Leistung setzt Spaß an der Arbeit voraus« http://www.tagesspiegel.de/zeitung/felix-von-cube-im-gespraech-leistung-setzt-spass-an-der-arbeit-voraus/191750.html
N. N.: Gallup Engagement Index« http://www.gallup.com/strategicconsulting/158162/gallup-engagement-index.aspx
N. N.: »Kienbaum-Absolventenstudie 2009/2010« http://www.kienbaum.de/desktopdefault.aspx/tabid-502/650_read-6669/

N. N.: »Studie: US-Soziologen erklären rasanten Anstieg der Managergehälter« http://www.agitano.com/studie-us-soziologen-erklaeren-rasanten-anstieg-der-managergehaelter/7351

N. N.: »Zahl der Burn-out-Fälle steigt dramatisch« http://www.stern.de/gesundheit/ratgeber/krankenkassen-warnen-zahl-der-burnout-faelle-steigt-dramatisch-1961182.html

N. N.: »Zufriedene Mitarbeiter sind seltener krank« (AOK-Studie) http://www.zeit.de/karriere/beruf/2011-08/fehlzeiten-report-gesundheit

Schönmann, Jochen: »Neues Schulfach ›Glück‹: Die fröhlichen Schüler von Heidelberg« http://www.spiegel.de/schulspiegel/wissen/neues-schulfach-glueck-die-froehlichen-schueler-von-heidelberg-a-505005.html

Seyda, Susanne und Dirk Werner: IW-Weiterbildungserhebung 2011 http://www.iwkoeln.de/de/studien/iw-trends/beitrag/susanne-seyda-dirk-werner-iw-weiterbildungserhebung-2011-82400

Steinleitner, Jörg: Interview mit Joachim Bauer http://www.steinleitner.org/prominterview.php?id=63&ts=

4. Vortrag

Wieske, Sigrun: *Burn-out – Krankheit oder Modeerscheinung?* PZ-Forum, Pforzheim, 11.10.2007

Die Autorin

Dr. Christiane Nill-Theobald (1967) ist Unternehmensberaterin, Managementtrainerin, zertifizierter Business-Coach und Professional Speaker (GSA). Die promovierte Juristin und zugelassene Rechtsanwältin weist eine beeindruckende Karriere in der freien Wirtschaft auf. Sie begann ihre Karriere in der Energiewirtschaft, wo sie schnell Führungsverantwortung übernahm. Unter anderem war sie Hauptstadtleiterin eines Fachverlags für energiewirtschaftliche Themen. Nachdem sie längere Zeit Partnerin und Mitglied der Geschäftsleitung einer Unternehmensberatung war, gründete sie 2008 ihre eigene erfolgreiche Beratungsfirma TheobaldConsulting, zu deren Klientel zahlreiche Top-Unternehmen gehören.

Nach der Genesung von einem Burn-out erweiterte Christiane Nill-Theobald ihr berufliches Spektrum um Managementtraining und Business-Coaching. Heute coacht die Managementexpertin hochrangige Führungskräfte. Sie entwickelte darüber hinaus ihren Ansatz des »BurnOn-Managements« für Begeisterung, Motivation und Zufriedenheit bei der Arbeit. Die Herausgeberin zahlreicher Wirtschaftsbücher lehrt u. a. an der Asgodom Coach Akademie und bildet dort Führungskräfte im Coaching aus. Christiane Nill-Theobald ist verheiratet und lebt in Berlin.

www.nill-theobald.de

Danksagung

Hinter diesem Buch stehen viele Menschen, die mich viele Jahre begleitet und zu diesem Projekt bewusst oder unbewusst beigetragen haben. Ihnen gilt mein ganzer Dank.

Zuvorderst möchte ich mich bei meinen Eltern bedanken, die mich immer darin bestärkt haben, meinen Weg zu gehen. Ich danke Euch auch von ganzem Herzen dafür, dass Ihr mir Werte vermittelt habt – vor allen Dingen aufrichtig und mutig durchs Leben zu gehen. Mein Dank gilt auch meinen Freunden, die öfters auf mich verzichten mussten; danke für Eure Toleranz.

Ganz besonders danke ich meiner lieben Freundin und geschätzten Kollegin Sabine Asgodom, die mich jahrelang ermuntert hat, mein Wissen und meine Erfahrungen aufzuschreiben – danke, liebe Sabine, dass Du nie müde wurdest, mich immer wieder liebevoll an »mein Buch« zu erinnern. Auch möchte ich Siegfried Brockert danken – durch Deine wissenschaftliche Expertise habe ich allerersten Zugang zur Positiven Psychologie erhalten.

Ich bedanke mich bei meinen vielen Coaching-Klienten für das Vertrauen und die Wertschätzung gegenüber meiner Arbeit – danke dafür, dass *Endlich wieder Montag!* durch Sie meine Realität wurde. Ohne Sie gäbe es auch nicht die vielen Praxisbeispiele in diesem Buch, die selbstverständlich zugunsten der Wahrung des Persönlichkeitsrechts anonymisiert wurden.

Besonderer Dank gilt meiner sehr geschätzten und einfühlsamen Lektorin Jutta Hörnlein im Wiley-Verlag; für mich war die die Zusammenarbeit mit Ihnen eine Bereicherung!

Aus tiefstem Herzen danke ich meinem Mann Christian für vieles und noch viel mehr in all den Jahren.

Stichwortverzeichnis

A Anreize, extrinsische 52
Anti-Stress-Verordnung 119
Arbeit
– Arbeitslosengeld 50
– Arbeitslust 136, 179 f.
– Arbeitsmedizin 27, 31 f., 34, 185
– Arbeitspsychologie 96
– Arbeitsschutz 29, 31, 185
– Arbeitsschutzgesetz 119

B Begeisterung 114
Betriebliches
Gesundheitsmanagement 172
Boreout 90, 125, 185
Burn-out 9, 13, 17 ff., 27 f., 30 ff., 36 f., 63 f., 68, 115, 117, 125, 134, 183, 185 ff.
BurnOn 28, 36, 68, 73, 151, 171, 173, 175, 178, 180 ff.
– BurnOn-Beauftragter 180
– BurnOn-Manager 180

C Change-Agent 155
Change-Projekt 159
Coaching 66 f., 112 f., 155, 159, 162, 164 f., 176 f.
Coaching-Ansatz 7, 106 ff.
Coaching-Klienten 19, 34, 132
Coaching-Praxis 17 ff., 65

D Dreamday 96

E Effizienzoptimierer 47
Einkommen 13, 44, 46, 50 f., 55 ff., 165
Energiearbeiter 27, 172
Erfolg 9, 15, 21 ff., 35 f., 55, 90, 95, 108, 110, 124, 150, 157 ff.
Erfolgsgesellschaft 21, 162
Existenzminimum 49, 186

F Faszinationsfähigkeit 106
Flow 37, 39 f., 67, 84, 125, 127, 185
Führungskräfte 16, 20, 36, 40, 46, 48, 71, 77, 79, 81, 88, 91 f., 95 f., 106 f., 117, 143 ff., 149 f., 178 f., 181 f.

G Gallup 21, 78 f., 143, 186
Gallup Engagement Index 21, 78 f., 186

Gallup-Studie 81, 85, 144
Gehaltserhöhung 48, 54
Geld als Motivator 57
Generation Y 20, 117, 166
Gesetz vom abnehmenden Grenznutzen 49
Gesundheitsmanager 146
Glücksforschung 51
Google 133, 147 f.

H Hartz-IV 55
Hirnforschung 61, 100

K Karoshi 11
Kindheitstraum 41, 100, 107, 109 ff.
Ko-Evolution 93
Komfortzone 61, 65, 154
Kommunikation 84, 93, 96 f., 107, 136 ff., 147, 153, 179
Kritikkultur 76, 86

L Ladenöffnungszeiten 59
Leidenschaft 30, 34, 52, 60, 89, 108, 185
Leistung
– Leistungsdruck 13
– Leistungsgesellschaft 9, 21, 23, 185
– Leistungskultur 144, 147, 152
– Leistungslust 11, 15, 25, 73, 88, 108, 155, 172, 178, 180 ff.
Leistungsprinzip 56
Leitbild 87 ff., 117, 163
Life Events 63
Life-Domain-Balance 121
Love bombing 79
Lustarbeiter 44 ff., 52
Lustressourcen 16, 129, 131, 133 f., 136, 139 f.
Lustsystem 144, 151 ff., 173 f., 178, 184

M Managergehälter 55 f., 187
Mañana-Kompetenz 122, 185
Me-Time 126 f., 135
Motivation, intrinsische 51
Motivationsforschung 34, 52
Motivationssteigerung 52

N Niedriglöhne 55
O Organigramm 95, 98, 173 f., 180
P PERMA-Formel 38
Persönlichkeitsmodell 113
Personalberatung 94
Positive Psychologie 15, 36 ff., 53, 61, 100, 153, 181, 186
R Respekt 45, 74 f., 84 f., 144
Risikointelligenz 64
S Selbstentfaltung 8, 30, 37, 44, 73, 87 ff., 98
Selbstmotivation 143
Selbstorganisation 149 f.
Selbstverwirklichung 29, 35, 45, 52, 87, 92 f., 103
Sinn 14, 27, 30, 37 ff., 45, 71, 121, 133, 149, 164, 181
Sinneswahrnehmung 66, 131 ff.
Soft Skills 97
Spitzenleistung 17, 123
Stellenbeschreibung 97
Stressbewältigung 143, 151, 173

Stressreport 31, 40, 185
Stroke 76
Systemtheorie 147, 153
T Talente 20, 67, 93, 107 f., 111, 174, 182
»Talentegramm« 98
Transaktionsanalyse 74, 76 f., 113, 185
Traum 94, 98, 111, 160
U Unternehmenskultur 30, 36, 136, 152
V Verhaltensbiologie 124
W Wendepunkte 59 ff.
Wissensarbeiter 35
Work-Life-Balance 115 ff., 122 f.
Wünsche 96, 107, 111 f., 114, 121, 143, 153, 174
Z Zeitmanagement 121
Zufriedenheit 37, 51 f., 81, 110, 118, 124, 157 f., 160 ff., 181, 186
Zufriedenheitsplanung 157, 164 f., 169
Zwei-Faktoren-Theorie 52, 78